これだけは知っておきたい
DTP・印刷の基礎知識

デザイナーズハンドブック

DESIGNER'S HANDBOOK

Contents

1 文字と組版

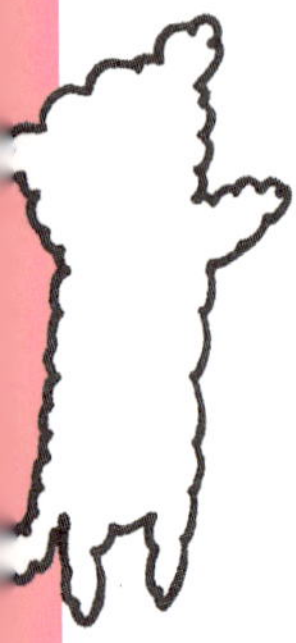

2 色と配色

3 画像

4 ページものの制作

5 広告物の制作

6 規格物の制作

7 印刷と製本

巻末付録

「ルビってどう振るんだっけ？」「フロッキー印刷って？」
「さんやつ広告って何だ？」etc.
本書はこれからグラフィックデザイナーを目指す人のための基礎知識はもちろん、現在、デザインの仕事に就いているけど日々、様々な疑問や難問に突き当たる……そんな人たちのために作りました。 ？ や ！ な時は、本書を開いて解決の一助となれば幸いです。かわいいキャラクターたちと共に、いつもおそばに置いてやってください。
どうぞよろしくお願いします！

知っておきたい
基礎知識が満載！

主な 登場人物（&動物）キャラ紹介

私たちと一緒に
勉強しよう!

新人デザイナー

デザイナーになりたてのおんなのこ。一人前のデザイナーを目指して毎日勉強中! たまに水玉の服を着ておしゃれする。

先輩

おんなのこが勤めるデザイン事務所の先輩。AD。しましまのシャツがトレードマーク。ズボンがちょっと短め。

ネコちゃん

ワンちゃんと仲良し。たまに寝てる。しっぽが長め。

zzzz

ワンちゃん

おんなのことはいつも一緒。ふわふわしている。たまに二足歩行。

びょーん

1

デザイナーの仕事とは?
デザイン・制作のワークフロー

雑誌や書籍、ポスターやパンフレット等、主に印刷物のデザインを行うグラフィックデザイナー。その具体的な仕事の中身は? デザイナーの仕事の流れを知っておきましょう。

デザイナーは何をするの?

印刷物は、編集者・ライター・カメラマン・イラストレーター・レタッチャー・印刷会社のオペレーター等々、専門分野に携わる様々な職種の人々により、たくさんの工程を経て作られます。書籍と雑誌、また出版物と広告物でも細かなワークフローは異なりますが、だいたい「企画→編集→デザイン・制作→印刷・加工」という流れが一般的です。デザイナーは、基本的にその中でデザインを手がけ、誌面フォーマット作り（文字サイズや書体、配色等、誌面イメージ全体の指定）やビジュアルのチョイス、テキストや写真の配置等を行います。全行程の進行を指揮するのは編集者やプロジェクトディレクターです。デザイナーが制作のどこまでを請け負うかは、仕事によって様々ですが、トラブルのない制作のためには、各工程の流れと基本を知っておくことが重要です。

印刷物のできるまで

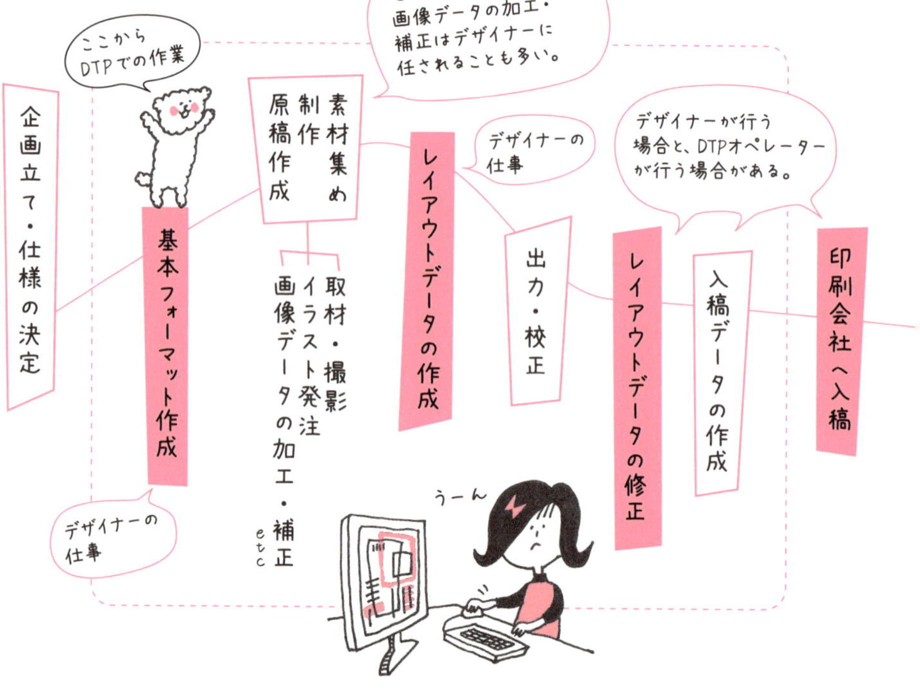

ビジュアル素材の選択、画像データの加工・補正はデザイナーに任されることも多い。

ところで、DTPって何？

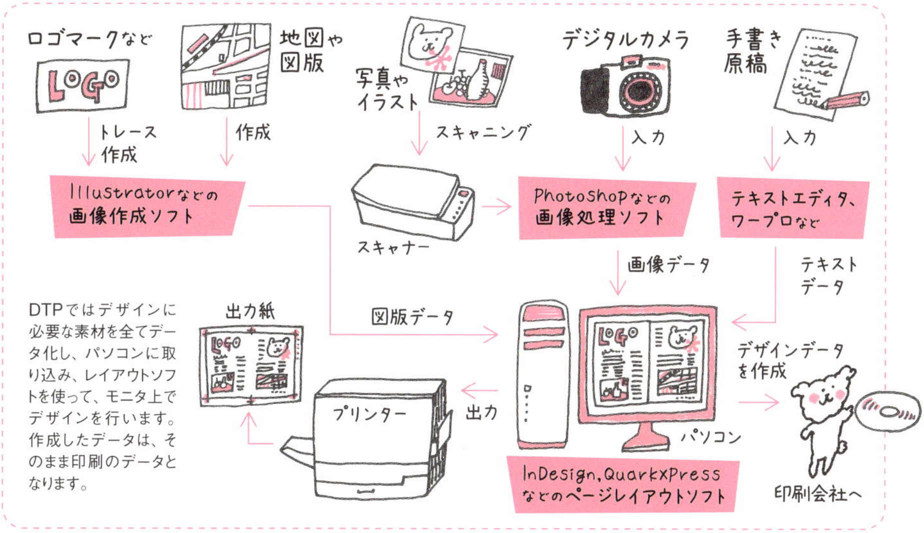

印刷物は、現在ほとんどの場合DTP（Desk Top Publishing）によってデザイン・制作されています。必要な要素を全てデジタルデータでパソコンに取り込み、レイアウトソフトを使って配置・構成して印刷用のデータを制作します。この時、どんなデザインにするかをデザイナーが考え、それに従った入稿データをDTPオペレーターが作成するのが基本の流れですが、デザイナーが最終データの作成までを手がけたり、編集者がDTPを行うことも珍しくはありません。

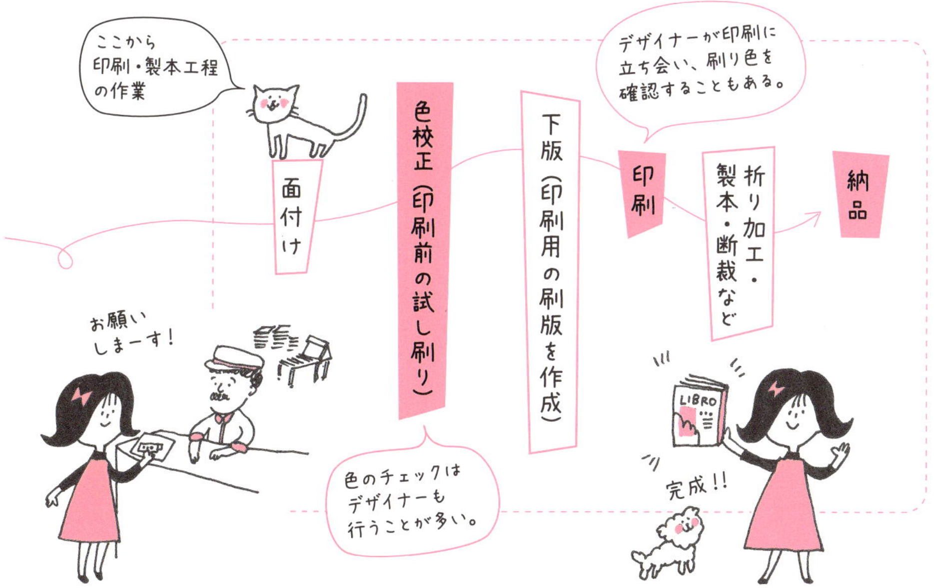

2

デザイナーの仕事環境 1 ハードウェアは何が必要？

DTPによるデザインには、当然ながらパソコンが不可欠。DTPでの作業が一般化した今、デザインの仕事にはこうした制作環境を整えておく必要があります。

まずは揃えたい基本のシステム

DTPによるデザインをするためには、まずはパソコンやモニター、マウスといったハードウェアが必要です。 そのパソコン本体に、次ページから紹介するレイアウトやグラフィック作成用ソフトをインストールして、はじめてDTPを行うことができます。その他にも作成データを出力するためのプリンタ、紙焼き写真等を取り込むためのスキャナ、CD-RやDVD-R等の記録メディアを読み書きするドライブ、ネットワークに接続するためのルーターやハブ等々、目的に合わせて周辺機器を揃える必要があります。このとき注意したいのは、クライアントや印刷会社等、データをやり取りする仕事相手の環境とこちらの環境との対応です。 特にDTPソフトは、OSのバージョンやマシンスペックによって使用できないものがあるので、周囲の環境をきちんと確認しておきましょう。

ルーター・ハブ

社内LANとインターネットのように、ネットワーク同士を結ぶ装置がルーター。ネットワーク内のPCやプリンタをネットワークにつなぐ装置がハブ。

バージョン

OSやアプリに付けられた識別番号。Macの場合、[アップルメニュー]→[このMacについて]で、Mac OSのバージョンを確認することができます。

揃えておきたいその他のアイテム

デザイナーに必要なのはパソコンだけではありません。フォント選びの参考にする書体見本、装丁等の用紙選びに欠かせない紙見本、特色指定のためのカラーチップ、写真原稿をチェックするビューワーやルーペ、CMYKの濃度を段階的に一覧できるカラーチャート等は必携ツール。デザイン事務所で昔から使われてきたこれらの道具も、揃えておきたいアイテムです。

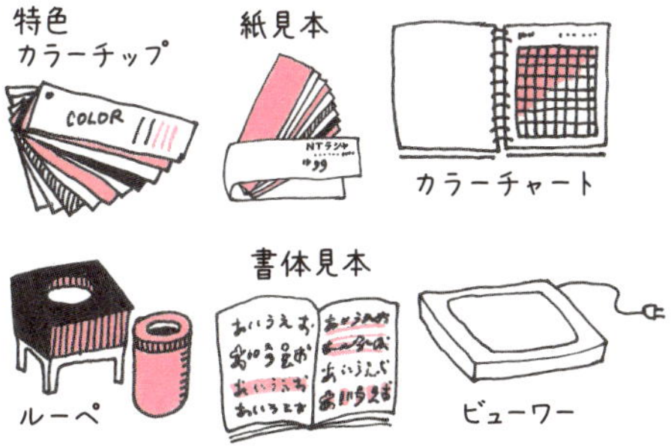

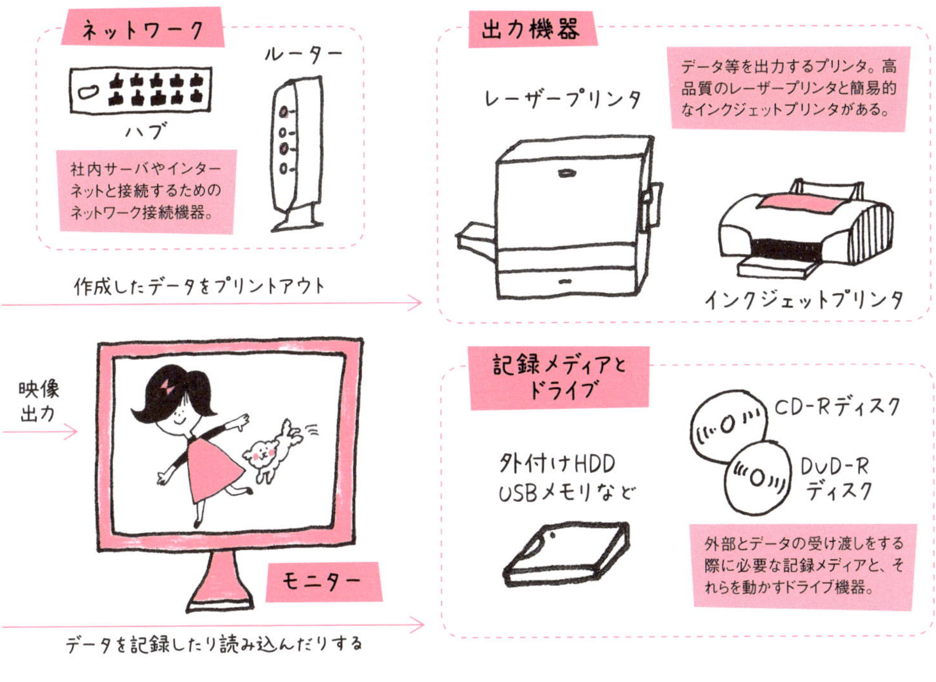

3 デザイナーの仕事環境 2 ソフトウェアは何が必要?

DTPによるデザインでなくてはならないのが、描画ソフトやレイアウトソフトなどのアプリケーションです。ここでは主なDTPソフトの種類と、その他の便利なソフトについて紹介します。

DTPに必要な基本のソフト

DTPで主に使われるソフトは、大きく画像編集ソフト、画像描画(ドロー)ソフト、ページレイアウトソフトの3種類です。
アドビシステムズのPhotoshop・Illustrator・InDesignがその代表的なソフトで、多くのデザイナーが使用しています。同じソフトでも、基本的に高いバージョンで作成したデータは低いバージョンのソフトでは開けないので、データをやり取りする際は、デザイナーやクライアント、出版社、印刷会社等のOSとソフトウェアの環境を確認することも大切です。

画像編集ソフト

デジタル写真やスキャン画像等の画像データの補正や加工を行うソフト。Adobe Photoshopが定番のソフトです。写真の色味や明度、コントラスト等の調整やカラーモードの変換、解像度の確認、サイズの変更、切り抜き、画像合成等が行えます。文字や図形の編集もできますが、本格的なレイアウト作業には不向きです。

Adobe Photoshopの画面

画像描画（ドロー）ソフト

直線や曲線、図形を描くためのソフト。ロゴや地図、イラスト、ダイアグラム等の作成に使われます。文字入力や画像配置も自由に行えるため、フライヤー等の1枚もののレイアウトや、装丁や商品パッケージのデザインをする際にも多く使われています。Adobe Illustratorが定番で、これでページもののデザインをすることもありますが、ページ数の多い制作物には不向きです。

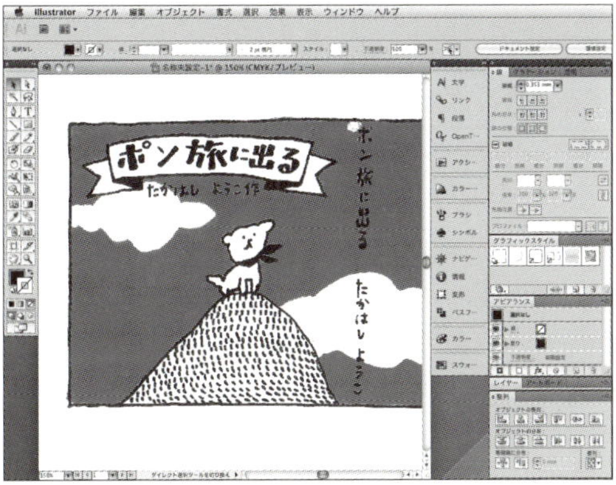
ポン旅に出る
たかはし ようこ作

Adobe Illustratorの画面

ページレイアウトソフト

雑誌や書籍、パンフレットなどページもののレイアウトをするためのソフト。詳細な文字組み設定ができるのが特徴で、複数ページに同じページフォーマットを適用させたり、ノンブルを振るなど効率的なページ作成機能も豊富。現在ではAdobe InDesignが多く使われていますが、Quark XPressというソフトもあります。

デザイナーの仕事環境1
ハードウェアは何が必要？

Adobe InDesignの画面

その他の便利なソフト

デザインの現場では、他にも様々なソフトを使います。原稿や表組みデータを作成するテキストエディタや表計算ソフト、画像データを素早く閲覧する画像管理ソフト、入稿データ等の大容量ファイルをFTPサーバにアップするFTPソフト、フォント管理ソフト等々、よりスムーズな作業のために揃えておきたいソフトです。

Microsoft WordやJeditで文字原稿を、表組みデータにはExcelを。

Adobe BridgeやMac標準搭載のiPhotoで大量画像も効率的にチェック。

FTPソフトのCyber-duck、たくさんのフォントを管理するFont Bookなども便利。

かしこくソフトを
使って 作業効率を
高めよう！

アートディレクターはデザイナー？ 制作スタッフの構成を教えて！

実際の現場では、デザイナーだけでなくたくさんの業種や職種の人々が協力して制作を行います。主なスタッフの構成を確認しましょう。

広告・カタログなどの場合

クライアント
（広告主／広告代理店）

制作物の発行元であり、ひとつのプロジェクトについての発注の大もと。制作に関する予算を負担し、制作物に関する最終的なジャッジメントを行います。広告主が直接指揮を執る場合と、間に代理店が入る場合があります。

アートディレクター
（クリエイティブディレクター）

AD（またはCD）とも呼ばれ、制作物のビジュアルイメージやデザインを決定します。実際のレイアウト作業は別のデザイナーが行うケースが多いです。

デザイナー

AD・CDの指示のもと実際のレイアウトデザインを行います。

プロジェクトディレクター

スケジュールや予算のほか、制作物のクオリティや印刷品質の管理等、プロジェクト全体のまとめ役。広告代理店のスタッフ、クライアントの広告担当者、デザイン事務所のスタッフが行う場合も多いです。

印刷会社

制作物の印刷・製本・加工を行う。広告では特に、色校正と呼ばれる本印刷前の試し刷り、データ修正の作業を、クライアントや制作スタッフとの間で念入りに取り交わす。また、写真のスキャンやレタッチを印刷会社が行うことも多いです。

現場を支える、他にもこんな人！

制作物内の文章を考えるコピーライター、ビジュアル素材を作るイラストレーターやカメラマン、写真補正のプロであるレタッチャー等が参加します。

雑誌・書籍の場合

出版社

雑誌や書籍の発行元、経営元でもあり、各編集部への予算分配や発行スケジュールの決定、定価や発行部数、企画の最終的なジャッジメントを行います。版元と呼ばれることも多いです。

アートディレクター

ADはデザインフォーマットやカバー・表紙の作成を、デザイナーは中面のレイアウトを行うケースが多いです。雑誌の場合関わるスタッフは非常に多く、ページレイアウトは印刷所のDTPオペレーター等が行うこともあります。

デザイナー

ADの作ったフォーマットにそって、主に中ページのレイアウトデザインを行います。

編集部

企画立案、制作スケジュールや予算の管理、著者やデザイナー、イラストレーター等の選定をして、出版物が世に出るまでの全体を取り仕切ります。

印刷会社

制作物データの印刷・加工・製本を行います。写真のスキャンやレタッチの他、原稿の流し込みやフォーマットに則ったDTPレイアウトを請け負うケースもあります。

現場を支える、他にもこんな人！

その他に原稿を書くライター（書籍の場合は著者）、イラストレーター、カメラマン、レタッチャー等が参加します。

文字と組版

デザインの中で、読みやすく整った文字組みは最重要
ポイントのひとつ。書体や組版の基礎を学ぼう。

4

いいデザインのために文字を知ろう 和文書体のつくりと種類

きれいな文字組みを考える前に、まずは文字についてよく知っておきましょう。なかでも、もっとも使う機会が多いのが和文書体です。書体の種類やパーツの名称などを紹介します。

和文書体の種類

和文書体は、大きく明朝体、ゴシック体、それ以外の書体に分類でき、それぞれ非常に多くの種類の書体が存在しています。
明朝体は筆書きの楷書をルーツにした書体で、横画や角に三角形の「ウロコ」が付くのが特徴です。横画は細く、縦画は太くメリハリがあり、一画ずつの「はね」や「はらい」など、筆の勢いが再現されています。抑揚のある曲線で、優雅で上品なイメージや、フォーマルな雰囲気があります。
ゴシック体は字画の太さが均等で、ウロコのような飾りのない書体です。一画の面積が広く黒みが強いため、視認性が高く、見出しなど強調したい文字に多く使われます。直線的な字画のため力強さがあり、伝統的な筆を思わせる明朝体に比べて、カジュアルで明るい印象です。字画の先に丸みのある、丸ゴシック体もあります。

[明朝体]

優雅・上品
フォーマル ✧

ウロコ

あ 永

使用書体はリュウミンM-KL。始筆やはらいの先は細く、シャープな印象も。

[ゴシック体]

力強い・明るい
カジュアル ♪

あ 永

使用書体は中ゴシックBBB。太さが均等で読みやすく、力強い印象。

その他の様々な書体

明朝・ゴシック系の書体以外にも、歌舞伎の看板風の勘亭流書体、学校で習う書き順や書き方に準拠した教科書体、小さくても読みやすいように設計された新聞書体、古風な行書体、広告やチラシなどに使われるファンシー書体や手書き風のポップなものなど、和文書体には実に様々な種類があります。個性がある分、本文ではなく見出しなどに装飾的に使われることがほとんどです。

勘亭流書体 書体例
色々な文字 [使用書体: A-OTF 勘亭流 Std]

教科書体 書体例
色々な文字 [使用書体: A-OTF 教科書 ICA Pro]

新聞書体 書体例
色々な文字 [使用書体: A-OTF 毎日新聞明朝 Pro

行書体 書体例
色々な文字 [使用書体: A-OTF 角新行書 Std]

ファンシー書体 書体例
色々な文字 [使用書体: A-OTF はるひ学園 Std]

手書き風書体 書体例
色々な文字 [使用書体: ふい字]

和文書体のパーツの名称

和文書体は、はね、はらい、点、とめ等のエレメント（文字を構成する要素）から成り立っており、その形状は明朝体とゴシック体で大きく異なります。 また、文字の中の各エレメントに囲まれた空間を「ふところ」といい、これが広いほど大らかに、狭いほど引き締まったシャープなイメージになります。

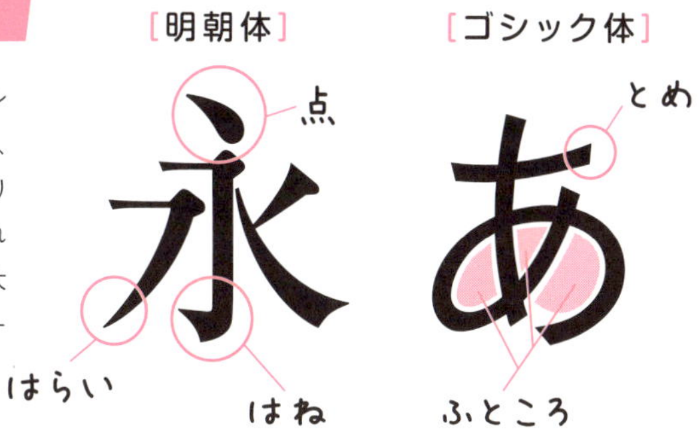

仮想ボディと字面

和文書体の特徴として、1文字ずつが原稿用紙のマス目のような正方形内に収まるよう設計されていることがあげられます。この1マスを「仮想ボディ」と呼びます。それに対し、実際の文字の形状に沿った大きさを「字面（じづら）」と呼びます。仮想ボディは文字サイズが同じであれば同じ大きさですが、字面は書体やそれぞれの文字によって大きさが異なります。例えば、同じ書体でも漢字よりひらがなの方がやや字面が小さめに設計されており、またひらがなの中でも「り」と「す」の字面は異なります。

字面の比較

黒枠が仮想ボディ、ピンク枠が字面を表しています。

[書体による違い]

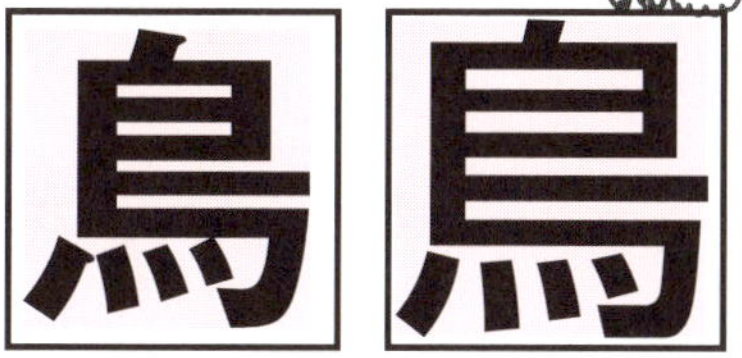

[見出しゴ MB31]　[新ゴ]

同じ漢字でも、書体によって字面の大きさは異なります。上は同じサイズの見出しゴ MB31と新ゴの例です。字面の大きな書体は、仮想ボディいっぱいに文字があるので大きく、詰まった印象に、字面の小さな書体は、文字の周囲に余白が生まれ、あっさりと控えめな印象になります。

[文字による違い]

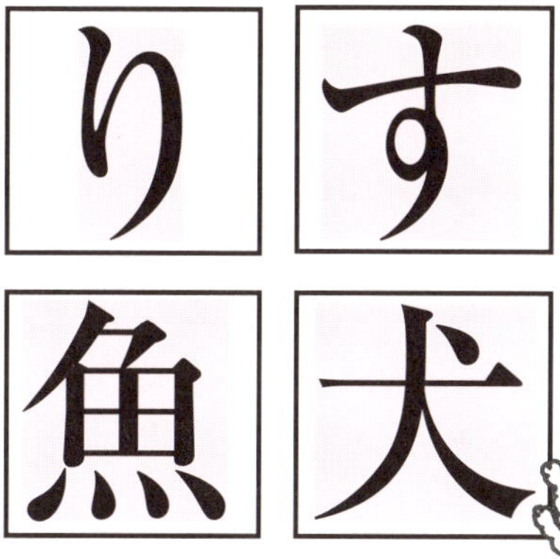

書体はリュウミンM-KLの全て同じサイズなので仮想ボディの大きさは一定ですが、文字によって字面のかたちや大きさが異なります。

5 和文書体よりルールが厳密!? 欧文書体のつくりと種類

欧文書体にも、様々な文字の構造やルールがあります。タイトルや見出しなどに装飾的に使うことが多いものですが、こうした基礎をふまえて書体選びや組版に役立てましょう。

欧文書体のパーツと構造

欧文書体も、和文書体同様エレメントの組み合わせで構成されています。文字によって画数が異なる漢字は、同書体でもエレメントの細部を微妙に変化させる必要がありますが、アルファベットは書体構成がシンプルなため、その分エレメントの形状やルールが厳密に決められています。
書体の構造は5本の水平ラインを基準に設計され、大文字と小文字で高さが異なります。書体によっても基準線の高さが違っており、異なる書体を一緒に使用する際には「ベースライン」で揃えるのが基本です。また仮想ボディが一定の和文書体に対し、欧文書体は文字幅が字面に合わせて変化する「プロポーショナルフォント」です。文字と文字の間の距離も一定ではありません。デジタルフォントでは、文字を入力すると隣り合う文字の字面に合わせて、自動的に字間が調整されます。

欧文書体の主なエレメントと構造

［セリフ］
和文書体でいう「ウロコ」にあたる飾り。画の始筆部分、終筆部分に付きます。書体によって、セリフの形状も異なります。
［ボウル］
閉じた円の曲線部分のこと。
［カウンター］
文字内の画に囲まれた空間のこと。和文書体でいう「ふところ」にあたります。
HyFonts
［ヘアライン］
細い縦線のこと。
［ステム］
文字の骨格となる太い直線のこと。
［テール］
終筆部分の、しっぽのようにのびている部分のこと。

［ミーンライン］
エックスハイトの上部に引いた線。
［キャップライン］
キャップハイトの上部に引いた線。
［アセンダライン］
アセンダの上部に引いた線。
［アセンダ］
エックスハイトより大きい小文字の部分。
［キャップハイト］
「キャップ」とは大文字のことで、大文字の上部からベースラインまでの高さのこと。
Font Alphabet
［ベースライン］
大文字の下部に引いた線のこと。ミーンラインからベースラインまでの高さがエックスハイトになります。
［エックスハイト］
小文字の「x」や「n」の高さ。
［ディセンダ］
ベースラインより下にのびる部分。
［ディセンダライン］
ディセンダの下部に引いた線。

プロポーショナルフォント

欧文書体のように、文字に合わせて最適な文字幅を設定したフォント。欧文は基本的にプロポーショナルフォントだが、文字幅を一定にした等幅フォントも存します。

オブリーク体

欧文の斜体書体。イタリック体が個別に傾きが設計された書体なのに対し、オブリーク体は正体フォントのアウトラインを、機械的に斜めにしたものです。

セリフ体とサンセリフ体

欧文書体は、和文書体の明朝体とゴシック体のように、「セリフ」と呼ばれるひげ飾りのあるセリフ体と、ひげ飾りのないサンセリフ体に大別できます。 和文の明朝体と同様、セリフ体は縦画と横画の太さが異なるメリハリのある書体で、比較的クラシカルで優雅な雰囲気を持っています。 サンセリフ体は和文のゴシック体と同様に線の太さが均等で、モダンなイメージがあります。

Cat

セリフの形状はフォントによって異なり、書体が作られた時代によってかたちに特徴があります。

Cat

「サン」とは、フランス語で「～がない」という接頭語で、サンセリフとはセリフがないという意味。

その他の様々な書体

基本的なセリフ体とサンセリフ体以外に、欧文書体にも多彩な種類の書体が存在します。
「スクリプト体」は手書き風の筆記体で、古くからのカリグラフィー風のフォーマルなフォントから、より現代的でカジュアルなフォントまで様々なバリエーションがあります。「ブラックレター体」は、12～15世紀の西ヨーロッパで使われていた筆記書体で、装飾的な飾りと黒々とした線が特徴的です。 英語で「ゴシック体」というとブラックレター体のことを指します。また、本文内で特に強調したい語句に用いる「イタリック体」という傾斜した書体等もあります。

スクリプト体 書体例

The cat is on the piano.

［使用書体: Shelley Volante Script］
流麗な飾りのついたカリグラフィ風書体。フォーマルで伝統的な印象に。

ブラックレター体 書体例

The cat is on the piano.

［使用書体: Goudy Text MT］
ペンの筆跡が表現された書体。黒みが強く、重厚で荘厳さを感じさせます。

イタリック体 書体例

The cat is on the piano.

［使用書体: Times Semibold Italic ］
語句の強調に使われるイタリック体。同じ斜体でもオブリーク体とは別物。

6 重いの？ 軽いの？ 家族なの？ ウエイトとファミリーって何？

書体には「ウエイト」と呼ばれる太さのランクがあり、それらが 1 セットとなって「ファミリー」を形成しています。書体の系統と分類の方法を正しく理解しましょう。

和文書体のウエイトとファミリー

書体の線の太さのことを「ウエイト」と呼びます。これは文字サイズとは別の概念で、同書体の同サイズであっても、ウエイトが違うと文字の印象も変わって見えます。書体によってウエイトの種類や呼び方も変わりますが、細い順からライト・レギュラー・ミディアム・ボールド・ヘビーなどと名前が付けられています。

同じコンセプトで統一された同一書体の、これらウエイト違いの文字グループのことを「フォントファミリー」といいます。例えば、リュウミンにはライトからウルトラまで 8 段階のウエイトがあり、これら一式をリュウミンファミリーと呼びます。 大見出しにヘビー、小見出しにボールド、本文にレギュラーなど、文字のサイズや役割に合わせて使用書体を同じファミリーから組み合わせることで、統一感あるデザインになります。

同一書体のウェイトの違いを見てみよう

小塚ゴシックファミリー

あ 永	エクストラライト [EL]
あ 永	ライト [L]
あ 永	レギュラー [R]
あ 永	ミディアム [M]
あ 永	ボールド [B]
あ 永	ヘビー [H]

小塚ゴシックファミリーを同サイズで比較した例。和文書体では、ウエイトが変わっても文字幅（仮想ボディ）は一定で変わりません。

リュウミンファミリー

あ 永	ライト [L-KL]
あ 永	レギュラー [R-KL]
あ 永	ミディアム [M-KL]
あ 永	ボールド [B-KL]
あ 永	エクストラ ボールド [EB-KL]
あ 永	ヘビー [H-KL]
あ 永	エクストラ ヘビー [EH-KL]
あ 永	ウルトラ [U-KL]

書体によって ファミリーが いろいろあるんだね
たくさん あるなぁー

リュウミンの例。「-KL」の前のアルファベットが各々のウエイトを指します。

欧文書体のウエイトとファミリー

欧文には、文字の太さに加えて文字幅（セット）のバリエーションがあり、狭いものからコンデンスド、リーン、スタンダード、ファット、エキスパンドなどと名前が付いています。下図のように、同じ書体のウエイトと文字幅のバリエーションをまとめてフォントファミリーと呼びます。

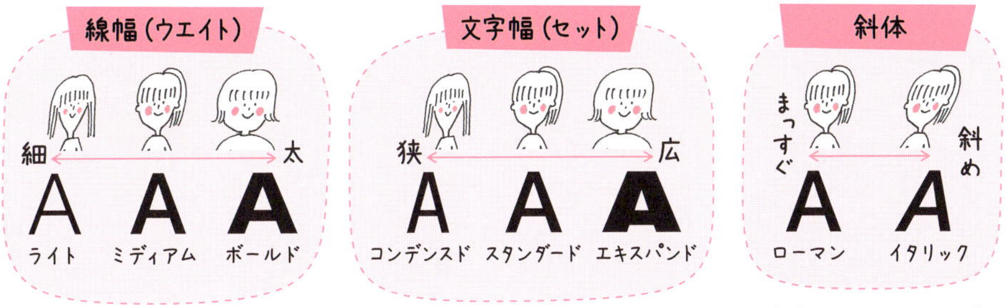

斜体をイタリックまたは、オブリークをいうのに対して、正体をローマンといいます。

Futuraでみるフォントファミリー

字幅 ＼ 線幅	コンデンスド [Condensed]	コンデンスド オブリーク [Condensed Oblique]	スタンダード [Standard]	オブリーク [Oblique]
ライト [Light]	ABC Light Condensed	ABC Light Condensed Oblique	ABC Light	ABC Light Oblique
ブック [Book]			ABC Book	ABC Book Oblique
ミディアム [Medium]	ABC Medium Condensed	ABC Medium Condensed Oblique	ABC Medium	ABC Medium Oblique
ヘビー [Heavy]			ABC Heavy	ABC Heavy Oblique
ボールド [Bold]	ABC Bold Condensed	ABC Bold Condensed Oblique	ABC Bold	ABC Bold Oblique
エクストラボールド [Extra Bold]	ABC Extra Bold Condensed	ABC Extra Bold Condensed Oblique	ABC Extra Bold	ABC Extra Bold Oblique

欧文書体Futura（フーツラ）のファミリー。コンデンスド、スタンダードの字幅に、それぞれオブリーク（斜体）が加わります。

7

級数か？ ポイントか？
文字のサイズと換算法を知ろう

デザインの世界では、文字や罫線のサイズを指定するのに「級」や「ポイント」という単位を使います。それぞれの大きさや換算法について知っておきましょう。

級数とポイント

DTPで文字サイズなどを表すには、「級（Q）」または「ポイント（point）」という独特の単位が使われます。どちらを使うかはデザイナーや案件によって異なり、InDesign等のレイアウトソフトではどちらの単位を使うかを選択できるようになっています。

級は、DTP以前の写植時代から日本で使われている単位です。「1級＝0.25ミリ」とし、「本文12Q」などのように使われます。2Qで0.5ミリ、4Qで1ミリとメートル法に換算しやすいのが利点で、DTPになった現在でも国内で引き続き多く使われています。それに対しポイントは、インチ法を基準にした単位です。「1/72インチ＝1ポイント」とし、「本文10.5ポ（pt）」のように使われます。級とポイントは整数で換算できないので、データ作成の際には注意が必要です。

級数による文字サイズ見本

8Q	9Q	10Q	12Q	13Q	16Q	18Q
赤ずきん	赤ずきん	赤ずきん	赤ずきん	赤ずきん	赤ずきん	赤ずきん

38Q	32Q	26Q	24Q	21Q
赤ずきん	赤ずきん	赤ずきん	赤ずきん	赤ずきん

ポイントによる文字サイズ見本

6pt	7pt	8pt	9pt	10pt	12pt	14pt
赤ずきん	赤ずきん	赤ずきん	赤ずきん	赤ずきん	赤ずきん	赤ずきん

27pt	23pt	19pt	17pt	15pt
赤ずきん	赤ずきん	赤ずきん	赤ずきん	赤ずきん

歯数 [はすう]

Q数やポイントが文字のサイズを表す単位なのに対し、歯数は文字の詰め幅を指定する単位。1歯は0.25mm。1Hと記すことも。もとは写植の文字組みで使われていた単位。

ポイント (pt)

インチのサイズが各国で異なるため、1ptを0.3514ミリとするアメリカ式、0.375ミリとするディドー式、0.3528ミリとするDTPポイントの3種類があります。

級数、ポイント換算表

DTPpt	A pt	級数	DTPpt換算	級数換算	Apt換算	mm換算
		8	5.67		5.69	2.00
	6		5.98	8.43		2.11
6				8.47	6.02	2.12
		9	6.38		6.40	2.25
	7		6.97	9.84		2.46
7				9.88	7.03	2.47
		10	7,09		7.11	2.50
		11	7.79		7.83	2.75
	8		7.97	11.24		2.81
8				11.29	8.03	2.82
		12	8.50		8.54	3.00
	9		8.96	12.65		3.16
9				12.70	9.04	3.18
		13	9.21		9.25	3.25
		14	9.92		9.96	3.50
	10		9.96	14.06		3.51
10				14.11	10.04	3.53
		15	10.63		10.67	3.75
	11		10.96	15.46		3.87
11				15.52	11.04	3.88
		16	11.34		11.38	4.00
	12		11.95	16.87		4.22
12				16.93	12.05	4.23
		18	12.76		12.81	4.50
	14		13.94	19.68		4.92
14				19.76	14.06	4.94
		20	14.17		14.23	5.00

DTPpt	A pt	級数	DTPpt換算	級数換算	Apt換算	mm換算
	16		15.94	22.49		5.62
16				22.58	16.06	5.64
		24	17.01		17.07	6.00
	18		17.93	25.30		6.33
18				25.40	18.07	6.35
		28	19.84		19.92	7.00
	20		19.93	28.11		7.03
20				28.22	20.08	7.06
	22		21.91	30.92		7.73
22				31.05	22.09	7.76
		32	22.68		22.77	8.00
	24		23.90	33.73		8.43
24				33.87	24.10	8.47
	26		25.90	36,55		9.14
		38	26.93		27.03	9.50
	28		27.89	39.36		9.84
28				39.51	28.11	9.88
		44	31.18		31.30	11.00
	32		31.87	44.98		11.24
32				45.16	32.13	11.29
		50	35.43		35.57	12.50
	36		35.86	50.60		12.65
36				50.80	36.14	12.70
		56	39.68		39.84	14.00
	40		39.84	56.22		14.06
40				56.45	40.16	14.11
		62	43.93		44.11	15.50

※Aptはアメリカンポイント

級数↔ポイント換算方法

赤 — 36Q = 9mm = 約25.51pt
(36 × 0.25)　(9 ÷ 0.3528)

ず — 25pt = 8.82mm = 約35Q
(25 × 0.3528)　(8.82 ÷ 0.25)

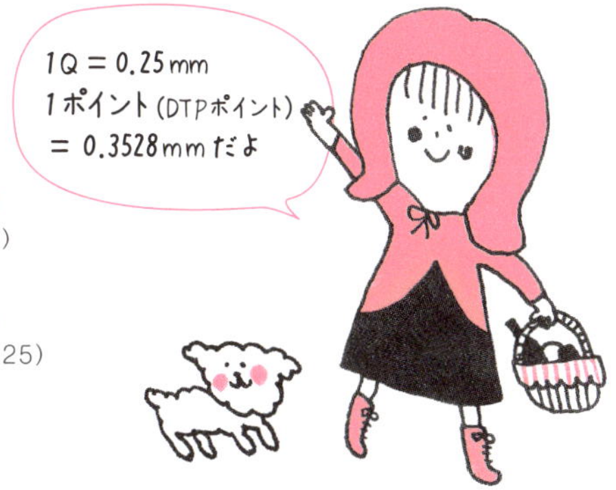
1Q = 0.25mm
1ポイント(DTPポイント)
= 0.3528mmだよ

8 デザインの重要な構成要素
読みやすく美しい文字を組もう

書体の基本をマスターしたら、次はいよいよ文字をレイアウトに配置する「文字組み」です。デザインにおいて文字組みは重要な要素です。読みやすく美しい文字組みを目指しましょう。

タテ組みとヨコ組み

文字を縦方向に並べた文字組みをタテ組み、横方向に並べた文字組みをヨコ組みといいます。 ヨコ組みだけの欧文に対し、日本語ではどちらの組みも使われますが、一般的に読みやすいのはタテ組みとされ、長文を載せる書籍のほとんどがタテ組みです。ただし、タテ組みでは扱いにくいアルファベットの単語や数式等が頻出する専門書などは、ヨコ組みの方が見やすい場合もあります。文字の組み方向は、本や雑誌のページめくりとも関係してきます。タテ組みの文章は見開きの右から左に向けて流れ、本の形状は左ページを右にめくる右開き・右綴じとなります。 ヨコ組みの本文は、見開きの左から右に向けて流れ、本の形状は右ページを左にめくる左開き・左綴じとなります。なお雑誌などでは、基本の組み方向はあるものの、タテ組みヨコ組みが混在する場合もあります。

タテ組み

ネルロは、フランスとベルギーの
境を流れるムーズ河の畔の田舎町
アンデルスに生れた少年。パト
ラッシュは、フランダース産の大
きな犬なのです。このふたりは、

書籍や雑誌の本文の多くはタテ組み。筆で文字を書く時と同じ視線の流れなので、日本語として自然で読みやすい組みです。数字を入れる際は、漢数字にするのが基本です。

ヨコ組み

ネルロは、フランスとベルギーの
境を流れるムーズ河の畔の田舎町
アンデルスに生れた少年。パト
ラッシュは、フランダース産の大
きな犬なのです。このふたりは、

パソコンや携帯電話の文章はヨコ書きが基本なので、近年ではヨコ組みの方が読みやすいという若者も。数字やアルファベットが組みやすいのが特徴です。

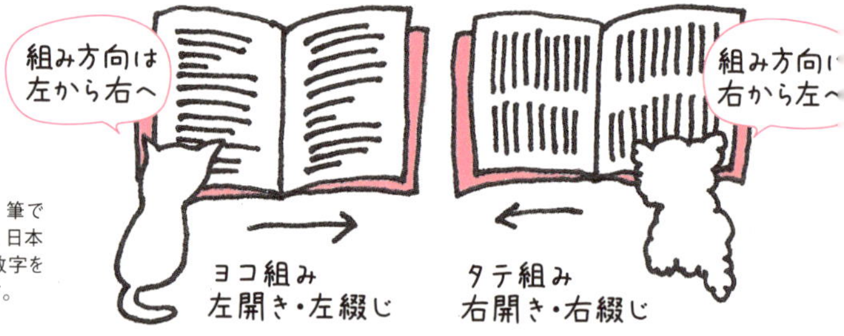

文字組みの基本設計

文章を組むときには、内容や対象読者、媒体の体裁を踏まえた上で、書体や文字サイズ、行長や行間、字間等を緻密に計算し、読みやすい文字組みを目指します。ここではまず、初心者が混同しがちな字間と字送り、行間と行送りについて確認します。文字の級数と字送り、行送りの設定は、文章の可読性（読みやすさ）が大きく変わるポイントなので正確な理解が必要です。

字間と字送り

［字送り］

「文字ピッチ」ともいい、字の中心から次の字の中心までの距離のこと。単位は「歯（H）」で示し、1歯＝0.25ミリ＝1Qです。

［字間］

文字と文字の間（仮想ボディと仮想ボディの間）のアキのこと。字間のアケ・詰めを何も調整しない文字組みを「ベタ組み」といいます。

行間と行送り

［行間］

行と行の間（仮想ボディと仮想ボディの間）のアキのこと。一部のワープロソフトでは、行送りのことを「行間」と呼んでいる場合もあるので注意しましょう。

［行送り］

ヨコ組みの場合、行の最上部から次の行の最上部までの長さのこと。単位は「歯（H）」または「％」。

行間の比較

読みやすい！

［行間全角］

「ね、パトラッシュ。くよくよするのは止そうよ。」こう言いながらパトラッシュの頸をだいて接吻してやるのでした。

本文11Q、行間11H、行送り22H。「行間全角（ぜんかく）」は、行間を文字のサイズ分とることです。

［行間四分三］

「ね、パトラッシュ。くよくよするのは止そうよ。」こう言いながらパトラッシュの頸をだいて接吻してやるのでした。

本文11Q、行間8.25H、行送り19.25H。「行間四分三（しぶさん）」は、行間が文字サイズの4分の3とることです。二分四分ともいいます。

［行間二分］

「ね、パトラッシュ。くよくよするのは止そうよ。」こう言いながらパトラッシュの頸をだいて接吻してやるのでした。

本文11Q、行間5.5H、行送り16.5H。「二分（にぶ）」は、行間を文字サイズの2分の1とることです。

［行間四分］

「ね、パトラッシュ。くよくよするのは止そうよ。」こう言いながらパトラッシュの頸をだいて接吻してやるのでした。

本文11Q、行間2.25H、行送り13.25H。「四分（しぶ）」は、行間を文字サイズの4分の1とることです。

日本語の文章は行送りが文字サイズの150％程度、つまり二分あきが読みやすいといわれているよ

文字詰めの種類

文字組みの重要ポイントのひとつが「文字詰め」です。 前述したように、文字は一つ一つ字面が異なるため、単にテキストをそのまま流し込むだけでは字間にバラつきが出てしまいます。 特に拗促音（ようそくおん）や、約物と呼ばれる括弧類や記号の前後、画数の少ないひらがなやカタカナの前後は、ベタ組みでは字間があきすぎて間延びしてしまいます。 文字詰めとは、これを回避するために字間をコントロールする作業で、文章をより読みやすく、引き締まった印象に整える効果があります。文字詰めには大きく、字間を均等に詰める「均等詰め」と、前後の文字に合わせて詰め量を変える「プロポーショナル詰め（調整詰め）」の２種類があり、それぞれ「トラッキング（文章全体の行送りを均等に調整する）」、「カーニング（字間を個別に調整する）」とも呼ばれます。 主に、前者にはレイアウトソフト等による自動詰め機能を使い、後者には手動による「手詰め」を行います。

[ベタ組み]

文字詰めを行わず、字間0で組むこと。日本語組み版における基本であり、本文はベタ組みで組まれることも多くあります。レイアウトソフトで字送りの設定を行わない場合、デフォルトでベタ組みの状態になります。

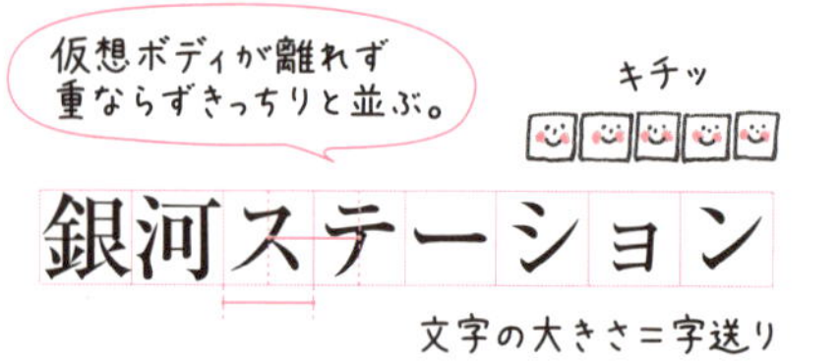
仮想ボディが離れず重ならずきっちりと並ぶ。
キチッ
銀河ステーション
文字の大きさ＝字送り

[均等詰め（トラッキング）]

文章全体に、どの字も同じ量だけ文字詰めを行うこと。文字サイズより字送りの値を小さくします。字間を詰めた分、ベタ組みに比べて行が短くなります。下は「2歯詰め（級数より字送りを2歯小さくする）」の例。トラッキングとも呼ばれます。

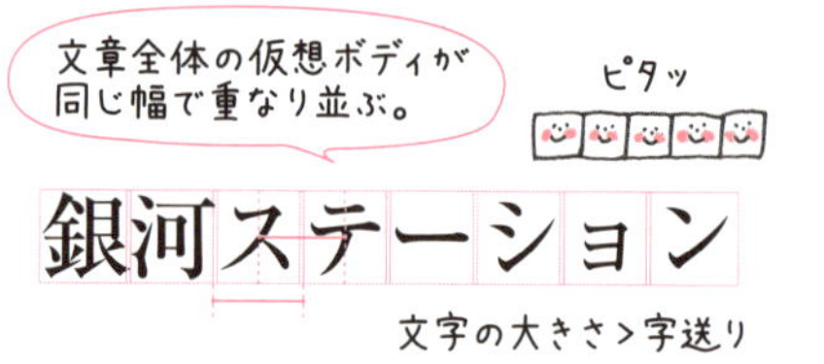
文章全体の仮想ボディが同じ幅で重なり並ぶ。
ピタッ
銀河ステーション
文字の大きさ＞字送り

[プロポーショナル詰め（カーニング）]

隣り合う文字の字面に応じて、適宜字間を詰めること。級数の大きいタイトルや見出しは、特に字間のバラつきが目立つので、ひらがなや約物、拗促音の前後の余分なアキを詰めて調整するとよいでしょう。カーニングとも呼ばれます。

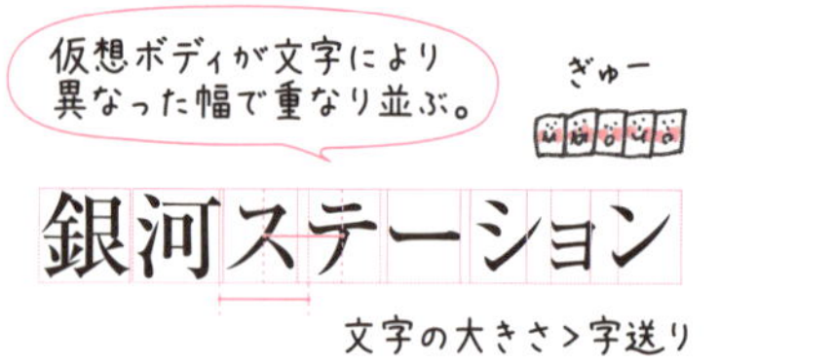
仮想ボディが文字により異なった幅で重なり並ぶ。
ぎゅー
銀河ステーション
文字の大きさ＞字送り

[均等アケ組み]

どの字間も同じ量だけをあけた組版。字間が一定になるので、均等詰めの仲間ともいえます。文字サイズより字送りの値を大きくし、ベタ組みより行が長くなります。字間をあけることで余裕が生まれ、ゆったりした印象を与えます。

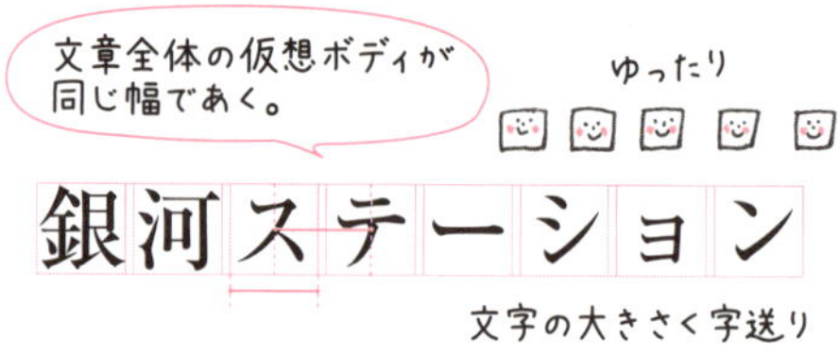
文章全体の仮想ボディが同じ幅であく。
ゆったり
銀河ステーション
文字の大きさ＜字送り

カタカナや拗促音、約物類はそのままだとアキが目立ってしまうよ。気をつけようね！
ふわー
読みやすい文字組みを研究しよう

拗促音 [ようそくおん]

拗音と促音。拗音とは、「キャ」「シュ」「チョ」のように1音節をかな2文字で表すもの。促音とは、「きって」「立った」などつまる音のことで、どちらも小さいかなを使います。

約物 [やくもの]

印刷・組版用語で、「、」「。」などの句読点、「！」「?」「(」「)」「〈」「〉」などの感嘆符、疑問符、括弧など、文字や数字以外の記号のこと。禁則処理に関係します。

行揃えの種類

1行内の文字の配置設定を「行揃え」といいます。ヨコ組みの文章では「左揃え」、タテ組みの文章では「上揃え」が基本で、どちらも「頭揃え」と呼ばれることもあります。その他に「右揃え」「中央揃え」「ジャスティファイ（両端揃え）」「強制割付（均等配置）」などの種類があります。

日本語組み版では、文章に英数字が含まれたり、禁則処理（→30ページ）の影響で、頭揃えでは行末が不揃いになる場合があります。それを避けるため、字間を自動調節して1行内いっぱいに両端を揃えて配置するジャスティファイが、標準的に使われます。ジャスティファイの設定で、は最終行のみ左揃えとなります。最終行も両端に揃えるのは強制割付です。

[左揃え]

ヨコ組みで何もしない設定

先生は中にたくさん光る砂のつぶ
のはいった大きな両面の凸レンズを
指しました。
「銀河鉄道の夜」

[右揃え]

先生は中にたくさん光る砂のつぶ
のはいった大きな両面の凸レンズを
指しました。
「銀河鉄道の夜」

[中央揃え]

先生は中にたくさん光る砂のつぶ
のはいった大きな両面の凸レンズを
指しました。
「銀河鉄道の夜」

[ジャスティファイ]

先生は中にたくさん光る砂のつぶ
のはいった大きな両面の凸レンズを
指しました。
「銀河鉄道の夜」

最終行のみ左揃えに

[強制割付（均等配置）]

先生は中にたくさん光る砂のつぶ
のはいった大きな両面の凸レンズを
指　し　ま　し　た　。
「　銀　河　鉄　道　の　夜　」

[行揃えが混在した例]

先生は中にたくさん光る砂のつぶ
のはいった大きな両面の凸レンズを
指しました。
「銀河鉄道の夜」

ジャスティファイ

右揃えに

InDesignによる文字詰め設定

InDesignでの文字設定は、［書式］メニューから［文字］を選択して行います。文字パネルでは、カーニング、字送り、文字ツメ、字取りなどを設定できます。

InDesignには、これ以外にも［フレームグリッド］上で設定する均等詰めや、オプティカル、メトリクス、プロポーショナルメトリクスなどを使った調整詰めの機能があります。この調整詰めは、ソフトやフォント側が自動的に行うもので、最終的にきれいな文字組みが行われているかを確認する必要があります。詰まりすぎやアキすぎなど、おかしなところはカーニングや字送りを使って手動で調整します。

［カーニング］

文字と文字の間にカーソルを当てて、間隔を調整する手動カーニングと、［オプティカル］、［和文等幅］、［メトリクス］が設定できます。オプティカルは、文字の形状に基づいた文字詰め。メトリクスは、欧文文字のペアカーニング情報を使った文字詰め。和文等幅は、和文はカーニング0、欧文はメトリクスの設定。ペアカーニング情報とは、例えば「AとBが並んだら、自動で-30詰める」というような、あらかじめカーニングの情報が設定されている文字のペアのことです。

［文字ツメ］

選択した複数の文字に対して、字面と字面の間隔の増減を設定できます。仮想ボディではなく、文字の形状に対するツメなので、均等ツメとは異なる。均等詰めを行う場合は、テキストフレームをフレームグリッドに設定し、フレームグリッド設定ウィンドウの［字間］で設定します。

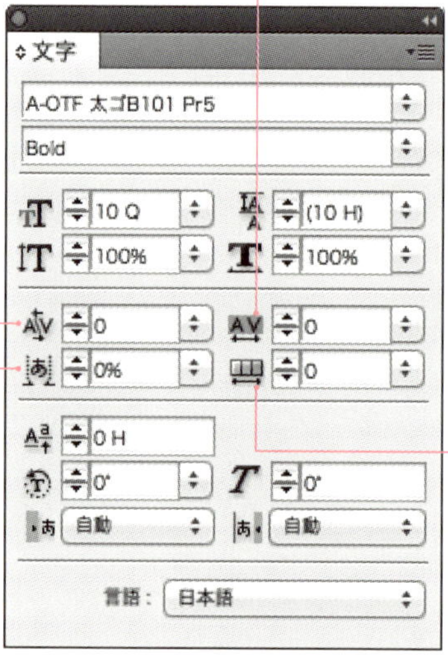

［InDesignの文字パネル］

［字送り］

選択した文字間のアキの調整が設定できます。カーニングが1文字ずつ調整するのに対して、トラッキングは選択したブロック全体を同一に調整します。なお、カーニングとトラッキングは日本語文字にも影響するが、通常は欧文文字間のアキの調整に使用します。日本語文字の文字間隔を調整するには、［文字ツメ］と［字取り］、OpenTypeフォントの場合は、［プロポーショナルメトリクス］を使用します。

［字取り］

指定したグリッド文字数の中にテキストを均等に配置します。例えば3文字を選択し、字取りを「5」に設定すると、3文字が5文字分のグリッド内に均等に配置されます。

プロポーショナルメトリクス

和文のOpenTypeフォントを使う場合の文字詰めには、文字パネルのオプションから［Open Type機能］の［プロポーショナルメトリクス］を適用するのが有効。［プロポーショナルメトリクス］とは、OpenTypeフォントに含まれる文字間の詰め情報を利用して自動で字間を調整する機能。ただしフォントによってはうまく機能しないこともあるので注意が必要です。

ベタ組み

スノーホワイトは美しい

プロポーショナルメトリクスを適用

スノーホワイトは美しい

文字の変形

日本語文字組みの基本的な考え方は、金属活字や写植の時代にほぼ形成されました。日本語文字組みでは正方形の活字（仮想ボディ）をベースにした組みが基本になります。これを正体と呼びます。写植が登場して、タテ方向、ヨコ方向に縮小する長体や平体、斜めに変形する斜体が可能になりました。 ヨコ方向に縮小することを長体、タテ方向に縮小することを平体と呼び、その流れはDTP時代にも反映されています。 写植時代は装置の限界から、文字の変形率も10%、20%、30%、40%に限られていましたが、DTPソフトはコンマ以下の精度で指定が可能です。 ただ、変形をかけすぎると可読性が失われるので、0～40%内に収めるのが基本です。

妖精

［正体（せいたい）］

正方形の仮想ボディがベース。多くの書体（とくに本文書体）は、仮想ボディより小さめに作られています。ヨコ方向に組む場合は注意が必要。

［長体（ちょうたい）］

妖精

左右に変形をかけ細長くした状態。横幅が狭くなり、少し軽い印象に。バラつきに注意。

［平体（へいたい）］

妖精

天地に変形をかけ、平たくした状態。どっしりとした落ち着きのある組みに。新聞書体が典型。

［斜体（しゃたい）1］

妖精

文字が高さを保ち平行に傾く変形。InDesignでは文字パネルで傾きの角度を設定すると変形します。

［斜体（しゃたい）2］

妖精

歪んだように傾く変形。InDesignでは文字パネルのオプションから［斜体］ダイアログボックスを表示し、傾きの角度と縮小率を設定できます。

InDesignの文字の変型

InDesignの変形の設定は、［書式］メニューから文字パネルを表示します。［垂直比率］で平体、［水平比率］で長体、［歪み］で斜体の数値を入力して指定します。 それぞれの数値はコンマ2桁まで設定可能です。3桁目は四捨五入されます。

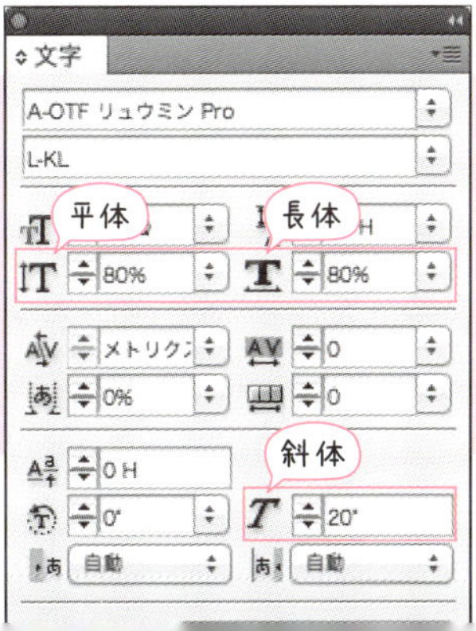

禁則処理

日本語組版では、美しさや読みやすさを図るために、行頭や行末に置いてはいけない文字や記号を定めています。 これを「禁則処理」といい、そうした文字を「禁則文字」、記号を［約物（やくもの）］と呼びます。禁則処理には、（1）句読点・括弧の閉じる側・拗促音など、行頭にきてはいけない「行頭禁則文字」、（2）括弧や引用符の始まりの側など、行末にきてはいけない「行末禁則文字」、（3）三点リーダーや２倍ダーシ、組み数字、連数字、記号や単位など行末で分離してはいけない「分離禁則文字」、の３種類があります。

禁則処理の実例

禁則処理なし

「閉まれ、ごま。」と大きく言いました
。 そうすると戸はやっぱり閉まって
、岩にはあとかたもなくなりました。
　アリ・ババは、家へ帰って来ました
。おかみさんは金貨の袋を見て大へんか
なしそうな、またこわいような顔をして
、アリ・ババに泣きつきました。
「まあ、お前さん、もしかしたらこれは
？……」とまで言って、それからさきは
もう声が出ない様子でした。

禁則処理あり

「閉まれ、ごま。」と大きく言いました。
そうすると戸はやっぱり閉まって、岩に
はあとかたもなくなりました。
　アリ・ババは、家へ帰って来ました。
おかみさんは金貨の袋を見て大へんかな
しそうな、またこわいような顔をして、
アリ・ババに泣きつきました。
「まあ、お前さん、もしかしたらこれは？
……」とまで言って、それからさきはも
う声が出ない様子でした。

禁則処理の種類と対象になる文字

InDesignなどのレイアウトソフトでは設定により自動的に禁則処理がされますが、たまに間違えたり、文字組みの設定で禁則処理がうまく効かない場合があります。そのようなときにおかしいと判断できるように、禁則処理のルールを覚えておきましょう。

行頭禁則文字（行頭にきてはいけない文字）

、	。	，	．	・	）	〕	］	｝	〉	》	」
』	】	’	”	？	！	：	；	々	ゝ	ゞ	ヽ
ヾ	〃	ぁ	ぃ	ぅ	ぇ	ぉ	ゃ	ゅ	ょ	ゎ	ァ
ィ	ゥ	ェ	ォ	ャ	ュ	ョ	ヮ	ヵ	ヶ		

は禁則に含めず、許容する場合もある

行末禁則文字（行末にきてはいけない文字）

（	〔	［	｛	〈	《	「	『	【	‘	“	

分離禁則文字（行が分かれてはいけない文字）

2倍三点リーダー	3倍二点リーダー	2倍ダーシ	組み数字	連数字	単位など	グループルビ
・・・・・・	・・・・・・・	——	(045)	2,350	100kW	米国《アメリカ》

ぶら下がりと追い込み・追い出し

禁則処理で行頭禁則文字を処理する際、活字組版の時代から、句読点については特別な設定法があります。 それが「ぶら下がり」と「追い込み」「追い出し」設定です。
「ぶら下がり」設定とは、句読点が行頭にきた場合、版面の外に出すことを許可する設定です。 その場合、その行だけ文字数が1文字多くなります。 同様に、句読点が行頭にきた場合、前の行を1文字分詰めるように調整して句読点を前に送る設定を「追い込み」設定、前の行を1文字分広げるように調整して、前の行から1文字を次の行に送り、句読点が行頭にこないようにする設定を「追い出し」設定と呼びます。
InDesignでは段落パネルメニューの［禁則調整方式］から、追い込み設定か追い出し設定かを選択できます。

左がぶら下がりあり、右がぶら下がりなしの設定です。それぞれ1文字分、行の文字数が違ってくることがわかります。ぶら下がりありの設定のほうが、行末が揃って見えます。

追い込み優先

「開け、ごま。」と、大きな声でさけびました
。すると、どうでしょう。

「開け、ごま。」と、大きな声でさけびました。
すると、どうでしょう。

「。」（句点）が行頭にきています。追い込み優先の禁則処理をかけると、前の行の約物の間隔を調整して、句点を前の行に送るようにします。

追い出し優先

兄さんの名をカシムと言い、弟の名をアリ
・ババと言いました。

兄さんの名をカシムと言い、弟の名をア
リ・ババと言いました。

「・」（中黒）が行頭にきています。前の行を全体に調整して広げ、「リ」を次の行に送って、行頭禁則文字を処理しています。

InDesignの禁則処理

InDesignの禁則処理の設定は、［書式］から［段落］を選び［段落パネル］を表示し設定します。［禁則を使用しない］［強い禁則］［弱い禁則］などが選べます。 更に「設定」を選ぶと［禁則処理セット］ダイアログボックスが表示され、禁則に含めたい文字の追加など詳細な設定ができます。

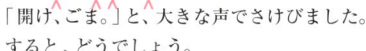

ルビの基本

ルビは難しい読み方の漢字に付く、ひらがな、またはカタカナの振り仮名のことです。子ども向けの本や雑誌などでは、全ての漢字にルビを振ることもあります。また、ルビを付ける文字のことを「親文字」といいます。ルビは日本語の文字組みだけにある独特のもので、独特なルールがあります。まず、覚えておきたいのは、下の４つの基本ルールです。他にも振り方の種類、親文字１文字に３文字以上のルビが付く場合の食い込みのルールなども覚えておきましょう。

ルビの４つの基本ルール

［ルール1］
ルビに使用する文字のサイズは、本文の半分のサイズで、一般に拗促音は使用しません。例えば「かっぱ」は「かつぱ」「きゅうり」は「きゆうり」と振ります。

［ルール2］
ルビをひらがなで振るか、カタカナで振るかは、本文がどちらを主体で書かれているかによって判断します。ひらがなが主体の場合はひらがな、カタカナが主体の場合はカタカナを振ります。また外来語由来の言葉はカタカナで振ります。

［ルール3］
ルビに使用する書体は基本的には、本文のファミリー書体を使い統一感を出します。

［ルール4］
2文字以上の熟語にルビを振る場合は、読みにくい1文字だけではなく、熟語全体にふります。

ルビの食い込み

親文字に対してルビのほうが長い場合、ルビは親文字からはみ出してしまいます。親文字１文字に３文字以上のルビを振る場合、前後が「かな」か「約物」であれば上下にはみ出させてよいというルールがあります。ルビがはみ出す場合、中付き（次ページ参照）は上下均等に、肩付き（次ページ参照）はまず下にかけるというのが基本のルールです。ただし、親文字の位置、前後の文字によって次に紹介するようなルールもあります。

海を渡る隼《はやぶさ》の群

梟《ふくろう》の棲む森

［行頭の場合］
中付きルビでも次の文字にかける。肩付きルビは常に次の文字にかけます。次の文字が「かな」か「約物」の場合は、1文字だけ下にかけることができますが、2文字以上食い込む場合は下の文字との字間をあけて調整します。

［行中の場合］
前後の文字が「かな」か「約物」の場合は、ルビを前後に1字まで食い込ませることができます。

幸せを呼ぶ鸛《こうのとり》

鶯《うぐいす》鳴く春

［親文字の前後が漢字の場合］
親文字の前後が漢字の場合は、ルビを食い込ませることはできないので、前後の文字との字間をあけて調整します。

［行末の場合］
中付きルビでも肩付きルビでも、ルビの最後の文字を行末に揃えます。前の文字が「かな」か「約物」の場合は、1文字だけ上にかけることができますが、2文字以上食い込む場合は次の文字との字間があけて調整します。

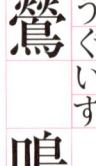

いろいろなルビの種類

モノルビ

河《かっ》童《ぱ》　胡《きゅう》瓜《り》

2文字以上の熟語にルビを振る際、1文字ごとに振るルビをモノルビといいます。読みの区切りがわからない熟語にはモノルビが振れないのでグループルビにします。

グループルビ

1 2 1

沙翁《シェークスピア》　洋琴《ピアノ》　研究所《ラボ》

2文字以上の熟語にルビを振る際、熟語全体に割り振るルビをグループルビといいます。親文字とルビの字数によって、どちらかの字間をあける必要があり、その場合は上の図のように1対2対1がよいとされています。

肩付き

栗《り》鼠《す》　葡《ぶ》萄《どう》

親文字に対してルビを頭揃えで振る方法。

中付き

栗《り》鼠《す》　葡《ぶ》萄《どう》

親文字に対してルビを中央揃えで振る方法。ヨコ組みの場合は、中付きだけを使うとされています。

InDesignでのルビの設定

InDesignでルビを振るには、まず、ルビを振りたい文字をテキストツールで選択します。 文字パレットのオプションから［ルビ］を選ぶと、［ルビ］ダイアログボックスが表示されます。ここでルビに関する詳細な設定ができます。

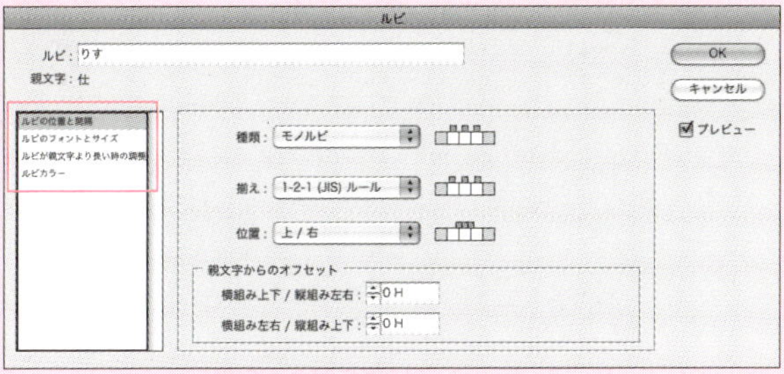

［ルビの位置と間隔］で種類と振り方、［ルビのフォントとサイズ］で書体とサイズ、［ルビが親文字より長い時の調整］で食い込み時の処理方法、［ルビカラー］でルビの色を設定します。

9

書体と文字組みによって変わる本文イメージと可読性

序文・目次・付録・注釈など以外の、本や雑誌のメインとなる文章部分を本文といいます。ここでは、本文の書体やサイズの考え方、選び方を紹介します。

本文の書体とサイズの決め方

本文書体はウェイトの軽い明朝体かゴシック体を使うのが基本です。 長文でも目にやさしく、長時間読んでも飽きがこない書体として、どちらも設計されているからです。

明朝体は、縦画が横画よりも太く作られ、漢字とかなで大きさも縦横の比率も異なります。このため文字列にリズムや流れが生まれ、日本語本来のタテ組みに適しているといわれます。

一方、ゴシック体は、縦画と横画の太さがほぼ同一で、タテ組みにもヨコ組みにも適している反面、リズムを生み出すというより、グレーライン的なデザイン要素としての側面が特徴になります。 そのため長文の書籍よりも、グラフィック主体の若者向けの雑誌の本文やキャプションによく使われます。簡潔で平明な印象を与えるので、解説書やビジネス書にも向いています。

タテ組みの明朝体・ゴシック体の比較

明朝体

【秀英 10Q ベタ組み】
ヘンゼルは、でもグレーテルをなだめて、「なあに、しばらくお待ち。お月さまが出てくるからね。そうすればすぐと路がみつかるよ。」と、いいました。

活字書体をベースに、かなが小さめに設計されており、文字列にリズムが。

【リュウミンR 10Q ベタ組み】
ヘンゼルは、でもグレーテルをなだめて、「なあに、しばらくお待ち。お月さまが出てくるからね。そうすればすぐと路がみつかるよ。」と、いいました。

明朝系本文の標準書体。各要素にメリハリがあり、しなやかさと力強さが両立。

ゴシック体

【新ゴR 10Q ベタ組み】
ヘンゼルは、でもグレーテルをなだめて、「なあに、しばらくお待ち。お月さまが出てくるからね。そうすればすぐと路がみつかるよ。」と、いいました。

仮想ボディいっぱいに作られているので、まとまりがあり、可読性も高い。

【中ゴ 10Q ベタ組み】
ヘンゼルは、でもグレーテルをなだめて、「なあに、しばらくお待ち。お月さまが出てくるからね。そうすればすぐと路がみつかるよ。」と、いいました。

ゴシック系本文の標準書体。まとまりは良いが、ベタ組みだとばらつきが気になる。

ヨコ組み明朝体・ゴシック体・文字詰めの違いによる比較

明朝体

［リュウミンR 10Q ベタ組み］

ヘンゼルは、でもグレーテルをなだめて、「なあに、しばらくお待ち。お月さまが出てくるからね。そうすればすぐと路がみつかるよ。」と、いいました。

ヨコ組みにするとばらつきが気になり、行間をあけるか、文字ヅメが必要になる。

［リュウミンR 10Q 文字ヅメ適用］

ヘンゼルは、でもグレーテルをなだめて、「なあに、しばらくお待ち。お月さまが出てくるからね。そうすればすぐと路がみつかるよ。」と、いいました。

文字ヅメを行った例。漢字とかなの幅にばらつきがあり詰まりすぎの印象も。

ゴシック体

［中ゴ 10Q ベタ組み］

ヘンゼルは、でもグレーテルをなだめて、「なあに、しばらくお待ち。お月さまが出てくるからね。そうすればすぐと路がみつかるよ。」と、いいました。

ヨコ組みに適しているとはいえ、ベタ組みだと、まとまりのない印象に。

［中ゴ 10Q 文字ヅメ適用］

ヘンゼルは、でもグレーテルをなだめて、「なあに、しばらくお待ち。お月さまが出てくるからね。そうすればすぐと路がみつかるよ。」と、いいました。

文字ヅメを行うと、すっきりとまとまった印象に。可読性も良く、メリハリも。

［新ゴR 10Q ベタ組み］

ヘンゼルは、でもグレーテルをなだめて、「なあに、しばらくお待ち。お月さまが出てくるからね。そうすればすぐと路がみつかるよ。」と、いいました。

ヨコ組みでも、ベタ組みのままで充分。やさしさや明るい雰囲気の誌面に。

文字サイズによる印象の違い

本文の文字サイズは11Qから14Q（7.5〜10ポイント）が基本。あまり小さいと可読性が失われ、大きすぎると間延びがして読むのに疲れてしまいます。一般に、若者向けは本文サイズを小さく、情報量を多く、中高年向きは本文サイズを大きく、情報量はほどほどに、本文を設計します。小学生が対象の誌面は13Qから16Qのサイズが、幼児向けは20Q以上が基本になります。

18Q

グレーテル、待っておいでよ。お月さまが出るまでね。

16Q

グレーテル、待っておいでよ。お月さまが出るまでね。

13Q

グレーテル、待っておいでよ。お月さまが出るまでね。

11Q

グレーテル、待っておいでよ。お月さまが出るまでね。

文字の大きさによって、対象となる読者、誌面の内容がある程度定まってくる。それぞれを意識した文字サイズの選定が必要だ。

実例で見る 悪い文字組み、良い文字組み

悪い文字組み例

字間があきすぎている

字間があきすぎると、文字間のアキが気になり、デザイン的にも散漫な印象を与えます。字間をあけたい場合は、サイズを大きく、行間をたっぷり取るようにします。

その中山から、少しはなれた山の
中に、「ごん狐」という狐がいま
した。ごんは、一人ぼっちの小狐
で、しだの一ぱいしげった森の中
に穴をほって住んでいました。

字間が詰まりすぎている

字間を詰めすぎると、デザイン的にまとまっても、文字が重り、長文がとても読みにくくなります。 レイアウトソフトのツメ設定を使うとこのように詰まりすぎる場合があります。

その中山から、少しはなれた山の中に、「ごん狐」
という狐がいました。ごんは、一人ぼっちの小狐
で、しだの一ぱいしげった森の中に穴をほって
住んでいました。

行間があきすぎている

行間をあけすぎると、段落としてのまとまりがなくなり、文章も読みにくくなります。同様に、デザイン的にも緊張感がなくなり、ばらばらの印象を与えます。

その中山から、少しはなれた山の中に、「ご

ん狐」という狐がいました。ごんは、一人

ぼっちの小狐で、しだの一ぱいしげった森

の中に穴をほって住んでいました。

行間が詰まりすぎている

行間を詰めすぎると、デザイン的にまとまりますが、とても読みにくくなります。行間を詰める場合は、字間も詰め気味にして、行間の空白を目立たせるようにします。

その中山から、少しはなれた山の中に、「ご
ん狐」という狐がいました。ごんは、一人
ぼっちの小狐で、しだの一ぱいしげった森
の中に穴をほって住んでいました。

行長が長すぎる

行長が長すぎると、視線の流れが混乱して、とても読みづらくなります。その場合は、段組みにして、行長を読みやすい長さに調整します。

その中山から、少しはなれた山の中に、「ごん狐」という狐がいました。ごんは、一人ぼっ
ちの小狐で、しだの一ぱいしげった森の中に穴をほって住んでいました。

良い文字組み例

字間を調整した例

字間の最適な取り方は、書体やサイズ、行間、行長、段間、組み方向、背景や周囲の余白などで変わってくるので、そのつど細かい調整が必要です。 基本は、タテ組みの場合は均等ヅメ、ヨコ組みの場合は調整詰めになります。

その中山から、少しはなれた山の中に、「ごん狐」という狐がいました。ごんは、一人ぼっちの小狐で、しだの一ぱいしげった森の中に穴をほって住んでいました。

[リュウミンM、11.5Q、字送り -1H フレームグリッドによる均等詰め、行間 7.5H]

その中山から、少しはなれた山の中に、「ごん狐」という狐がいました。ごんは、一人ぼっちの小狐で、しだの一ぱいしげった森の中に穴をほって住んでいました。

[リュウミンM、11.5Q、プロポーショナルメトリクスによる文字詰め、行間 7.5H]

行間を調整した例

行間の最適な取り方は、字間と同様に書体やサイズ、行長、組み方向、背景や周囲の余白などで変わってくるので、そのつど細かい調整が必要です。基本は、文字サイズの2分の1（半角）から、文字サイズと同じ（全角）の間で設定します。図や写真のキャプションの場合は、4分の1（四分）から2分の1（半角）の間で設定します。

その中山から、少しはなれた山の中に、「ごん狐」という狐がいました。ごんは、一人ぼっちの小狐で、しだの一ぱいしげった森の中に穴をほって住んでいました。

[リュウミンM、行間 5.75H (半角)]

その中山から、少しはなれた山の中に、「ごん狐」という狐がいました。ごんは、一人ぼっちの小狐で、しだの一ぱいしげった森の中に穴をほって住んでいました。

[リュウミンM、プロポーショナルメトリクスによる文字詰め、行間 8.625H (四分三)]

段組みで行長を調整

二つの段落に分けて、行長を短く調整。逆に行長が短すぎても読みづらくなります。タテ組みの場合、段落は2~3つが一般的です。

その中山から、少しはなれた山の中に、「ごん狐」という狐がいました。ごんは、一人

ぼっちの小狐で、しだの一ぱいしげった森の中に穴をほって住んでいました。

10 更に美しい文字組みを目指して和欧混植を理解しよう

一つの文章のなかで、和文と英文に別のフォントを使うことを「和欧混植」といいます。ここでは「和欧混植」のメリットと、レイアウトソフトの機能［合成フォント］について説明します。

和欧混植と合成フォント

日本語は漢字、ひらがな、カタカナ、アルファベットを混在して使用する珍しい言語です。和文フォントには、1つのフォントに、これら全ての文字が含まれています。しかし、見た目の変化をつけることやデザイン性、可読性などの理由から欧文は和文フォントではなく、欧文フォントを組み合わせて使用することがあります。これを「和欧混植」といいます。とはいえ、一つの文章のなかで、和文と英文を違うフォントで指定することは、長文などでは大変な作業になります。そこで、InDesignやIllustratorといったアプリケーションでは、「和欧混植」を簡単に設定できる［合成フォント］という機能があります。欧文と和文だけでなく、記号などの約物、和文のなかの漢字とかなのフォントの組み合わせなども変更することもあります。

和・欧フォント組み合わせ例

［和文フォントA-OTFリュウミンProのみ使用］

Aliceは10歳

和文書体のA-OTFリュウミンProだけで組んだ和文と英数字が混在した文章です。英数字部分が、かなと漢字に比べて、やや小さく存在感がありません。見出しなどで使う場合は弱く見えます。

［欧文フォントのTimes Regularに変更］

Aliceは10歳

［欧文が小さい］　［ベースラインがずれている］

英数字を欧文フォントのTimes Regularに変更したものです。フォントの雰囲気はリュウミンと合っていますが、やはり英数字が小さく見えることとベースラインが揃っていない点が気になります。

［欧文フォントのサイズとベースラインを変更］

Aliceは10歳

［欧文115％拡大］　［ベースラインを1％下げた］

英数字のサイズを115％に拡大し、ベースラインを1％下げました。これで、英数字に存在感のあるかっこいい文字組みになりました。

欧文フォントは小さく見えるので、サイズをやや大きくしよう。

ベースラインが揃わないので、欧文フォントのベースラインを調整しよう。

フォントを組み合わせるときは、デザインや太さの近いフォントを選ぶことが多いよ！

混植 [こんしょく]

組版を行う時に、漢字とアルファベットの書体をそれぞれ変えて使用することです。漢字とひらがなやカタカナを組み合わせる場合も大きな意味では混植といえます。

フォントセット

和文と欧文を組み合わせた合成フォントをフォントセットと呼ぶ場合もあります。雑誌や書籍などにそれぞれ専用のフォントセットを用意して使い分けるなどします。

「合成フォント」の設定方法

InDesignやIllustratorで、混植をする場合は、[合成フォント] という機能を使います。[書式メニュー] の合成フォントから [合成フォント] 作成のダイアログボックスを表示して設定を行います。

フォントの大きさは%か級数（環境設定によってはポイント）で指定します。

[新規] をクリックするとベースにする合成フォントのセットとこれから作成する合成フォントの名前を付けるダイアログボックスが表示されます。

一覧表示されている中から、指定したい文字種を選んで、中央のポップアップメニューからフォントとサイズを選択します。

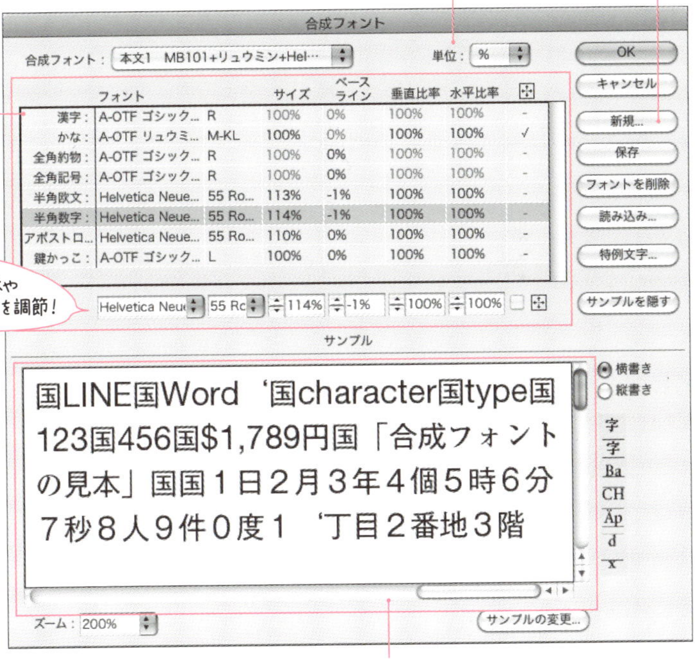

合成フォントの組み合わせをサンプルで確認しながら決めます。実際に出力をしてサイズの調整をすると良いでしょう。

11

渡辺さんと渡邊さんと渡邉さん…似て非なる漢字 異体字を理解しよう

「渡辺さんの辺を邊にしてください。」文字を扱う際にそんな注文があるかもしれません。読み方も意味も同じなのに、普段使う漢字とは少し違う難しい漢字「異体字」について説明します。

異体字ってなに？

「字体」とは、縦画や横画の有り様を表した抽象的な概念で、この字体を実際に筆などで書き起こし肉付けしたものを「字形」といいます。字体は文字の骨格であり、標準的に使用される字形を指して「正字（せいじ）」といい、それとは異なる字形を「異体字」といいます。例えば「斉」という広く使われる文字に対して、「齊・齋」などが異体字に相当します。異体字とされるものには、旧字や略字、俗字など、様々なものが含まれるため、文字によっては複数の異体字を持つものも多くあります。なお、DTPにおいて正字とされる文字は、使用するフォントがどのJIS文字セットに準拠しているかによります。同じフォントでもバージョンが違うと正字が異なる場合があります。

異体字の例

OpenTypeフォントの異体字の入力方法

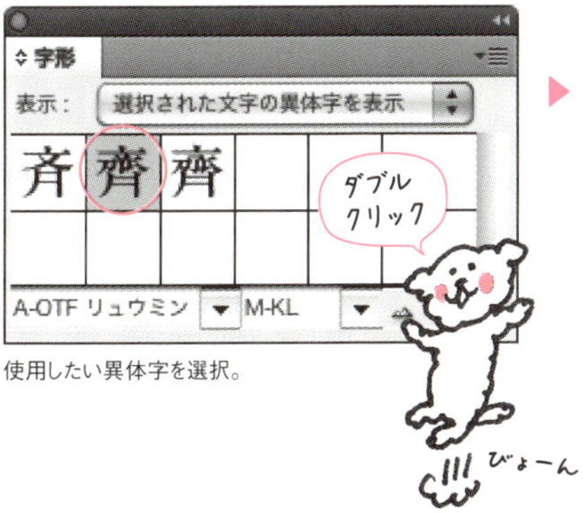

使用したい異体字を選択。

InDesignやIllustrator（CS以降）などのアプリケーションでは、［字形パネル］を使って該当する文字を異体字に切り替えることができます。入力されているテキストを選択し、字形パネルの表示を［選択された文字の異体字を表示］にすると、その文字の異体字だけが表示されます。使用したい字をダブルクリックすると、選択している文字が異体字に置き換えられます。

「斉」が「齊」に変更。

OpenTypeフォントは現在、主流になりつつあるパソコンで扱うフォントの規格です。OpenTypeフォントと、それより以前の規格CIDフォントでは、1つの文字に対する字形の数、つまり異体字の収録数に差があります。CIDフォントの字形の収録数が800字程度だったのに対し、現在、デザイン制作の現場で使われているOpenTypeのProフォントは15,000～20,000字となっています。

ちなみにユニバーサルフォントって何?

ユニバーサルフォントとは、できるだけ多くの人に正しく使用してもらえる「ユニバーサルデザイン」の概念に基づいて作られたフォントで、認識しやすい形であったり、読んでいて疲れない形にデザインされているフォントをいいます。例えば、濁点や半濁点などはアキを確保して視認性を高めたり、文字のふところを広くとって判別しやすいようにする、あるいは点対称の文字や混同しやすい文字は独立したシルエットにするなどの配慮で作られています。

A-OTF 新ゴ Pro　A-OTF UD 新ゴ Pro　A-OTF 新ゴ Pro　A-OTF UD 新ゴ Pro

濁点部分のギャップを十分確保して視野を高める

アキを確保して判別しやすい

12

「表ケイ」「裏ケイ」って何？ 罫線の種類と呼び名を覚えよう

罫線は頻繁にデザインに登場する要素の一つです。ここでは罫線の種類と呼び名、太さ、角丸のサンプル、アプリケーションでの設定方法を紹介します。

罫線の種類と呼び名

罫線は、デザイン上で内容を区切ったり、グループ化したり、強調したい部分を囲ったりと頻繁に用いる要素の一つです。罫線はその種類によって、活字組版の時代からの流れで以下に紹介する独特な名称で呼ばれています。罫線の太さを表す「表罫（表ケイ）」「裏罫（裏ケイ）」という呼び方もその一例ですが、現在では「ミリ」や「ポイント」で表すほうが主流となっています。

罫線の種類と呼び名

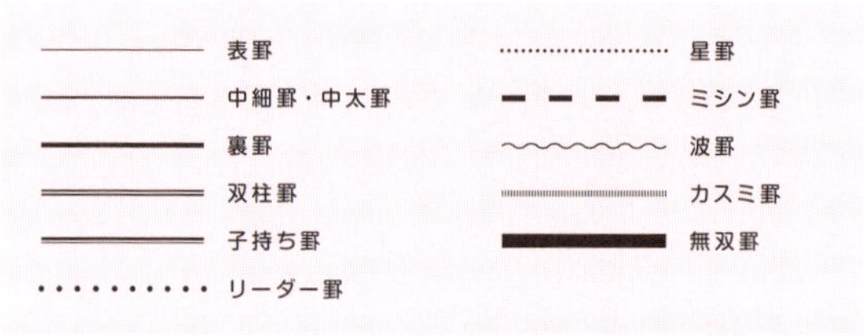

表罫は一般的に印刷で表現できる最細の線幅といわれています。中細罫・中太罫は、表罫と裏罫の中間の太さの罫です。リーダー罫より更に細かいドットが並ぶ罫が星罫です。無双罫は、一般的に本文サイズと同じ幅の太い線をいいます。

罫線の太さの比較

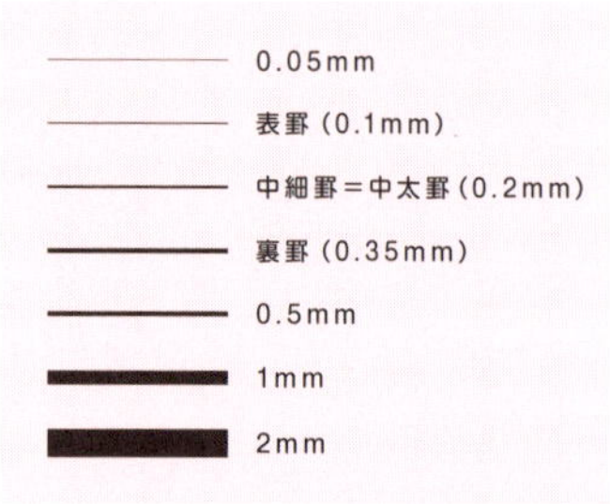

様々な角丸サンプル

囲み罫など四角形の角を丸くすると、柔らかいポップな印象となります。この丸い角のことを「角丸」といいます。また製本で小口側の角を丸く裁ち落とすことも角丸といいます。丸みは、接する丸の半径の長さを指定します。半径の長さが長くなるほど、丸みが大きくなります。

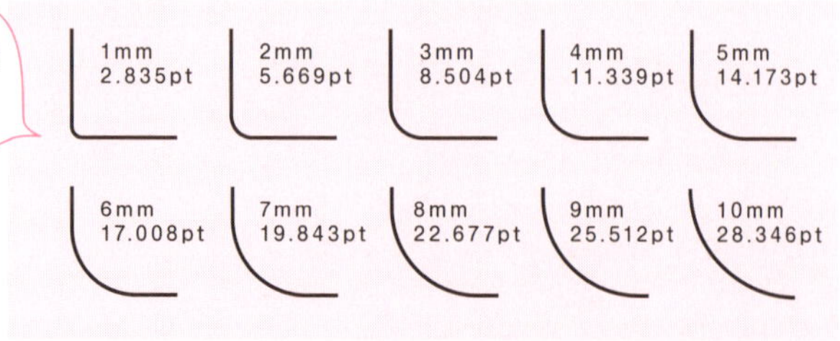

線を引くには

線を引きたいときには、InDesignもIllustratorもツールパレットから［ペンツール］または［直線ツール］を使用します。 四角い囲み罫を描く際は、［長方形ツール］も使います。 線の設定は［ウィンドウ］から［線］を選択し［線パネル］を表示して行います。

InDesign の罫線

ここで線の幅、線端の形状、角の形状を設定します。

ここで線の位置つまり、線の幅に対するアンカーポイント（線を操作するための点）をどこに定めるかを設定します。

ここで線の種類、特殊な始点と終点の種類を選びます。設定できる線の種類と始点・終点の種類は右の通りです。

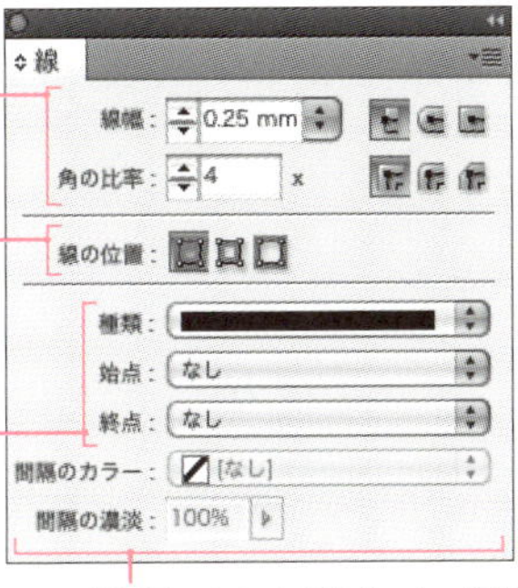

［間隔のカラー］は線分、点、複数行の線などの間のカラーを設定します。［間隔のカラー］を設定した場合は、［間隔の濃淡］でカラーの濃度を設定できます。

線の種類

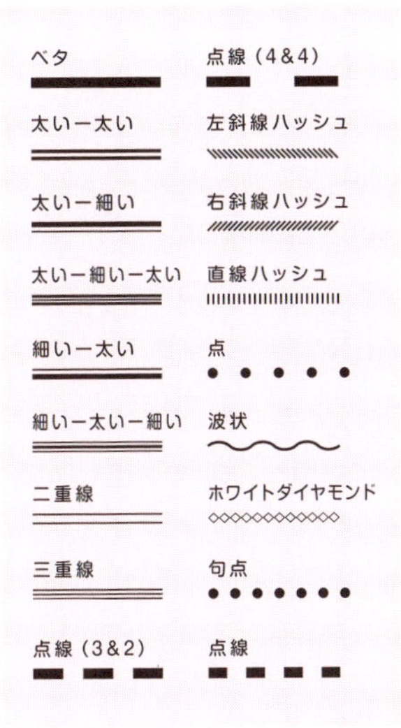

始点終点の種類

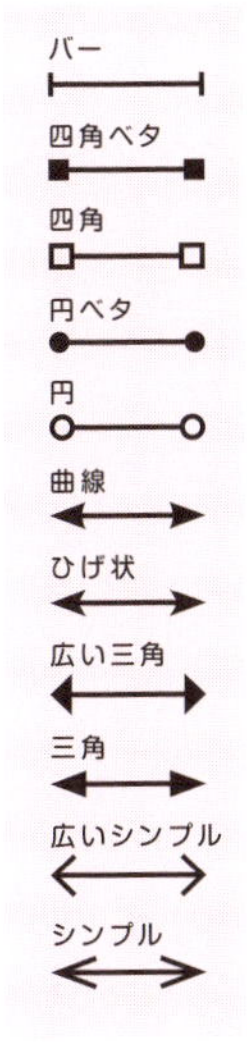

Illustrator の罫線

InDesign同様、ここで線の幅、線端の形状、角の形状、線の位置を設定します。

ここで矢印の設定をします。矢印の始点と終点の形状が選べます。形状は［なし］と右の39種類です。［倍率］で形状の大きさを変えることもできます。［先端の位置］は矢印の先端位置の設定ができます。

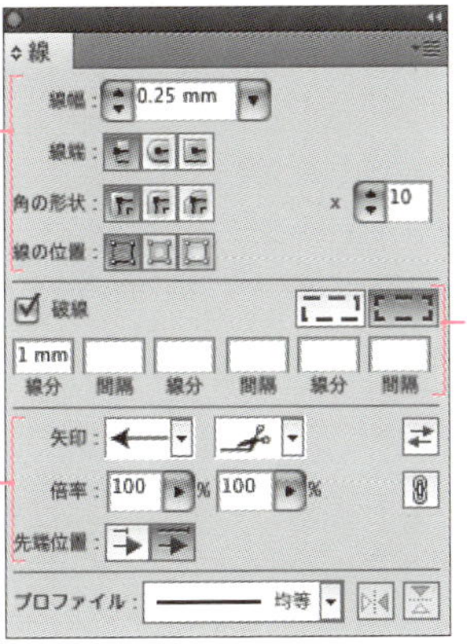

ここで破線（点線）の設定をします。線分で実線の長さ、間隔でアキの長さを設定します。

矢印の種類

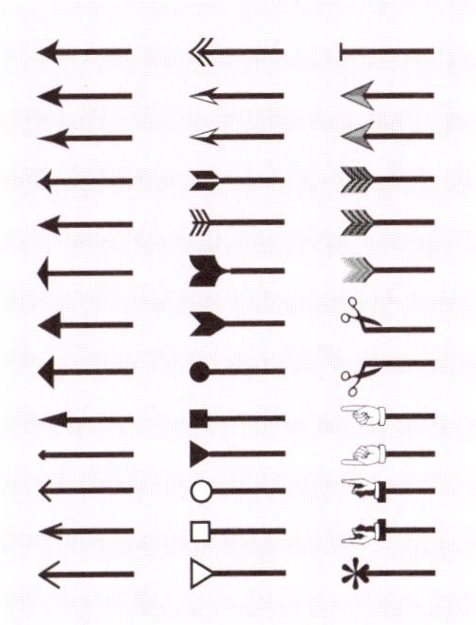

13 実はたくさんある記号類(約物)種類と名称を覚えよう

ひらがな、カタカナ、漢字、アルファベット、数字以外にも、文章には意外とたくさんの記号が使われています。ここでは代表的な記号類の種類と名称を紹介します。

様々な記号類(約物)

文章をレイアウトする際に、ほとんどの文章に何らかの記号が含まれているといっても過言ではありません。記号類は「約物(やくもの)」と呼ばれることもあります。文章の区切りを表す「。」や「、」などの区切り記号。文章中の会話や引用、強調したい語句の始めと終わりに付ける「 」“ ”などの括弧類。文章の省略箇所や、途中を表す「…」などのつなぎ記号などです。ここでは、よく使われる代表的な記号類を紹介します。

その前に…記号の入力方法。

キーボードや変換で入力できない記号類は、以下で紹介する［文字ビューア］と［字形パレット］を使って入力します。

文字ビューア

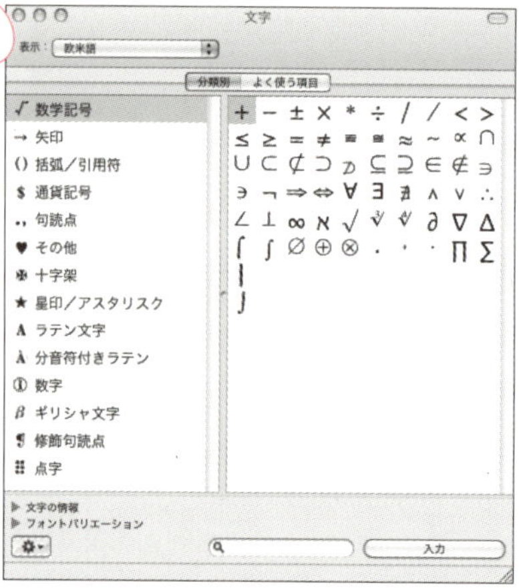

Macの標準文字入力システム「ことえり」を使用している場合は、上部メニューバーの［ことえりメニュー］から［文字パレットを表示］を選択します。［文字ビューア］の［分類別］を選ぶと記号・括弧／引用符・矢印etc.分類別に特殊な記号や文字が表示されます。表示された候補の中から、使いたい文字をクリックするとテキストデータに入力ができます。

InDesignの字形パレット

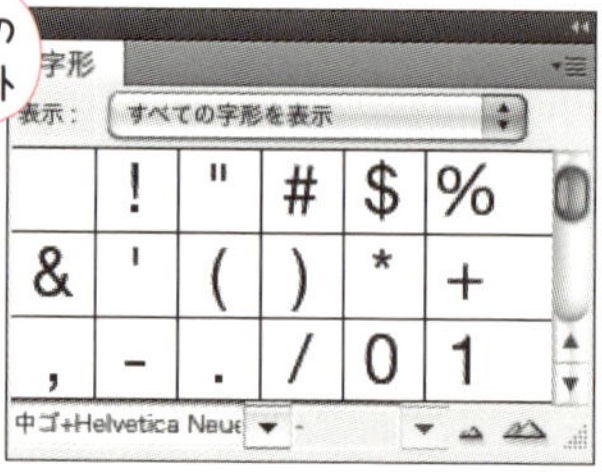

［書式］メニューから［字形］を選択して［字形パネル］を表示します。使用可能な別のフォントおよびフォントスタイルを選択し、表示メニューから［すべての字形を表示］を選択します。たくさんの字形の候補が表示されます。この中から使用したい記号を選びクリックするとテキストデータに入力ができます。

「きごう」→変換で表示できるものもあるよ

代表的な記号とその使い方

区切り記号

記号	名称	使用法
、	読点、テン	文章の読みの区切りや意味の区切りをつけたり、いくつかの語句を並置する場合に区切りとして用います。数字の3桁ごとの区切りにも使います。
。	句点、マル	文章の区切りや終わりに付ける終止符。読点と句点はワンセットだが、キャプションなどで、文章全体の終わりを省略する場合もあります。
,	カンマ、コンマ	欧文ヨコ組みの場合に、読点として用いる場合があります。数字の3桁区切りや欧文の単語の区切りにも用います。
.	ピリオド、フルストップ	欧文ヨコ組みの場合に、カンマとともに句点として用います。欧文の終止符としても用います。
・	中黒（なかぐろ）、中ポツ	いくつかの語句を並置する場合に区切りとして用います。漢数字の小数点、外国人の姓と名や地名などの固有名詞の区切りにも用います。
:	コロン	欧文に主に使われる区切りの符号。カンマやピリオドよりは前後の語句につながりがある場合に用います。和文にも使われます。
;	セミコロン	コロンとともに、欧文に主に使われる区切りの符号。コロンよりも前後の語句につながりがある場合に用います。和文にはほとんど使われません。
’	アポストロフィ	欧文に主に使われる符号。名詞の所有格や語句の省略を示しています。年代の省略（1960→ '60のように）にも使われます。
!	感嘆符、雨だれ、エクスクラメーションマーク	和文、欧文ともに使われる符号。強調や驚き、感嘆、感動などを示すために、文章の末尾に用います。強調するために2つ以上続ける場合も。
?	疑問符、耳だれ、クエスチョンマーク	和文、欧文ともに使われる符号。疑問文や質問文の末尾に用います。不確実な感じを表す場合にも使われます。
?!	ダブルだれ	疑問と驚きが同時に感じられることを表す文章の末尾に用います。
!	ななめ感嘆符	感嘆符と同じですが、主に和文に用います。

括弧類

記号	名称	使用法
( )	パーレン、括弧（かっこ）	文章、語句の解説や補足、数字番号などを、他の文章と区別するために用います。数式にも使われます。
(( ))	二重パーレン、二重括弧	パーレンで囲んだ文章の中に、さらにパーレンを入れるときに用います。
「 」	かぎ、かぎ括弧	文章内の会話の始めと終わりに用います。引用や強調したい語句などを、他の文章と区別したいときに用います。
『 』	二重かぎ、二重かぎ括弧	引用や参考書籍、雑誌などを表すときに用いられます（論文などの題名はかぎ括弧）。かぎ括弧で囲んだ文章の中に、更にかぎ括弧を入れる場合も。
〔 〕	亀甲（きっこう）	パーレンで囲んだ文章の中に、さらにパーレンを入れるときや、解説、注記を入れるときに用います。主にタテ組みで使用。
[ ]	ブラケット、角括弧	発音表記や注釈などの語句を示すときに用います。数式にも使われます。
{ }	ブレース	2つ以上の項目をまとめて囲む場合に用います。数式にも使われます。
〈 〉	ギュメ、山形（やまがた）	強調したい語句に用います。引用文に使われる場合もあります。
《 》	二重ギュメ、二重山形	ギュメで囲んだ文章の中に、更にギュメを使う場合に用います。
【 】	墨付きパーレン、太亀甲	とくに強調したい語句、見出しに用います。
‘ ’	クォーテーションマーク	パーレンやかぎ括弧にあたります。欧文は前者、ヨコ組みの和文の場合は後者が使われます。
“ ”	ダブルクォーテーションマーク	二重かぎにあたります。欧文、ヨコ組みに使われます。
〝 〟	ダブルミニュート、ちょんちょん	タテ組みの和文で、強調したい語句や引用分に対して用います。二重かぎの代わりに使われる場合もあります。

しるし記号

記号	名称
※	米印
＊	アステリスク、星印
⁂	アステリズム、三連星印
★	黒星、黒スター
☆	白星、白スター
○	丸印
〇	太丸
◎	二重丸
◉	蛇の目
⦿	丸中黒
●	黒丸
■	黒四角
□	白四角
▲	黒三角
△	白三角

記号	名称
◆	黒ひし形
◇	ひし形
〒	郵便記号
#	ナンバー、番号符
†	ダガー、短剣符
‡	ダブルダガー、二重短剣符
§	セクション、章標
‖	パラレル、並行符
¶	パラグラフ、段標
°	デグリー
′	ワンダッシュ
″	ツーダッシュ
✓	チェックマーク
〓	ゲタ記号
♪	音符

単位記号

記号	名称
m	メートル
m^2	平方メートル
m^3	立方メートル
g	グラム
t	トン
l	リットル
a	アール
A	アンペア
W	ワット
V	ボルト
cal	カロリー
h	時間
min	分

記号	名称
s	秒
Hz	ヘルツ
p	ピコ（= 1/1,000,000,000,000）
n	ナノ（= 1/1,000,000,000）
μ	マイクロ（= 1/1,000,000）
d	デシ（= 1/10）
da	デカ（= 10 倍）
h	ヘクト（= 100 倍）
k	キロ（= 1000 倍）
M	メガ（= 1,000,000 倍）
G	ギガ（= 1,000,000,000 倍）
T	テラ（= 1,000,000,000,000 倍）

ギリシャ文字

記号	名称
Α・α	アルファ
Β・β	ベータ
Γ・γ	ガンマ
Δ・δ	デルタ
Ε・ε	エプシロン・イプシロン
Ζ・ζ	ゼータ
Η・η	エータ・イータ
Θ・θ	テータ・シータ
Ι・ι	イオタ
Κ・κ	カッパ
Λ・λ	ラムダ
Μ・μ	ミュー

記号	名称
Ν・ν	ニュー
Ξ・ξ	クシー・グザイ
Ο・ο	オミクロン
Π・π	パイ
Ρ・ρ	ロー
Σ・σ	シグマ
Τ・τ	タウ
Υ・υ	ウプシロン
Χ・χ	カイ・キー
Ψ・ψ	プシー・プサイ
Ω・ω	オメガ

アクセント記号

記号	名称
á	アキュート、揚音符
à	アクサングラーブ、抑音符

記号	名称
â	サーカムフレックス、抑揚音符
ã	ティルド

記号	名称
ă	ショート、短音符
ä	ディエレシス、分音符

アクセント記号の入力

Mac OSでは、［キーボードビューア］を表示して、どのキーを押せばどのアクセント記号などが入力できるか確認できます。［キーボードビューア］を表示させるには、上部メニューバーの［ことえりメニュー］の［"言語環境"を開く］をクリックし、言語環境の入力メニューから［キーボードビューア］にチェックを入れます。 その後、［ことえりメニュー］の［キーボードビューアを表示］を選びます。英字モードでキーボードビューアを表示し、optionキーを押すと、アクセント記号が適用されるアルファベットが確認できます。アクセント記号を入力するには、optionキーを押したまま、アクセント記号を選択し、optionキーを解除して、同じキーのアルファベットをクリックするとアクセント付きのアルファベットになります。

英字モードにし、optionキーを押すとアクセント記号を入力できる文字が確認できます。

［キーボードビューア］

つなぎ記号

記号	名称	使用法
-	ハイフン、連字符	主に欧文で、語句が複数連続する場合、その間に入れる符号。行末で単語が分割される場合にも、連結を示すために使われます。
–	2分ダーシ、2分ダッシュ	数や時間などの範囲を示したり、複合語の連結に用います。
—	ダーシ、ダッシュ	文意を言い換えたり、挿入した語句を囲むときに用います。和文では、主に2倍ダーシを使用します。
——	2倍ダーシ、2倍ダッシュ	文意を言い換えたり、挿入した語句を囲むときに用います。
〜	波形、波ダーシ、波ダッシュ	ダーシよりもゆるやかな文意の言い換えや語句の強調に用います。会話文の末尾で、感情を込める場合にも使われます。
…	三点リーダー	文章中の省略箇所や、文章の途中であることを示したいときに用います。基本的には2つ続けて使用します。
‥	二点リーダー	三点リーダーと同じ意味を表します。現在はあまり使われていません。

数学記号

記号	名称	記号	名称
＋	加える、足す、プラス、加算記号	≡	合同
−	ひく、マイナス、減算記号	π	パイ
×	かける、乗算記号	√	ルート、平方根
÷	除算記号	Σ	シグマ
＝	等しい、等号	∫	インテグラル
≠	等号否定	∞	無限大
＜	不等号（より小さい）	∴	ゆえに
＞	不等号（より大きい）	∵	なぜならば

その他の記号類

記号	名称	記号	名称
℃	セ氏、度シー	™	商標
%	パーセント、百分比	©	コピーライト、著作権、丸シー
‰	パーミル、千分比	Ⅰ Ⅱ	時計数字（大文字）
@	アットマーク、丸エー、について	ⅰ ⅱ	時計数字（小文字）
¥	円	①②	丸付文字
$	ドル	⑴⑵	括弧付数字
¢	セント	⒜⒝	括弧付アルファベット
£	ポンド	♥♠	トランプ記号
€	ユーロ	㈱㈲	省略記号
®	登録商標		

色と配色

配色のセオリー、色のはたらきやイメージなどなど、
デザインに欠かせない色と配色のことを知ろう。

14 三原色って何色のこと？色の基礎知識を知ろう

デザインにおいて文字の扱いと同様に重要なのが「色」です。絶対的なルールはありませんが、覚えておくとデザインを考える上で役に立つ色の基礎知識を紹介します。

三原色って何？

色は混ぜ合わせることで、いくつもの違う色を作ることができます。しかし、混ぜ合わせて作ることができない色があります。これを「原色」といいます。「原色」には「色光の三原色」と「色料の三原色」があります。「色光の三原色」は、赤（Red）・緑（Green）・青（Blue）のことで、テレビやパソコンのモニターで色を表示する基本の光の色です。対して、「色料の三原色」は緑みの青（Cyan）、赤紫（Magenta）、黄（Yellow）のことで、印刷物のインキなどで使用する基本の色料の色です。

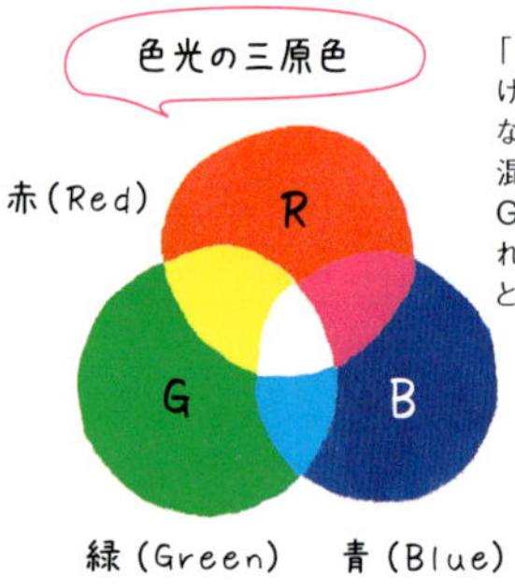

「色光の三原色」はかけ合わせるごとに明るくなります。これを「加法混色」といいます。R・G・Bの三原色をそれぞれ100％でかけ合わせると白になります。

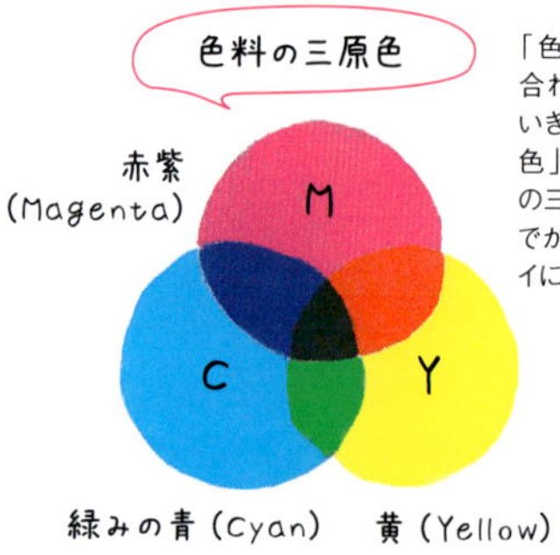

「色料の三原色」はかけ合わせるごとに暗く濁っていきます。これを「減法混色」といいます。C・M・Yの三原色をそれぞれ100％でかけ合わせると暗いグレイになります。

三属性って何？

「鮮やかな赤」「暗い赤」「朱色」など「赤」といっても様々な「赤」があります。その色がどんな色なのかは、「色相」「明度」「彩度」で定義することができます。これを「色の三属性」といいます。「色相」は色合い、色味のこと、「明度」は色の明るさ、「彩度」は色の鮮やかさを指します。右の図は、「色相」「明度」「彩度」の関係を立体的に表した「色立体」といわれる模式図です。

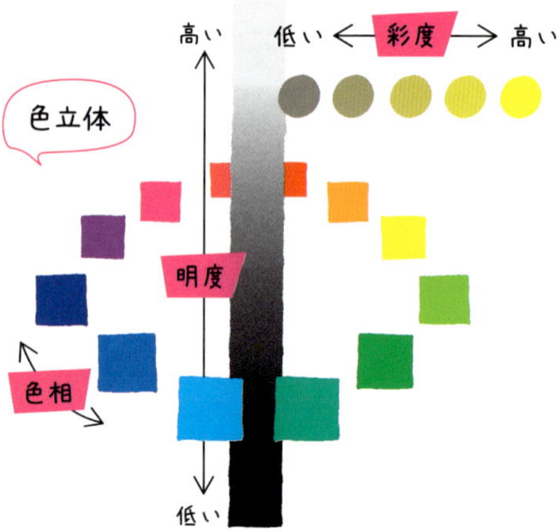

色相

色相とは、赤・青・緑など色合い、色味のことをいいます。色合いや色味は、循環性があり、物体色の色を環（わ）にしたものを「色相環」といいます。 右図のように12色、または24色で表したものが一般的ですが、色名・色相の位置などが異なる色相環もあり、1種類だけではありません。

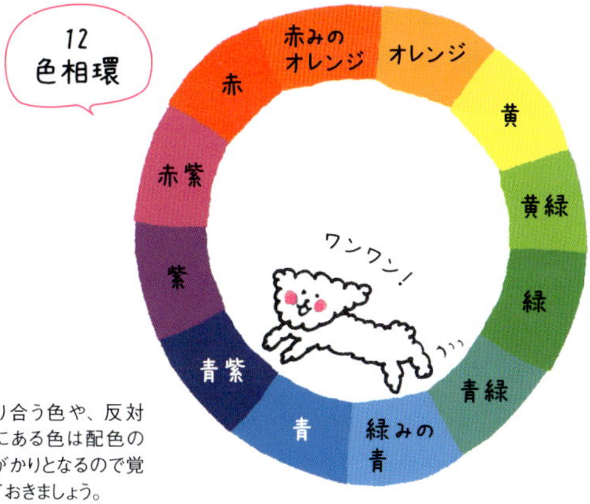

隣り合う色や、反対側にある色は配色の手がかりとなるので覚えておきましょう。

明度

色味の他に、色には明るさの違いがあります。 明るい、暗いなど、色の明るさの度合いのことを明度といいます。 無彩色で作られた白からグレイ、グレイから黒の明度スケールを見ると明度の段階が、よくわかります。 白が最も明度が高く、黒が最も低い色です。 有彩色も白に近い色は明度が高く、黒に近い色は明度が低いということになります。

彩度

彩度とは色の鮮やかさの度合いです。 明度と混同しがちですが、明度が白から黒の明るさの段階を表すのに対して、彩度は色の鮮やかさ（強さ）を表します。 例えば、色相で表される赤・青・黄の各色のなかで、一番鮮やかな赤、一番鮮やかな青、一番鮮やかな黄が、彩度の高い色ということになります。 これらの色を「純色」といいます。

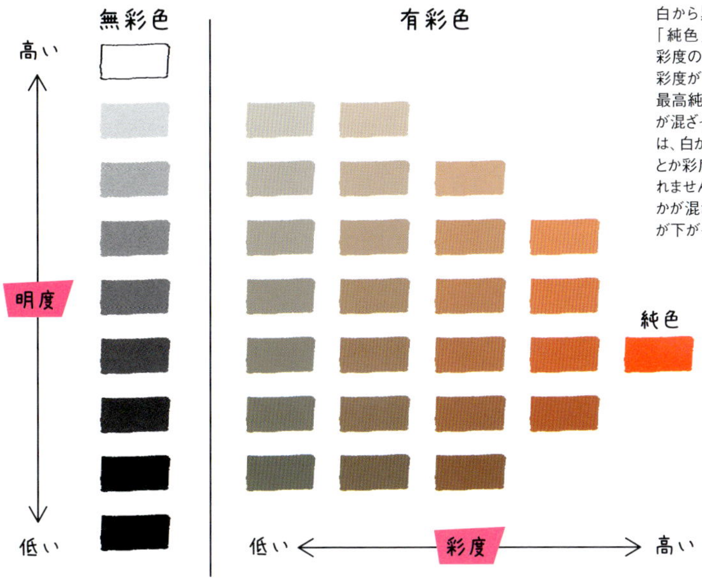

白から黒の明度スケールの縦軸に、「純色」を頂点とした三角形が広がる彩度のイメージ図。
彩度が下がるということは、その色相の最高純度である純色に少しでも他の色が混ざったことを意味します。イメージでは、白が混ざると明るくなるので、濁ったとか彩度が落ちたとは考えにくいかもしれませんが、「純色」から見ると、何色かが混ざった色は明暗に関係なく彩度が下がった色ということになります。

有彩色と無彩色

色には「有彩色」と「無彩色」があります。「無彩色」は白と黒、そしてその中間にある、白と黒だけを混ぜたグレー（灰色）のことです。無彩色は明るい、暗いといった明度の属性だけを持っており、「色相」「彩度」はありません。「有彩色」は無彩色以外の全ての色のことで、色相、明度、彩度の3つの属性を持っています。

トーンって何？

色の三属性である明度と彩度を一緒にした、色の調子のことを「トーン」といいます。トーンは下図のように、無彩色を5種類、有彩色を12種類に分け、例えば「ペール（うすい）」「ダル（にぶい）」「ビビッド（さえた）」というように名称が付けられています。同じトーンどうしの配色はまとめやすいといわれます。

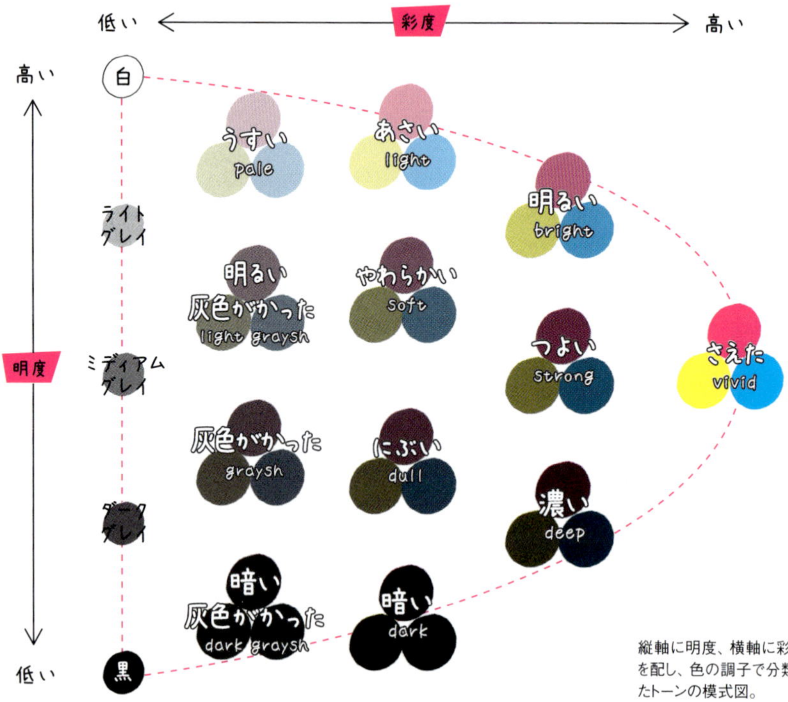

縦軸に明度、横軸に彩度を配し、色の調子で分類したトーンの模式図。

固有色名［こゆうしきめい］
慣用色名［かんようしきめい］

植物、動物、食べ物、自然現象などの名前に由来した色名を固有色名、その中でも桃色、空色など、誰もが共通のイメージで認識できる色名を慣用色名といいます。

心理補色
［しんりほしょく］

ある物の色をずっと注視していると、その物から視線を外した際に、残像として別の色が現れます。例えば赤を見た後に緑の残像が現れます。これを心理補色といいます。

補色と類似色

色相環で180度反対側に向かい合う２つの色の関係を「補色」といいます。インキなどの色料の場合、補色関係の２色を混ぜ合わせると、お互いに色味をなくし暗い灰色になります。また、補色に近い色（隣の色）を「反対色」といいます。対して色相環で隣り合う色、または近くに位置する色を「類似色」といいます。

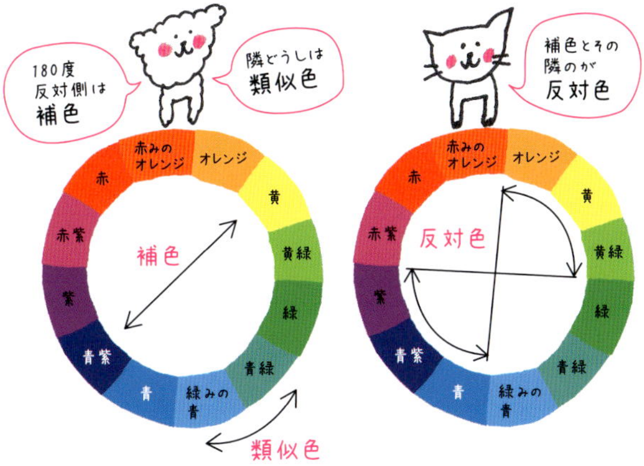

暖色と寒色

色味から受ける印象で、色相環の赤・オレンジ・黄系の色を「暖色」、青・青紫・青緑系の色を「寒色」といいます。 また、暖色と寒色の中間に位置する紫や黄緑を中間色といいます。「暖色」はあたたかで楽しげ、あるいは熱狂、「寒色」はクールでまじめ、あるいは清涼感といったイメージがあります。

暖色

寒色

中間色

15 色の持つイメージを知ってデザインに役立てよう

色には連想するイメージや、感情効果などのはたらきがあります。それらを理解して、デザインに取り入れることでデザインの幅が広がります。 ここでは、色のイメージや、効用を紹介します。

様々な色のイメージ

色から受ける、感情や印象は人によって様々です。住んでいる国や文化、宗教が違えば、色の持つ意味も異なってきます。 また、同じ色でも、多くはポジティブとネガティブの二面性のイメージを持ちます。 色の持つイメージを理解してデザインに取り入れることは、アイデアの引き出しを増やすことになります。 ただ、それは絶対的なルールではないということも覚えておきましょう。

単独色に対する一般的な連想ワード

色	連想ワード
赤	太陽・夕日・暑熱 愛情・熱心・闘争 ポスト・血・炎
橙	秋・光明・活気 陽気・焦燥・嫉妬 成熟・かんきつ類
黄	陽光・光・白熱・月 希望・歓喜・健康 軽薄・黄金・レモン
黄緑	若葉・新芽・芝生・春 新鮮・明朗・未熟 軍隊・メロン・緑茶
緑	新緑・青葉・草木 安息・永遠・安易 初夏・森林・草原
青	晴天・水・海・空 青春・清涼・悲しみ 冷淡・平静・陶器
紫	優雅・神秘・高貴 古風・不安・孤独 あやめ・ぶどう・茄子
白	雲・雪・光・冬 純粋・清潔・空虚 信仰・病院・うさぎ
グレー	曇天・夜・雪空 落ち着き・中立・沈黙 コンクリート・煙
黒	夜空・宇宙・厳粛 重厚・陰気・不吉 カラス・黒髪・礼服

様々な色のはたらき

色は単独で見たときと、2つ以上の色を合わせて見たときでは見え方が違ってきます。これを色の対比といいます。そして、色には進出性・後退性・膨張性・収縮性などの性質もあります。また前ページでも紹介しているように、絶対的なルールではありませんが、一般的に人が色から受ける固有の感情があります。ここでは、そうした様々な色のはたらきを紹介します。

[軽重感]

同じトランクのイラストですが、左は重く右は軽く感じます。明度の低い色は重く、明度の高い色は軽い印象を与えます。

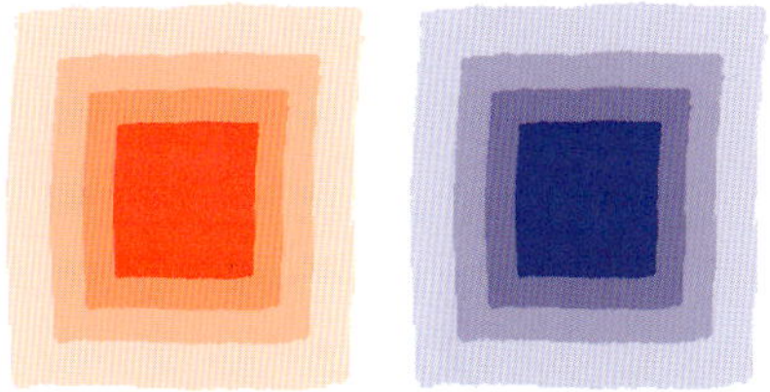

[進出後退]

左の図は中央が進出し、右の図は中央が後退して見えます。暖色系の色（赤・黄・橙）は進出し、寒色系の色（青・青紫・紫）は後退して見えます。

[興奮沈静]

左右のイチゴはどちらが美味しそうに見えますか。赤・赤紫・赤み橙の高彩度の色はいきいきとした興奮感を伝え、青・青緑・青紫の低明度・低彩度の色は沈静感を伝えます。

[膨張収縮]

同じ犬のイラストですが、左は小さく遠くに、右は大きく近くに見えます。寒色系の低明度色は収縮性があり、暖色系の高明度の色は膨張性があります。

[明度対比]

同じ黄色の星でも左のほうが明るく見えます。これは地色の黒と星の黄色の明度差が大きいためです。対比される2つの色の明度差が大きいほど、より明るく、またはより暗く見えます。

[色相対比]

左と右の地色は同じグレーですが、右のグレーは左と違う色味を感じます。右のように有彩色と無彩色を対比させた場合は、無彩色に有彩色の補色がかかって見えるためです。

16 配色を考える際の基本的なルールを覚えよう

2色以上の色を組み合わせることを配色といい、調和のとれた配色は見る人に美しさや心地よさを感じさせます。ここでは基本的な配色のセオリーを紹介します。

基本的な配色のセオリー

色から受けるイメージと同様に、配色の調和の良し悪しの基準に絶対的なものは存在しません。 また、必ずしも調和を望まないアンバランスな配色が求められる場合もあります。 しかし、デザインを考える上で、配色のセオリーを知っておけば、無数に存在する色の組み合わせを考える上での手がかりになることは間違いありません。

似ている要素を生かした配色

色相を揃える。色相環の近い色どうしの配色。

CMYK:	50-80-0-0	10-30-0-0	30-60-0-0	70-100-40-0
RGB:	146-72-152	229-194-219	186-121-177	108-36-99

トーンを揃える。同じトーンの色での配色。

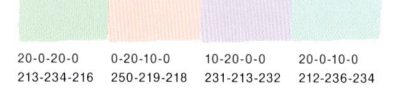

20-0-20-0	0-20-10-0	10-20-0-0	20-0-10-0
213-234-216	250-219-218	231-213-232	212-236-234

無彩色を生かした配色

無彩色どうしの配色は有彩色より調和しやすい。

0-0-0-100	0-0-0-50	0-0-0-20	0-0-0-80
0-0-0	159-160-160	220-221-221	89-87-87

無彩色の面積を大きく有彩色を小さく。結果的に有彩色が生きる配色となります。

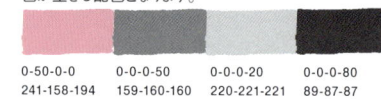

0-50-0-0	0-0-0-50	0-0-0-20	0-0-0-80
241-158-194	159-160-160	220-221-221	89-87-87

支配色を使った配色

狭い面積に多色を、広い面積に1色を使い支配色として調和をはかります。

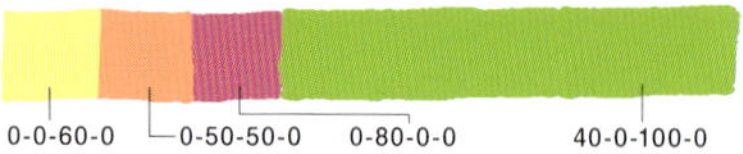

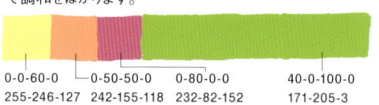

0-0-60-0	0-50-50-0	0-80-0-0	40-0-100-0
255-246-127	242-155-118	232-82-152	171-205-3

多色の配色の上に1色を色フィルターのように覆い調和をはかる。これが支配色となります。

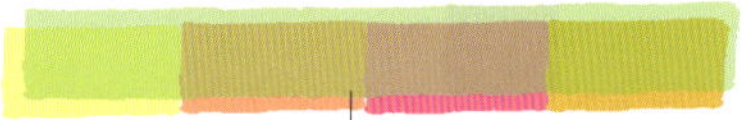

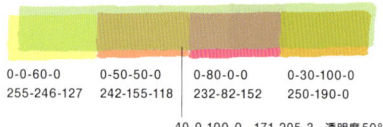

0-0-60-0	0-50-50-0	0-80-0-0	0-30-100-0
255-246-127	242-155-118	232-82-152	250-190-0

40-0-100-0　171-205-3　透明度50%

アクセントカラーを使った配色

暖色系の配色のなかに寒色系の彩度の高い色を小面積で入れる。これがアクセントカラーとなります。

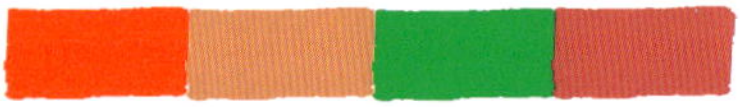

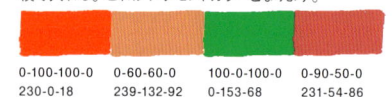

0-100-100-0	0-60-60-0	100-0-100-0	0-90-50-0
230-0-18	239-132-92	0-153-68	231-54-86

ダルトーンの配色のなかにビビッドトーンの色を小面積で入れる。これがアクセントカラーとなります。

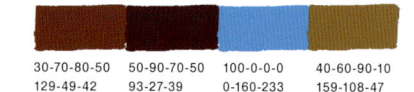

30-70-80-50	50-90-70-50	100-0-0-0	40-60-90-10
129-49-42	93-27-39	0-160-233	159-108-47

グラデーションの配色

段階的に少しずつ色を変える配色をグラデーションの配色といいます。色相・彩度・明度それぞれの要素を使ってグラデーションを作ることもできますし、色相と明度と2種類の要素の組み合わせでグデーションを作ることもできます。

左は水色の明るさの違いだけの明度差によるグラデーション。右は明るさとともに色味も変化する色相と明度の組み合わせのグラデーション。

文字の色と視認性

文字の視認性（見えやすさ）は、文字の色と地色の対比によって変わります。下のA,Bのように、文字色と地色の明度差が大きいと視認性は高まります。反対に、Cのように文字色も地色も明度が高い、Dのように文字色地色ともに明度が低いと視認性が低くなります。またEのように、文字色と地色に補色の関係にある色を選ぶと、目がチカチカして読みづらくなります。しかしFのように、補色の関係でも明度差を大きくすると、いくらか読みやすくなります。

○ 明度差大。文字色の明度が高く、地色が低い

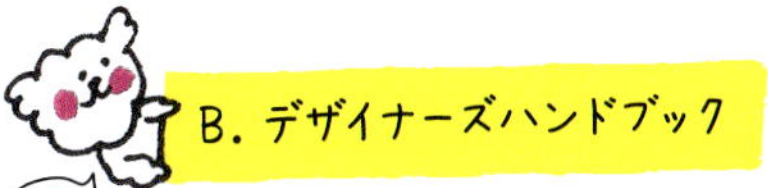

○ 明度差大。文字色の明度が低く、地色の明度が高い

× 明度差少。文字色地色ともに明度が高い

× 明度差少。文字色と地色ともに明度が低い

× 文字色と地色が補色の関係

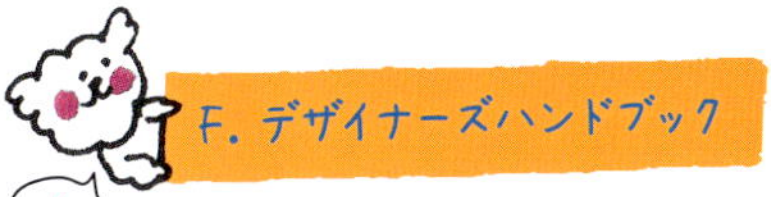

△ 文字色と地色が補色の関係だが明度差が大

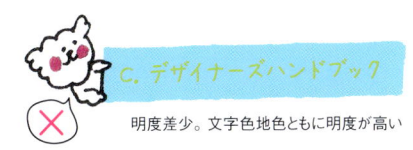

17 カラー印刷の色について理解しよう

色料はCyan=緑みの青、Magenta=赤紫、Yellow=黄の三原色をかけ合わせることで、様々な色ができます。ここでは、カラー印刷での色の再現方法の仕組みを説明をします。

CMYKとは

仕事で行うデザインの多くは、印刷という工程を経て最終的な製品となります。 パソコンで制作したデザインのデータはモニター上でR（赤）・G（緑）・B（青）の3色の光のかけ合わせで表示されます。対してカラー印刷物はC（緑みの青）・M（赤紫）・Y（黄）・K（黒）の4色のインキのかけ合わせで色を再現します。 このように、色を再現する方法が違うのでモニターの色と、印刷物の色が100%マッチすることは、ほぼありません。 ここでは、カラー印刷の色の再現方法の原理を紹介します。

C（緑みの青）M（赤紫）Y（黄）の3色を、それぞれ100%の割合でかけ合わせると、減法混色の理論では、限りなく黒に近い暗いグレイになります。ただ、実際に印刷用の3色のインキを混ぜ合わせても真っ黒にはならず、暗い茶色に近い色になるといわれています。そこで印刷ではCMYの3色と、理想的な黒を再現するため黒（K）のインキを用います。このCMYKの4色をプロセスカラーと呼び、CMYKの4色で行うカラー印刷のことをプロセス印刷ともいいます。

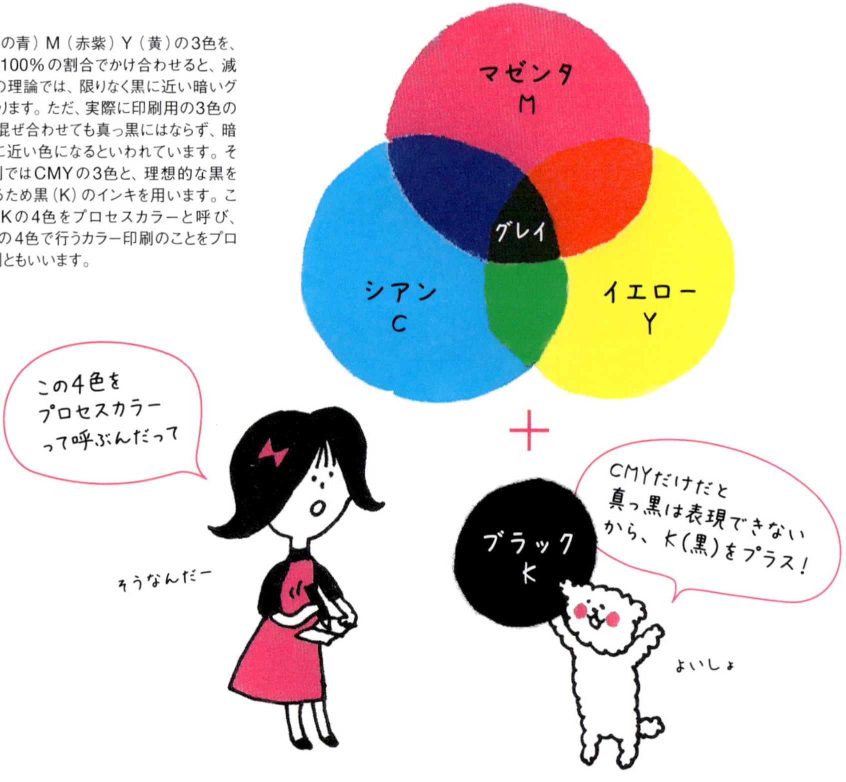

マゼンタ
M
グレイ
シアン
C
イエロー
Y
+
この4色を
プロセスカラー
って呼ぶんだって
CMYだけだと
真っ黒は表現できない
から、K(黒)をプラス!
ブラック
K
そうなんだー
よいしょ

カラー印刷での色再現の仕組み

カラー画像を印刷をする場合、まずCMYKの４つの版に分解します。 各版の色の持つ階調を、「網点」と呼ばれる、肉眼では見えない細かい点（ドット）に置き換えます。 この点（ドット）の大小、点（ドット）の配分の割合で色の濃淡が表されます。こうして網点に置き換えられたCMYKの４つの版を、それぞれのインキで刷り重ねることで印刷物としての色が再現されます。

元画像
印刷物
４色の版に分解し
網点に置き換える
４色の版を刷り重ねると
カラーの印刷物に
[C版]
[M版]
[Y版]
[K版]

カラーの印刷物を拡大してみると、CMKY各色の点（ドット）が混ざり合ったブツブツとした点で構成されているのがわかります。

なんと！点がいっぱい！

カラーの画像をCMYKの４版に置き換えます。これを4色分解といいます。画像の持つ諧調の情報は各版で網点に置き換えられます。

webサイトの色

Webサイトの色は、モニター上で見るので、色はRGBの光の三原色をかけ合わせて表示されます。 ここでは基本的な５つのWebでの色指定の方法を紹介します。

web上で
白、黒、赤を
表現するには？

white　Black　Red

1 色名（英名）での指定。

#FFFFFF　#000000　#FF0000

2 先頭に#（ハッシュ記号）を付けてRGBの各色を16進数の00～ffの6桁で指定。

#FFF　#000　#F00

3 先頭に#（ハッシュ記号）を付けてRGBの各色を16進数の0～fの3桁で指定。2の6桁指定より指定できる色が少ない。

rgb(255,255,255)　rgb(0,0,0)　rgb(255,0,0)

4 RGBの値を16進数ではなく10進数の0~255の数値で指定。

rgb(100%,100%,100%)　rgb(0%,0%,0%)　rgb(100%,0%,0%)

5 RGBの値を0～100までのパーセントで指定。

アプリケーションで色を作る

InDesign、Illustratorで描画したオブジェクト(図形や線)の線や塗りの色を、任意の色に指定するには、[ウインドウメニュー]の[カラー]をクリックし、[カラーパレット]を表示させます。カラーパレットのオプションメニューから、いくつかのカラーモードが選べますが、印刷物のデータを作成する場合は[CMYK]を選びます。右のボックスにCMYKそれぞれのパーセントを直接入力、または、スライダーを動かして色を作ることができます。または、下部のカラースペクトルバーで、作りたい色を直観的にクリックして選ぶこともできます。

[スライダー]

各色の△を動かして右の%の数値を変更できます。

[カラースペクトルバー]

この棒状に表示されている色の中から、使用したい色の上をクリックするとスポイトで色を吸い上げるイメージで、左上のカラーのマスに選んだ色が表示されます。

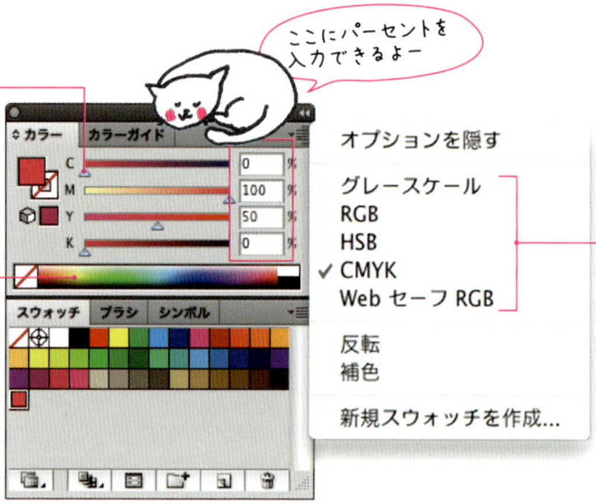

[カラーモード]

数種類のカラーモードが選べます。印刷物のデータを作る場合はCMYKモードを選びます。

スウォッチに登録

作った色は、[ウインドウメニュー]の[スウォッチ]をクリックし[スウォッチ]を表示させ、[スウォッチ]にドラックすることで登録ができます。よく使う色を登録しておけば、そのつど作る必要がなくなり便利です。[スウォッチ]から登録した色を選んで、ダブルクリックをすると[スウォッチオプション]が表示され、登録した色に名前を付けることもできます。

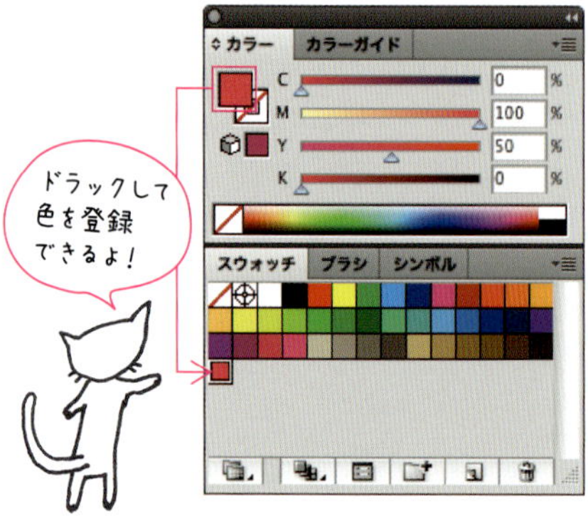

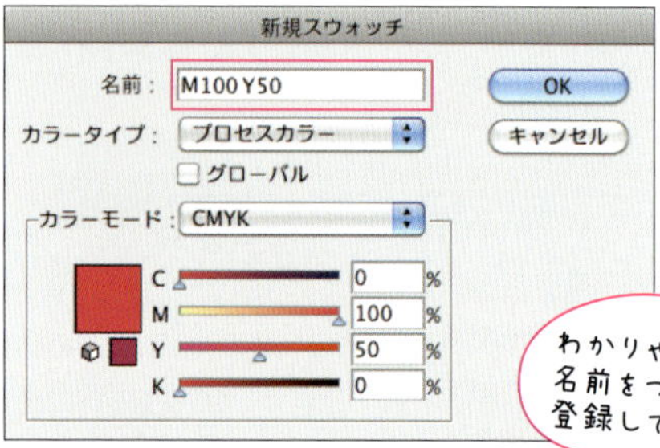

色の濃淡の表し方

色の濃い薄いを表現するには、CMYK各色のパーセンテージの数値の多い少ないで決まります。 パーセンテージが少なければ薄く、多ければ濃くなります。これはかけ合わせでも同じです。右の図のように、C50,Y50よりC70,Y70が濃く、C70,Y70よりC100,Y100のほうが濃く見えます。 更にK（黒）をかけ合わることで、より濃く暗い色を作ることができます。

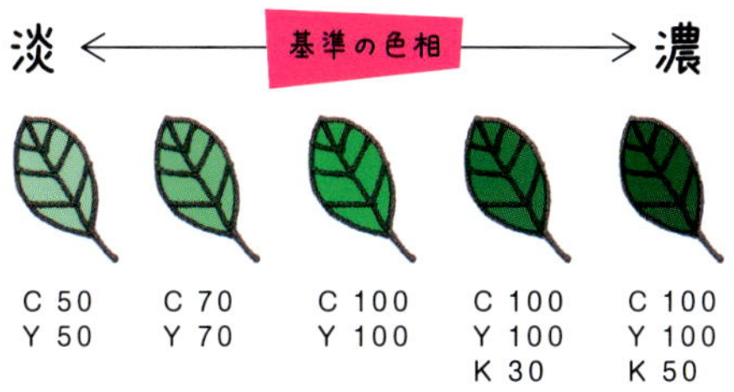

澄んだ色、濁った色

印刷インキのCMYKのかけ合わせは、減法混色のため、かけ合わせる色数が増えればそれだけ、色が濁って暗くなります。 澄んだ明るい色を表現したい場合は、かけ合わせる色数を少なくし、各色のパーセンテージの合計も大きくならないようにしましょう。

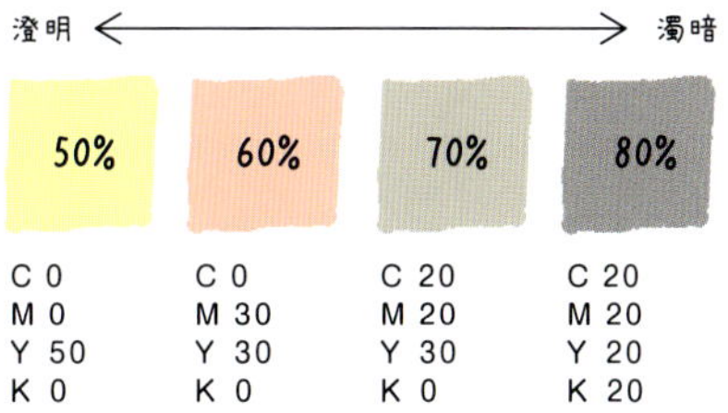

色のかけ合わせ方

ここでは、CMYの３色を基本に、CとM、MとY、MとCの２色の組み合わせのパーセンテージの数値の増減で、色相環の 12 色を作る方法を紹介します。 色のかけ合わせ方の指針として覚えておくと役に立ちます。

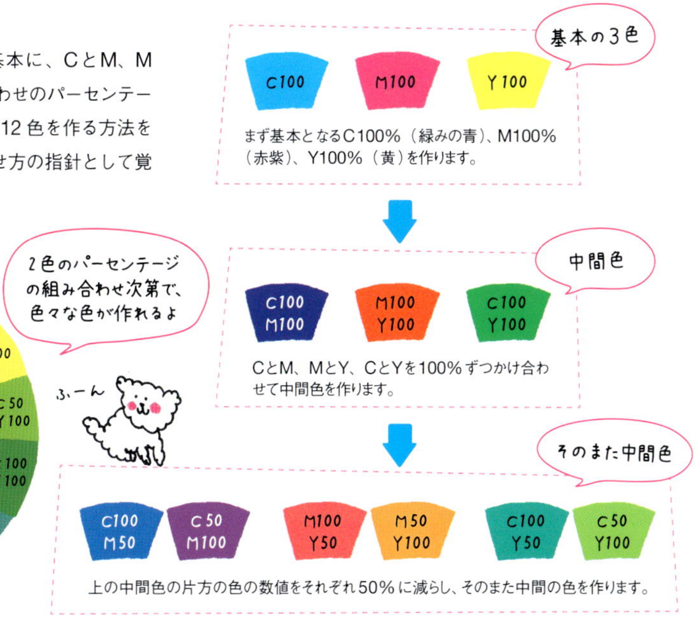

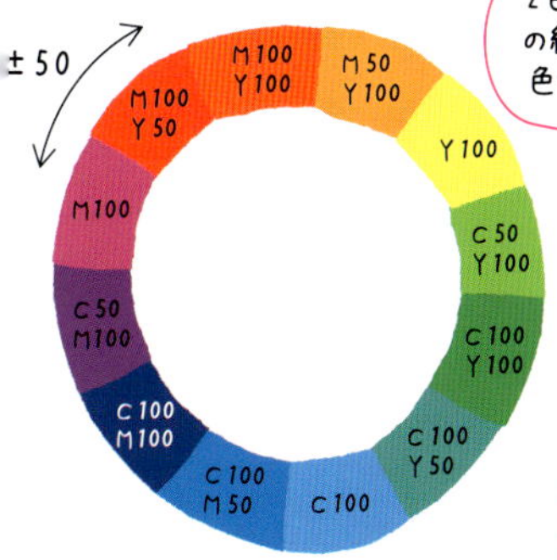

プロセスカラーのかけ合わせ

すでに説明してきたとおり、プロセスカラーのCMYKは、様々な割合でかけ合わせることで、多くの色を表現できます。下のチャートはCMYKをそれぞれ単色で10%ずつ濃度を変化させたチャートです。次ページからのかけ合わせのチャートは、CとM、CとY、MとY、CとMとY（Yは50%で固定）のかけ合わせの割合を10%ずつ変化させたものです。作りたい色のイメージが決まっている場合などに、チャートから近い色を見つけて、そのパーセンテージの数値を参考にすることができます。

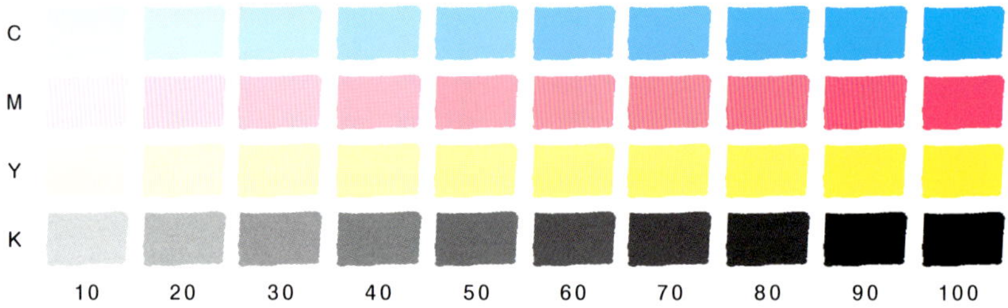

リッチブラックとは

印刷での黒はK100%で表現します。しかし、より美しく深い黒を表現する場合に、KだけではなくCMYもかけ合わせて黒を作ります。この黒をリッチブラックといいます。CMYKの４色をかけ合わせる場合や、Kと何か他の１色をかけ合わせる場合もあります。下のチャートはリッチブラックのかけ合わせのサンプルです。 ちなみに、CMYKの各色を100%でかけ合わせると、大量にインキを使い、乾きが悪く裏移りの原因になるので注意が必要です。

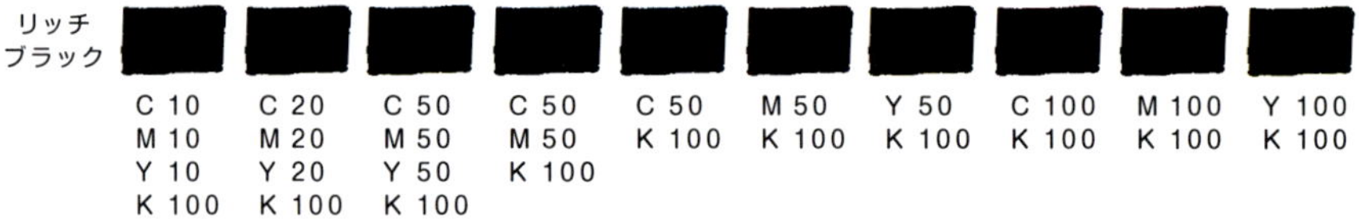

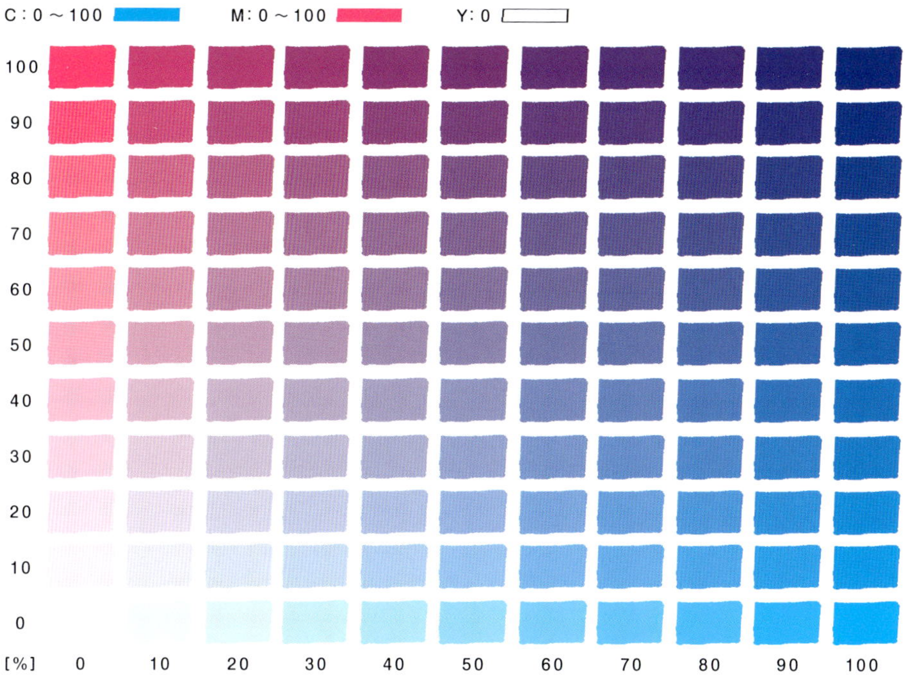
C：0～100
M：0～100
Y：0
100
90
80
70
60
50
40
30
20
10
0
[%]
0
10
20
30
40
50
60
70
80
90
100

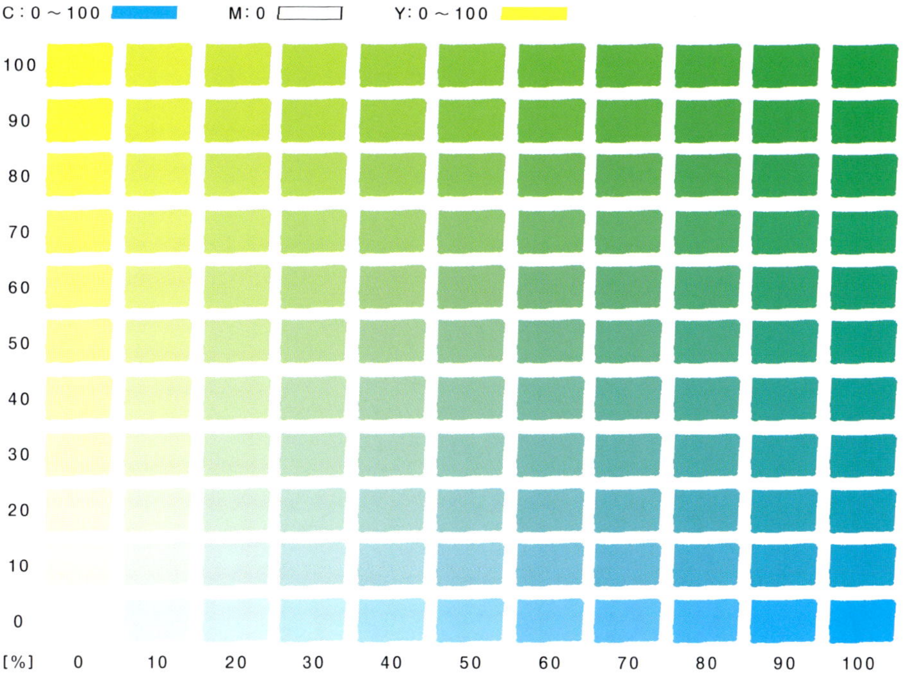
C：0～100
M：0
Y：0～100
100
90
80
70
60
50
40
30
20
10
0
[%]
0
10
20
30
40
50
60
70
80
90
100

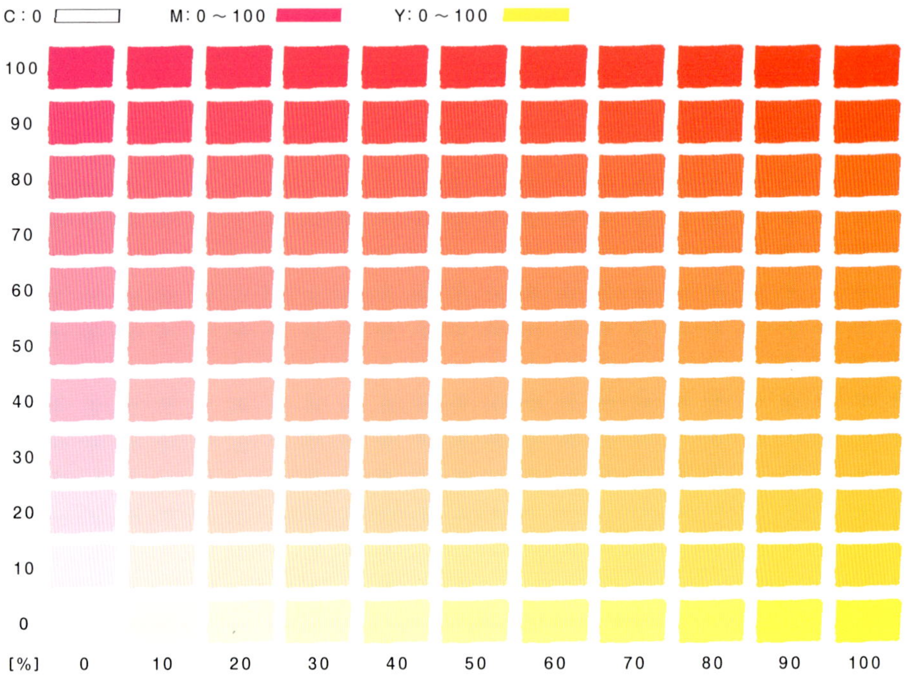
C：0
M：0～100
Y：0～100
100
90
80
70
60
50
40
30
20
10
0
[%]
0
10
20
30
40
50
60
70
80
90
100

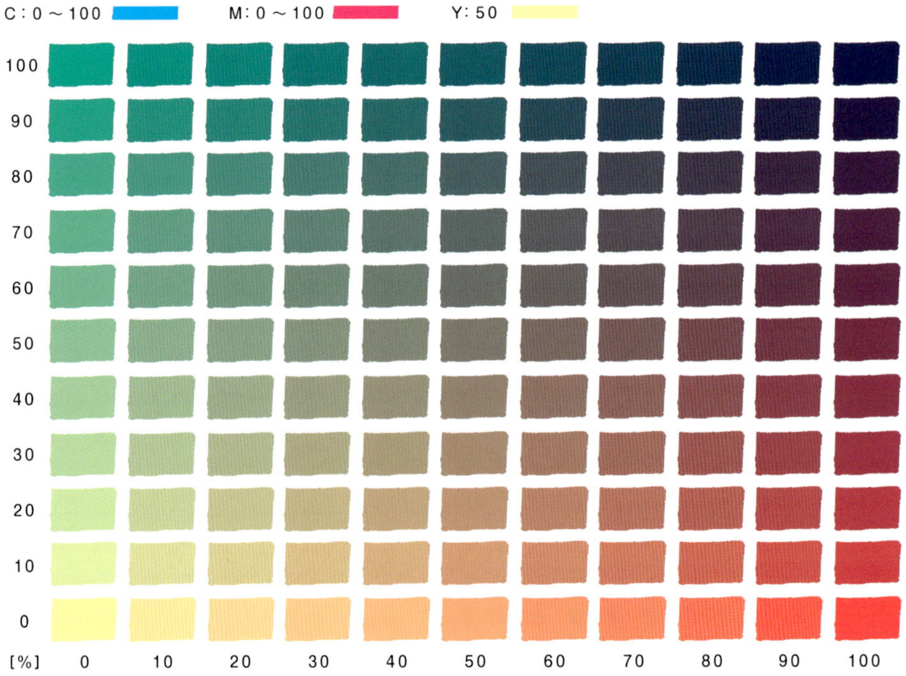
C：0～100
M：0～100
Y：50
100
90
80
70
60
50
40
30
20
10
0
[%]
0
10
20
30
40
50
60
70
80
90
100

画像

デザインに必須の画像データを扱う基礎知識から、画像データの処理の方法、PDFの基礎知識までを理解しよう。

18 ビットマップ? ベクトル? 解像度? デジタル画像の基礎知識

DTPでのデザインでは、膨大な量の画像を処理することもあります。デジタル画像に関する基本的な知識を身につけて、データを正しく扱えるようにしましょう。

DTPで扱う画像の種類

写真・イラストなどのビジュアル要素、地色や罫線などの補助的な装飾要素、表組み・グラフのような解説図の要素など、レイアウトデータには文字のほかにも多くの要素が盛り込まれます。単純なテキストを除いた部分が、いわゆる「図版」と呼ばれるものです。「図版」のうち、一部のレイアウトソフト上で直接作成する部分を除いて、大部分は別のアプリケーションで作成した画像データを配置します。画像データを扱う代表的なアプリケーションには、主に写真要素を扱うPhotoshopと、主に図形やイラスト要素を扱うIllustratorがあります。

ビットマップデータとベクトルデータ

ビットマップとベクトルは、デジタル画像に関してまず覚えておきたい分類です。ビットマップデータは点の集まりで階調表現に適しており、拡大すると粗くなります。一方、ベクトルデータは図形を数学的な「情報」としてコンピュータ言語で記述したもので、拡大しても劣化しません。前者を扱う代表的なアプリケーションがPhotoshopで、後者を扱う代表がIllustratorです。

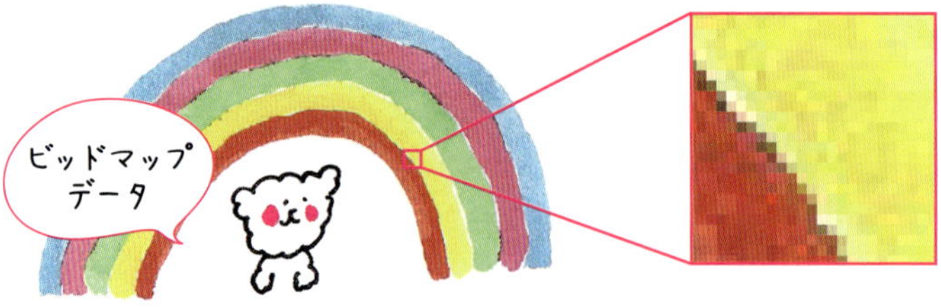

拡大すると粗くなります。マス目の集まりで表現されたデータです。ビットマップ画像は、主にPhotoshopなどの「ペイントソフト」で扱います。

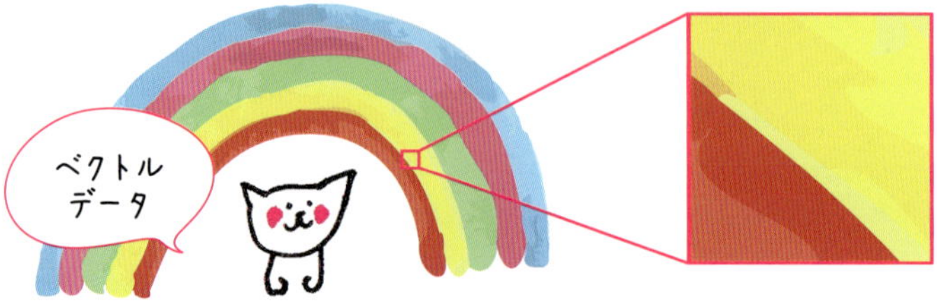

拡大・縮小しても劣化しません。イラストや図形に用いられ、主にIllustratorなどの「ドローソフト」で作成できます。

ビットマップとベクトルの描画のしくみ

ベクトルデータには図形の形や位置などが「情報」として保存されており、サイズを変更しても「情報」を参照して図形を生成し直すだけなので、劣化のない滑らかな描画を行うことができます。比較的データ量が軽いことも特徴です。一方のビットマップデータは、縦横に規則的に並んだ正方形のマス目の集合で表現されるため、曲線の描画が苦手です。できるだけ曲線を滑らかに見せるためには、点の密度を増やす（解像度を上げる）ことが必要となります。

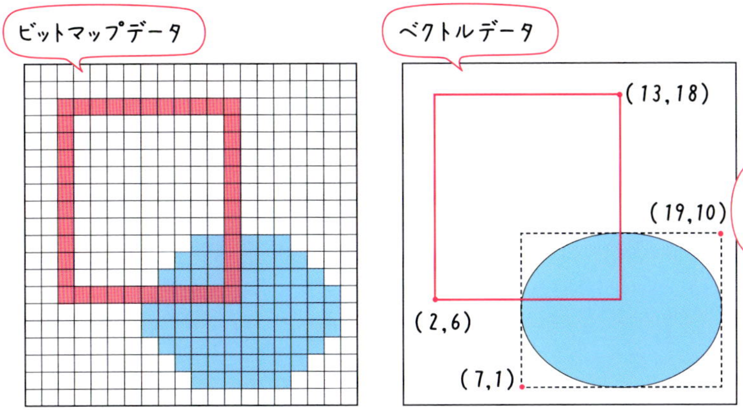

同じ図形を、異なる2つの方式で描画したものです。左がビットマップデータ、右がベクトルデータの描画方法となっています。

ビットってなに？

ビットとは、二進数で処理されるコンピュータの世界で、情報量を示す単位です。1ビットは「0（OFF）」と「1（ON）」の2種類の情報を扱えます。画像の描画では、「白」と「黒」のみに置き換えることが可能です。つまり、1ビット画像では、1ドットが白か黒かのみを示し、その密度や並び方で濃淡を表現します。これが「モノクロ2階調」の画像です。8ビットは2の8乗で256通りの情報となり、色はモノクロでも256階調を示す「グレースケール」や、特定の256色の組み合わせ「インデックスカラー」を表現できます。さらに情報量の多い24ビットでは、RGB各色に256階調を割り当てることができ、フルカラーの再現が可能です。

画像解像度とは

画像データを扱うDTPでは、「解像度」と呼ばれる単位が頻繁に使用されます。これは、1インチ幅にどれだけの点（ドット）が並んでいるかを示すもので、その単位は「dpi（dot per inch）」です。「ドット」は「ピクセル」とほぼ同義であり、解像度の単位を「ppi（pixel per inch）」と表現することもあります。67ページのビットマップ画像の解説にもあるように、解像度が高ければ、それだけドットまたはピクセルの密度が高いことになり、精細かつ滑らかな表現を行うことができるのです。解像度をどのくらいまで高めることができるかは、画像データが持つ画素数（総ピクセル数）と、使用サイズとの兼ね合いによって決まります。これらの設定は、Photoshop上で行うことが可能です（→70ページ）。

350dpi

印刷用の画像データのサイズとして、1つの目安となる数値が「350dpi」です。見る人にドットをほとんど感じさせない精細な画像を表現できます。

[350ppi のイメージ]

1インチ四方の中に350×350個のマス目が並び、そのマス目に画像が描画されます。＝350ppi

72dpi

ディスプレイ表示の1つの目安となる数値が「72dpi」です。紙に出力した場合、1つ1つのドットが目立ってしまい、粗い印象を与えます。

[72ppi のイメージ]

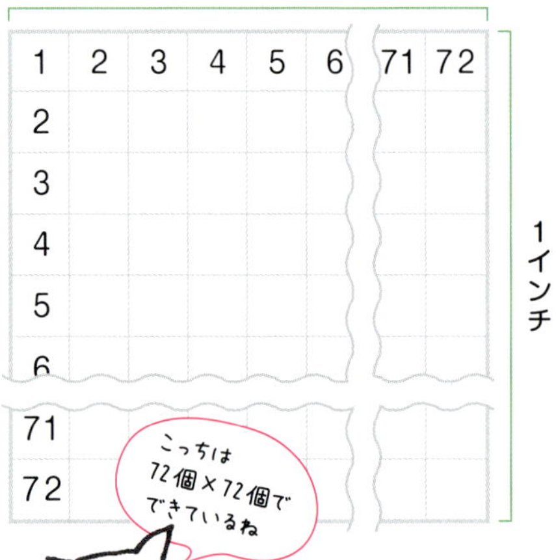

1インチ四方の中に72×72個のマス目が並び、そのマス目に画像が描画されます。=72ppi。350ppiに比べると、密度が圧倒的に低い状態です。

スクリーン線数と網点

解像度に似た単位として、印刷の分野では「スクリーン線数」も用いられます。これは、1インチ幅に並ぶ網点の数を示すもので、単位は「lpi（line per inch）」です。当然ながら、スクリーン線数が高くなるほど印刷は精細な状態となり、スクリーン線数が低ければ粗い仕上がりとなります。印刷で必要な線数は用途に応じて異なり、通常のフルカラー印刷では175lpi（175線）が多いです。印刷物としての色を再現する「網点」は、画像データーの画素を示す「ピクセル」とは異なり、大きさや形状が一定ではありません。色によって並び方も異なります。1.5～2つのピクセルの情報を、1つの網点に置き換えるイメージです。そのため、網点を構成するのに必要なピクセル数は、国内では一般的にスクリーン線数の2倍が目安となっています。175の2倍は350。つまり、フルカラー印刷物のレイアウトに使用される画像データの解像度が「350dpi」を目安とすることが多いのは、この「175線の2倍」に依拠しています。

85線　133線　175線

スクリーン線数が高いほど精細な仕上がりとなり、線数が低いと粗さが目立つようになります。フルカラー商業印刷での一般的な目安は175線です。

解像度の計算方法

印刷に必要な画像解像度（dpi）＝
印刷のスクリーン線数（lpi）×2

国内での印刷では、一般的にスクリーン線数の2倍ほど画像の解像度が必要とされます。通常のフルカラー印刷で、350dpiを目安とするのはこのためです。線数が異なる場合の画像解像度は、印刷会社に確認して必要に応じて数値を変えましょう。

解像度、線数、用途の関係

印刷媒体の種類、用紙の種類によって印刷のスクリーン線数が異なり、したがって必要な画像解像度も異なります。

線数	画像解像度	用途	用紙
85線	72dpi	新聞・週刊誌のモノクロページ	新聞紙・更紙
100線	90dpi	書籍・雑誌のモノクロページ	上質紙
133線	250dpi	書籍・雑誌のモノクロページ	上質紙
150線	250dpi	書籍・雑誌のカラーページ	コート紙・微塗工紙
175線	350dpi	書籍・雑誌のカラーページ	コート紙・微塗工紙・アート紙
200線～	400dpi	高級美術書・写真集	アート紙

解像度の変更方法

Photoshop上での操作で、画像の解像度変更や、それに伴うサイズ指定は、[イメージメニュー]に用意されている[画像解像度]コマンドを用いて行います。 このダイアログボックスには画像データの持つピクセル数（画素数）が表示されるので、元のデータの情報量（ピクセル数）の確認と、印刷に適したデータとして解像度の変更を行うことが可能です。設定の際に、ピクセル情報を補完する[画像の再サンプル]を利用することもできますが、画質を重視する場合には、この項目にチェックを入れない処理が原則です。「解像度」を350pixel/inchにしたときに、必要なサイズに満たないようであれば、あらためてサイズの大きいデータをもらい直したり、レイアウトでの使用サイズを見直したりといった処置が必要となります。

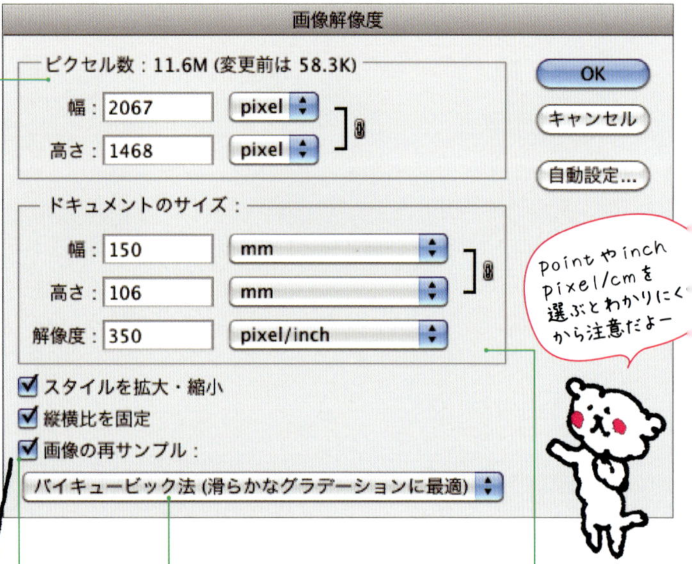

[ピクセル数]
画像データの持つピクセル数（画素数）を示しています。[画像の再サンプル]のチェックを外した状態では、ここの数値は固定された状態で、変更することはできません。紙面レイアウトで使用する印刷に最適な画像データを作成する際には、ここの数値を任意に変更する必要はありません。

[サンプリング方法]
[画像の再サンプル]にチェックを入れて処理を行った際に、ピクセルの補完にどのような方式を用いるかを選択することができます。一般的な写真原稿などで、どうしてもピクセルを補完して解像度の変更の設定が必要となる際には、[ニアレストネイバー法]や[バイリニア法]ではなく、比較的に滑らかな表現に適した[バイキュービック法]を選ぶと良いでしょう。

[画像の再サンプル]
質の高い印刷用の画像データを作成するためには、ここのチェックは基本的に外したままで操作を行います。まずは、このチェックを外して[解像度]を350pixel/inchに設定し、その状態で必要なサイズを満たしているかを確認することから始めましょう。例外として、大きすぎるサイズの画像を小さく整えるためには、ここにチェックを入れて「幅」や「高さ」に任意の数値を入力して設定を行います。

[ドキュメントのサイズ]
画像がレイアウトに必要なサイズを満たしているかを確認できる項目です。この場合、解像度350dpiを保つには、幅150mm、高さ106mmのサイズまでなら使用できる、ということがわかります。画像のサイズ調整はレイアウトソフト上で行えますが、あまりにも必要サイズに対して画像が大きいサイズの場合には、データが重くなるので、ここである程度、サイズを小さくしておくことも大切です。その設定を行う際には、[画像の再サンプル]をチェックします。また、幅・高さ、解像度は、他の単位も選択できるので、サイズ確認の際はわかりやすい「mm」と「pixel/inch」を選びましょう。

ニアレストネイバー法

隣接するピクセルをコピーする補完方法です。単純な複製と削除による処理なので、高速ではありますが、滑らかなグラデーション表現には適していません。

バイキュービック法

隣接する上下左右と四隅の計8つのピクセルを参照する補完方法。Photoshopの最新版には、同じ「バイキュービック法」でも複数のバリエーションがあります。

画素数と解像度

68ページの画像解像度の計算の応用ですが、画像データの総ピクセル数（画素数）は、解像度×画像のサイズ（インチ）で割り出すことができます。この計算を意識することなく、必要サイズの数値入力による自動的な計算で総ピクセル数（画素数）を割り出せるのが、70ページのPhotoshopの［画像解像度］コマンドです。印刷用の画像データを作成する際に、この画素数が不足していると、適切な解像度設定とサイズ指定を行うことができなくなります。その意味では画素数は重要です。しかし、画素数がとにかく大きければ良いというわけではありません。通常の印刷に必要な解像度は、使用サイズに対して350dpiなので、「必要な画素数」を超えた分は単なる余剰となります。ファイルサイズを軽くするためには、必要に応じて「画像の再サンプル」とサイズ変更で、総ピクセル数の調整が必要となることもあります。

［画素数の違い］

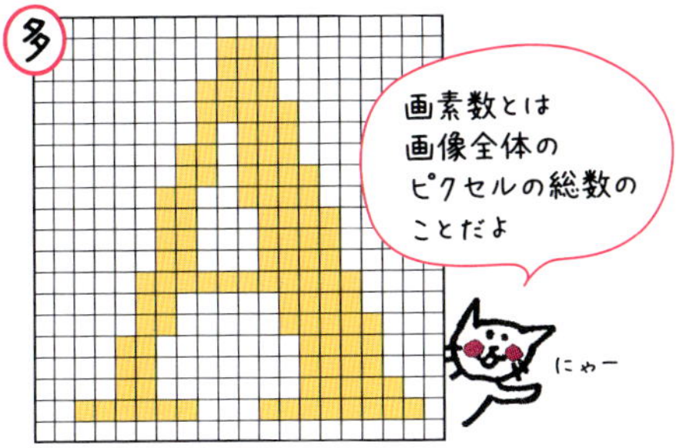
多
画素数とは
画像全体の
ピクセルの総数の
ことだよ
にゃー

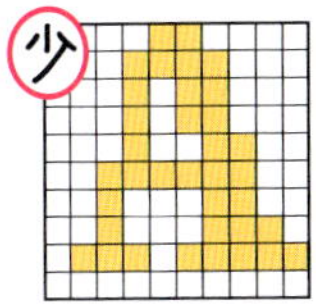
少

上は20×20の400ピクセルの画像、下は10×10の100ピクセルの画像です。

［同じ画素数での解像度の違い］

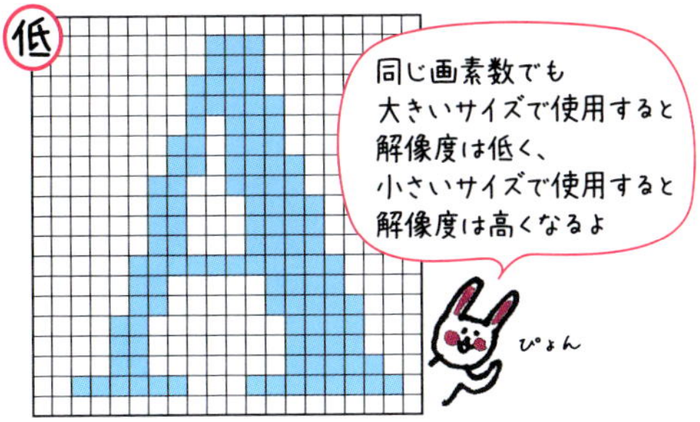
低
同じ画素数でも
大きいサイズで使用すると
解像度は低く、
小さいサイズで使用すると
解像度は高くなるよ
ぴょん

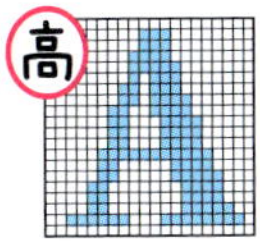
高

同じ20×20の400ピクセルの画像のサイズを変えて比べてみると、上はサイズが大きいが、ピクセルの密度が下の画像より低い、つまり解像度の低いデータ。下はサイズは小さいが、ピクセルの密度が上の画像より高い、つまり解像度の高いデータといえます。

19 いつ？ 誰が？ 変換するの 画像データに関するワークフロー

ファイル形式・カラーモードの変換、リサイズ、色調補正etc. 画像データは必要に応じて様々に手を加えて扱います。ここでは、主に画像データを扱うワークフローに関することを紹介します。

画像データの変換フロー

フォトグラファー・編集者・デザイナー・オペレーター・印刷会社など、多くの人が関わるDTPワークフローでは、誰がどこまで画像をハンドリングするかの明確な規定がなく、しばしば問題点として挙げられます。また、カラープロファイルなどに関する正しい知識がないと、自分では意図しないうちに画像の色味を変更してしまうなどのトラブルにもつながります。 あらかじめ、ワークフロー全体で明確なルールを設け、次の工程へ正しく画像を受け渡せる環境を構築しましょう。

変換フローの例

補正担当はワークフローごとに異なるので、前もって徹底した確認が必要です。また、RAWデータで撮影を行う場合、現像工程はフォトグラファーが担当するのが一般的です。

デザイナーが補正処理やカラーモードの変換を担うワークフローもあります。ワークフロー全体の意図を損ねないために、画像を正しく扱える知識が必要です。

デジタルカメラの画像フォーマット

デジタルカメラでは、RAW、JPEG、TIFFなどのフォーマットで画像を記録できます。ワークフロー内でフォトグラファーが補正処理を担当しない場合には、これらのいずれかのフォーマットのまま、デザイナーにデータが渡されることが多く、必要に応じて画像の保存形式を変更することが重要です。 なお、RAW形式はコンシューマー用デジカメには馴染みがないフォーマットですが、後から現像ソフトで調整を行えるスグレモノ。質を重視するプロの現場では重宝されています。

ファイル形式	特徴
RAW （ローデータ）	「生の」を意味する「raw」の名を冠したフォーマット。このファイルを展開するためには、各カメラメーカーの純正ソフトやAdobe Photoshop Lightroom、Apertureなどの専用ソフトが必要となることがありますが、銀塩フィルムの「現像」と同様に、撮影後にフレキシブルな調整と出力を行うことが可能です。
JPEG （ジェイペグ）	一般的な画像フォーマットとしても普及している形式。通常のDTPでは最終データとして用いることは稀で、フォトグラファーからJPEG画像のままで提供されたデータは、必要に応じてファイル形式を変えて保存します。保存するたびに劣化する非可逆方式の圧縮であることにも注意が必要です。
TIFF （ティフ）	幅広い環境で使用できるため、画像の受け渡しなどにも活用されやすいフォーマットです。保存時に圧縮形式を選択でき、JPEG方式以外を選ぶことで、画質の劣化を伴わない繰り返し保存が可能です。PSDネイティブ形式での入稿の普及で減少しましたが、印刷用の最終データとして活用されることもあります。

RAWデータはデジタルカメラの種類によって拡張子がいろいろあるよ！
.crw/.cr2（キヤノン）
.nef（ニコン）
.arw（ソニー）
.pef（ペンタックス）
.orf（オリンパス）
.raf（富士フィルム）
カメラによってちがうんだね

DTPでよく使われる画像形式

従来、DTPでは画像の保存形式としてEPSフォーマットが圧倒的に多く使用されていました。しかし、現在では、Adobe純正のレイアウトソフトであるInDesignの普及に伴い、同じくAdobe社のPhotoshopやIllustratorのネイティブ形式がサポートされるようになり、入稿用データの配置画像としても広く活用されています。いずれの形式を用いるにしても、最終的な印刷データでどの形式を採用するかは、印刷会社への事前の確認が必要です。また、画像ファイル名の末尾には、「.（ドット）」に続くいくつかの文字列が付随します。これを「拡張子」といいます。拡張子から、画像形式を識別することができます。

PSD（ピーエスディー）
拡張子は .psd

Photoshopのネイティブ形式。透明機能やレイヤーなどの情報が保持されるほか、ファイルサイズも比較的に軽めです。EPSに替わる新たなスタンダードとして広く活用されています。バージョンごとの互換性には要注意。

EPS（イーピーエス）
拡張子は .eps .epsf

名称はEncapsulated Post Scriptの略。PSベースでDTPや印刷用途との相性が良く、「とりあえず、この形式にしておけば安心」との位置付けで、長らくDTPにおけるスタンダードとして活用されてきたフォーマットです。

TIFF（ティフ）
拡張子は .tiff .tif

ここに挙げた4種の中では最も幅広い環境に対応し、相手の作業環境がわからないときに、データの受け渡しなどで重宝される保存形式。PSDの普及に伴い減少していますが、印刷用の最終データとしても活用されます。

AI（エーアイ）
拡張子は .ai

Illustratorのネイティブ形式。レイアウトソフトInDesignの普及に伴い、その扱いやすさから広く活用されているフォーマットです。 PSD形式と同じく、使用バージョンの異なる環境どうしでは互換性への注意が必要です。

画像のカラーモード

デジタル画像には、光の三原色での色の再現を行うRGBモードや、色材の三原色にKを加えて再現するCMYKモードなど、複数のカラーモードがあります。一般的なフルカラー印刷で使用するデータはCMYKモードであることが必須のため、デジタルカメラで撮影したままのRGBデータなどは、どこかの段階でCMYKモードに変換を行うことが必要です。この処理を印刷会社が担当することも多いですが、ワークフローによってはデザイナーが担当することもあります。

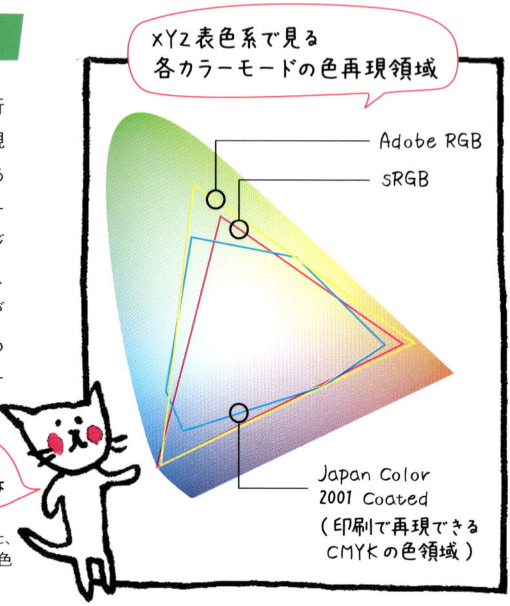

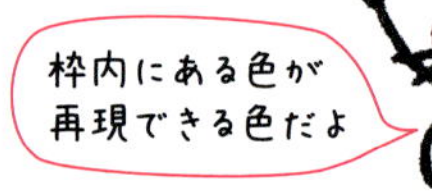

RGBとCMYKでは色の再現領域が異なります。また、Adobe RGBとsRGBなど、同じRGBモードでも、色再現できる範囲はプロファイルごとに異なるものです。

主なカラーモード

Photoshopでは、イメージメニューにある[モード]の項目から、様々なカラーモードへの画像変換が可能です。画面表示用のRGB、フルカラー印刷に適したCMYKのほか、グレースケール、モノクロ2階調、Labカラー、インデックスカラーなど、多くのモードが用意されています。変換処理は、再現領域の異なる範囲へと色を当てはめるため、画像の色味が変更されるので、最小限に抑えることが重要です。

CMYK

C(シアン)・M(マゼンタ)・Y(イエロー)・K(ブラック)での再現。印刷用の最終データは、このモードに変換します。

RGB

R(レッド)・G(グリーン)・B(ブルー)での再現。Webデザインなど、ディスプレイ表示用には、このモードを用います。

グレースケール

モノクロ画像の一種です。一般的には、白から黒までの滑らかな階調を、8ビットの範囲内(256通り)で表現します。

モノクロ2階調

こちらもモノクロ画像の一種ですが、0か1か(白か黒か)の1ビット表現であるため、複雑かつ滑らかな階調は表現できません。

sRGB
[エスアールジービー]
RGBやCMYKなどと同様に、色を表現するカラーモードの一種です。正式にはCIE L*a*b*。L*の値は明度を示し、a*b*の値で色相と彩度を示します。

Adobe RGB
[アドビアールジービー]
Adobe Systems社が定義し、1998年に発表したRGB色空間です。同じくRGB色空間の標準規格であるsRGBと比べ、大幅に広い色再現領域となっています。

画像素材の加工手順

印刷用の画像データ作成において、リサイズやCMYK変換、補正処理なども含め、デザイナーが画像のハンドリングの大部分を担当する場合、どのような手順で処理すれば良いかは迷うところです。 必ずしも正解はありませんが、基本はまずリサイズを行います。 ここでサイズ不足が発覚したら、データの提供元に、その旨を報告して対策を相談しましょう。CMYK変換は補正などの処理後に行うことが望ましいですが、RGBベースの画像操作に慣れない場合は、補正の前に変換することもあります。[アンシャープマスク]の[フィルタ適用]に関しては、必ず他の補正処理が終わった後で行うように心掛けましょう。 そして、最後に画像を最適なファイル形式にして保存します。

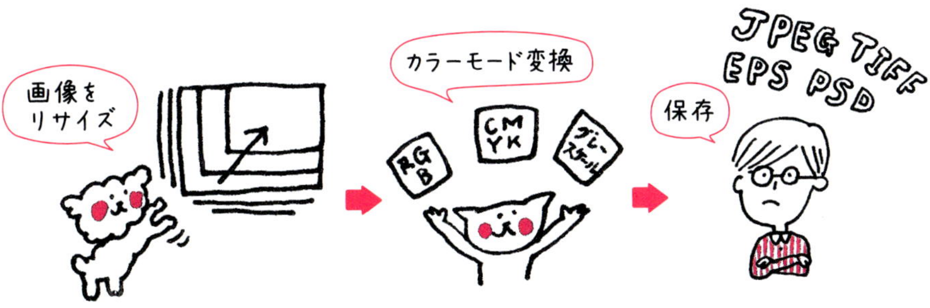

JPEG保存の注意点

画像をJPEG(ジェイペグ)形式で保存する際は、要注意です。JPEGの画像形式は、データの圧縮率は高いのですが、保存するたびに劣化する非可逆圧縮で、多少の差はありますが画像の質が落ちてしまうからです。Photoshopなどでの保存時には、JPEGオプションで圧縮率を選べます。「どうしてもJPEG保存が必要」という場合には、圧縮率を低めにして、できるだけ画質を保ちましょう。

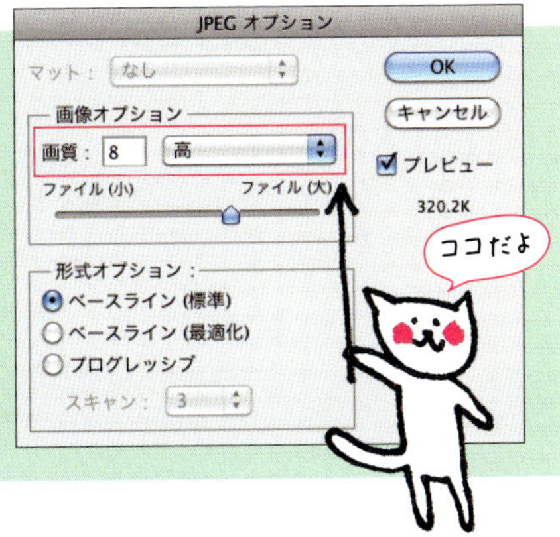

カラープロファイルって何?

DTPワークフローのように、環境の異なる複数の作業者の間を画像データが行き来する場合には、各々がどのような環境で処理を行ったかを把握する必要があります。各デバイスごとに色再現の領域は異なるため、それぞれの環境が把握できないと、どの状態が正しい色であるか混乱を招き、トラブルにつながる可能性があるためです。ICCプロファイルは、これらデバイスごとの色空間を定義したもので、異なる環境間でのスムーズなカラーマッチング、カラーマネージメントに役立ちます。Photoshopなどのアプリケーションでは、このICCプロファイル情報を画像に埋め込むこともでき、それぞれの環境で作業用スペースを統一させることが可能です。

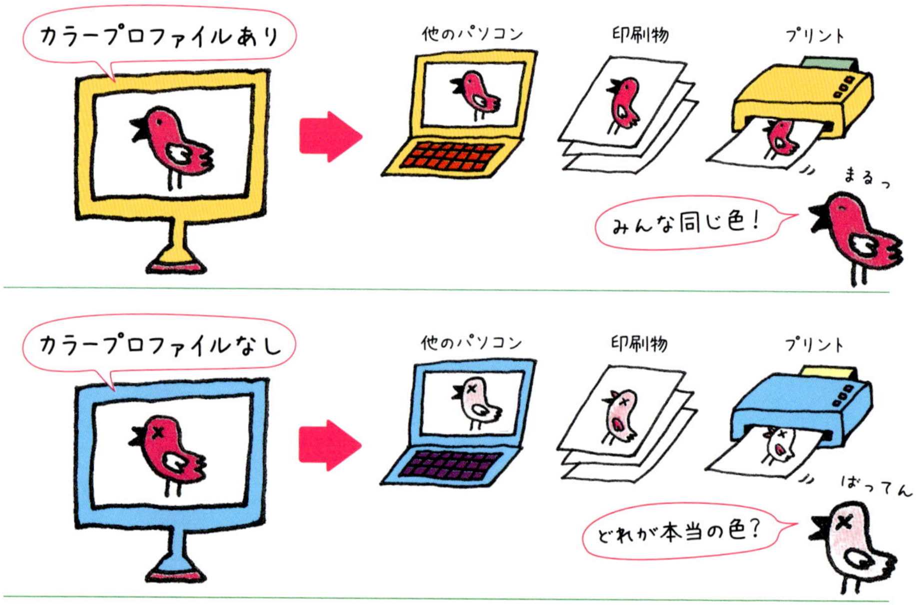

プロファイルが統一されていれば、どのデバイスでもほぼ同じ色を再現できます。プロファイルがなく、異なる色空間で処理すると、色が合わなくなります。

プロファイルの種類

DTPで用いるプロファイルには、様々な種類があります。特に、CMYK変換の処理をデザイナーが行うワークフローでは、どの作業スペースで変換すべきか、あらかじめ印刷会社に印刷プロファイルを確認することが必要です。また、デバイスごとの独自プロファイルのほかに、RGBではAdobe RGBやsRGB、CMYKではJapan ColorやJMPAカラーなど、一定の基準となる規格化されたプロファイルが採用されているワークフローもあります。これらの標準プロファイルに対応するデバイスどうしでは、同じ色空間の再現が可能となるわけです。sRGBはコンシューマー向け機器に多く、Adobe RGBはsRGBより再現領域の広いプロ向けのプロファイル。また、Japan ColorやJMPAカラーは、それぞれ印刷の標準化のために設けられたCMYKプロファイルです。

カラープロファイルの管理

Photoshopなどで画像にプロファイルを埋め込んで保存すると、他の作業者がそのファイルを開いたときに、どのような作業スペースで処理されていたかが一目瞭然となります。カラーマッチングのためには非常に有効です。そのようなプロファイルが埋め込まれた画像を開く際などには、カラー設定での「カラーマネジメントポリシー」に基づいて、アラートが出ることがあります。このアラートは大きく分けて2通り。まずは［プロファイルの不一致］で、埋め込まれたプロファイルが作業用スペースに一致しない場合に表示されます。必要に応じ、埋め込みプロファイルの使用か作業スペース変換を行い、むやみにプロファイルの破棄を行わないように注意しましょう。また、もう1つの代表的なアラートが［プロファイルなし］を示すものです。この場合には可能な限り、前の作業者に確認を行って適切な作業スペースを割り当てるように心がけ、よくわからないままに適当な作業スペースを指定することは避けましょう。

［プロファイルの不一致］

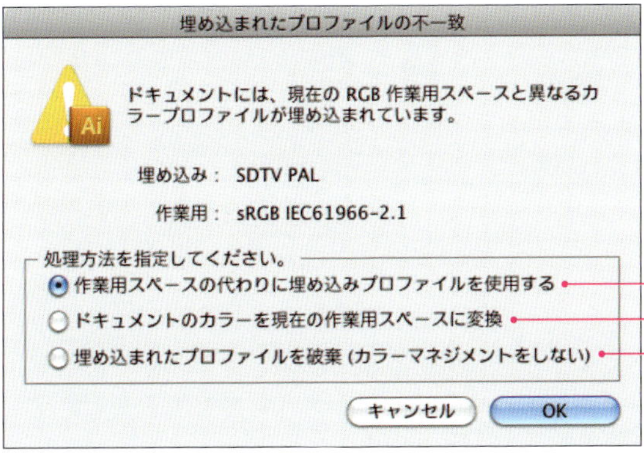

ファイルに埋め込まれているプロファイルを使用し画像を開く設定。特にプロファイルの変更を必要としない場合に選ぶとよいでしょう。

ファイルに埋め込まれているプロファイルを使用せず、プロファイルを変更したいときの設定。

ファイルを開く際にプロファイルを破棄する設定。以降、プロファイルを使ったカラーマネージメントができなくなります。

［プロファイルなし］

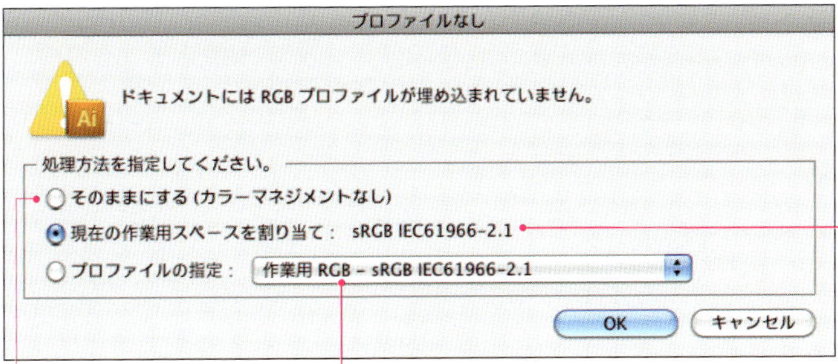

プロファイルのない状態の画像を、そのまま開く設定。何も変更されず現状が維持されます。

埋め込みたいプロファイルを指定できます。正しいプロファイルがわかっている場合はここで設定できます。

作業用に設定されているプロファイルが埋め込まれる設定。前段階のプロファイルと、現状の作業用プロファイルが異なると色が変わってしまいます。

20 まずは押さえておきたい基本的な画像補正の方法

Photoshopでは、明るさや色味など、様々な調整を行うことができます。画像を美しく整える処理は「補正」と呼ばれ、印刷データの作成には必須の工程です。

明度とコントラストの調整

デジタルカメラで撮影されたJPEGデータなど、現像の工程を経ない多くのデジタル画像は、そのままで印刷に使用できることは少なく、Photoshopでの適切な補正が必要です。 特に、デジタル画像では明るさやコントラストが不足していることが多く、反対にそれらを調整するだけでも、かなり美しい見映えを実現することができます。Photoshopには［明るさ・コントラスト］機能など手軽な調整コマンドもありますが、特に活用しやすいのが［トーンカーブ］や［レベル補正］です。 まずは、この2つの機能の使い方をマスターしておくと良いでしょう。

トーンカーブ

入力レベル（補正前の照度値）と出力レベル（補正後の新しい値）のグラフで、画像のシャドウ（暗部）からハイライト（明部）までの色調範囲の状態を細かく調整できます。制御ポイントの追加や、チャンネルごとの調整による色味の変更も可能です。

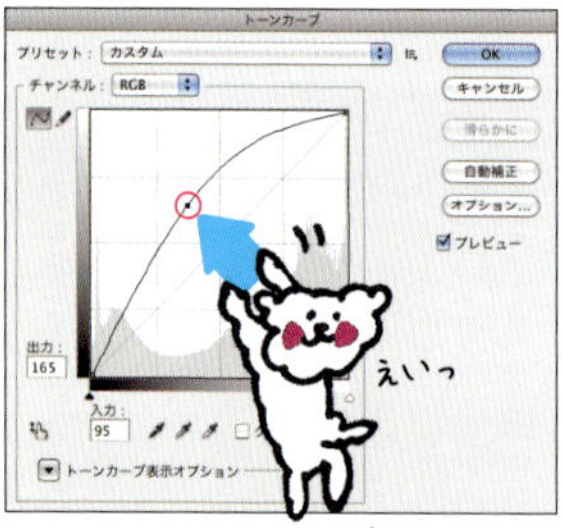

調整前は45度に傾いた直線。この線の中央部を左上に引き上げると全体的に明るい画像になります。

同様に直線の中央部を右下に引き下げると全体的に暗い画像になります。通常、直線の両端は動かさず補正を行うことが多いです。

直線の上半分の中央部を上げ、下半分の中央部を下げると、いわゆる「S字カーブ」となります。明部をより明るく、暗部をより暗くしメリハリのある画像となります。

レベル補正

画像におけるピクセル分布を示す［ヒストグラム］を参照しながら、シャドウ、中間調、ハイライトの照度レベルを調整できる機能です。［トーンカーブ］と同様に、チャンネルごとの調整で色味も修正できます。画像全体のコントラストを高めてメリハリを出したい場合には、［入力レベル］の両端にあるシャドウとハイライトのスライダを、それぞれ中央へと寄せる処理が効果的です。

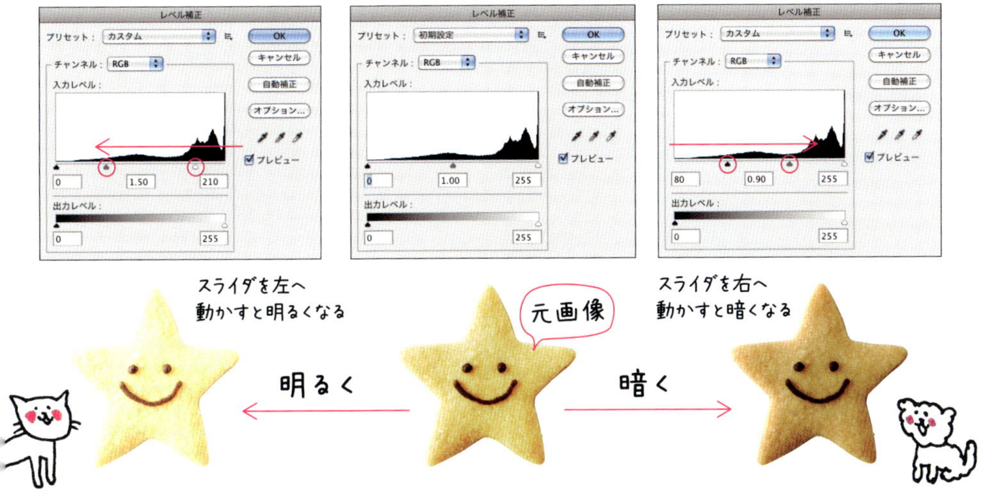

知っておくと便利な補正

［画像をシャープにする］

画像の輪郭を際立たせてシャープにし、印刷に適した画像にするための機能が［アンシャープマスク］フィルターです。［量］、［半径］、［しきい値］と3つのパラメーターで制御します。処理中の画面では、画像を等倍表示して効果を確認しましょう。

［ゴミや不要なものを消去］

画像に映り込んだ不要な要素を消す処理は、一般的に「レタッチ」と呼ばれます。Photoshopには、画像を部分的に複製できる［コピースタンプツール］など便利な機能が満載。また、プロは［トーンカーブ］での色合わせで処理することも多いです。

21 ポジ？ ネガ？ 4×5って何？ アナログ写真の基礎知識

近年ではデジタルカメラでの撮影が主流ですが、特にプロの現場では、今もフィルム写真が多く活用されています。アナログ写真に関する知識も蓄えておきましょう。

フィルムと画像原稿の種類

登場したての頃のデジタルカメラの再現力は、フィルムカメラに大きく差をつけられていました。しかし現在では、ハードウェアの急速な進歩で画質が向上し、商業印刷物の制作におけるデジタル撮影は珍しくありません。 とはいえ今でも、フィルムの持つ独特の粒状性などを好んで、フィルム（銀塩）カメラも使用されます。 フィルムには、モノクロとカラーのほかに、ポジとネガの違いがあります。 かつて、家庭での一般的な撮影ではネガの活用が多かったのですが、印刷物の作成では、フィルムの状態で仕上がりを確認できるポジフィルムでの撮影が今でも主流です。

ポジフィルム

反転現像専用で、被写体とフィルム上の見た目が一致（ポジティブ）。ネガに比べ発色が良いです。

ネガフィルム

フィルム上では、被写体の明暗が反転（ネガティブ）。カラーフィルムでは色も反転しています。

反射原稿と透過原稿

反射原稿

印画紙に焼き付けた後の、いわゆる「紙焼き写真」をはじめ、紙に描かれたイラスト、雑誌の誌面など、光を反射することによって像が得られるタイプの図版原稿は「反射原稿」と呼ばれます。

透過原稿

ポジフィルムやネガフィルムなど、光を透過する素材の原稿を「透過原稿」と呼びます。かつては「反射原稿」のスキャンにはフィルム専用スキャナーや透過ユニットが必要でしたが、最近はそのまま読み込める機種も増えています。

いずれの原稿も、スキャナーによるスキャンでデータ化して活用します。DTPが主流の現在では、この作業をデザイナーが行うことも多いです。

リバーサルフィルム

ポジフィルムの別の呼び方です。リバーサルとは「反転」の意味。画像を現像する際に反転の工程が含まれるために、このような名称となっています。

ライトボックス

背面（下）から光を照射できる台で、ポジフィルムの確認に便利です。ビューワーやトレース台と呼ばれることもあり、原稿の複写にも重宝します。

フィルムのサイズ

フィルムには、カメラの大きさに合わせた各種のサイズがあります。 24×36mmの「35mmフィルム」は、家庭用のカメラなどでは最も馴染み深いサイズです。 これは映画用の幅35mmのフィルムをもとにしたもので、パーフォレーションと呼ばれるフィルム送り用の穴も用意されています。12コマ用・24コマ用・36コマ用など、撮影枚数の異なる種類が用意されており、形態はロール状です。このほかにも、中判カメラ用でタテ幅60mm（ヨコ幅はカメラの種類に合わせ多種多様）のブローニーや、大型用のシートフィルムとして4×5インチ判、5×7インチ判、8×10インチ判や、それ以上のサイズなど、様々な種類があります。

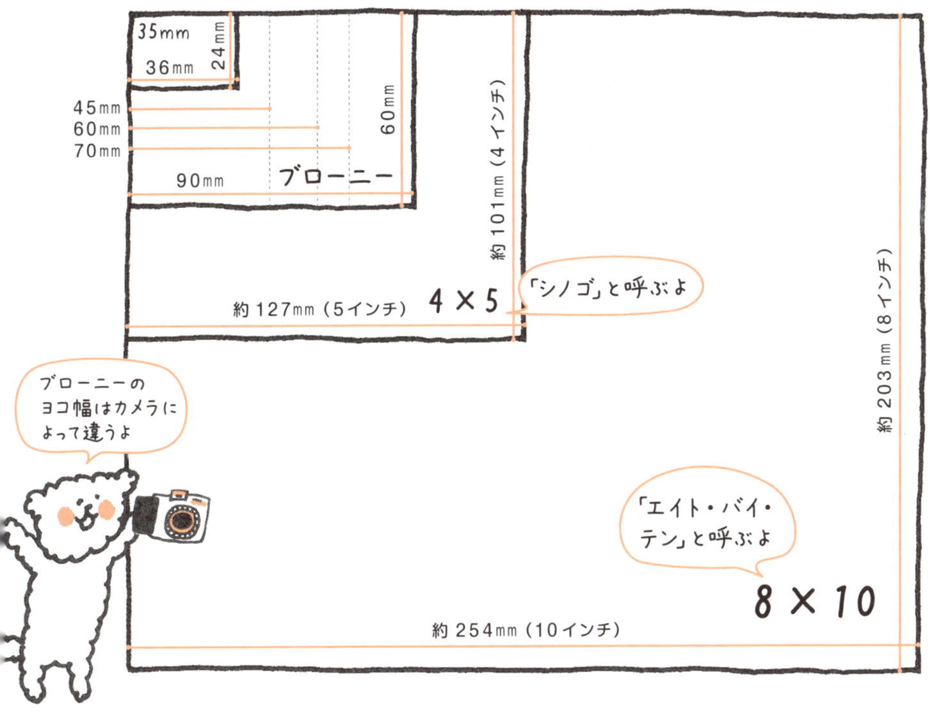

22 角版・切り抜き・裁ち落とし etc. 写真の活用方法を知ろう

紙面のレイアウトで、写真はビジュアル要素として重要な役割を果たします。配置の工夫や切り抜きをはじめとする加工など、必要に応じて適切な処理を行いましょう。

レイアウトにおける写真の種類

広い会場に並べられる写真展の写真作品などと異なり、紙面レイアウトにおける写真には、配置スペースに関して大幅な制約が課せられます。 紙面には、写真のほかにも文字やイラストなどの要素が盛り込まれ、判型は限られたものです。そのため、画像に何の処理も行わず掲載することは稀で、通常は、サイズ変更のトリミングなど多くの処理が行われます。まずは、これらの代表的な処理を覚えて、ケースに応じて適切に使い分けましょう。

角版と切り抜き

撮影時の形とほぼ同様のベーシックな長方形の画像。シンプルで落ち着いた雰囲気です。

丸く切り抜いた画像。角版と切り抜きの中間的な効果が得られます。

被写体の輪郭で切り抜いた画像。画像に変化や躍動感が生まれます。

トリミング

画像の外枠の長方形を維持したままで、上下左右の端を削るように切り取る処理が「トリミング」。どこか1辺のみをカットすることもあれば、複数の辺をカットすることもあります。画像の縦横比とサイズの調整や、被写体の切り取りのために用いられる処理です。

回り込み［まわりこみ］

写真に対して文字を回り込むように配置するレイアウトのことをいいます。文字と写真の一体感が得られ、変化も感じさせる手法です。

白バック［しろばっく］

背景を白にして撮影した写真のことです。ブツ撮り写真などで多く活用され、厳密には切り抜き処理と異なりますが、紙白になじむため近い効果を出すことができます。

裁ち落とし

ページの端に位置するように画像を配置する処理が「裁ち落とし」です。印刷でのズレを防止するため、データ上では紙面サイズの約3mm外側まで余裕を持たせて配置します。

角版

全面裁ち落とし

片面裁ち落とし

トリミングのコツとバリエーション

元画像

サイズ調整だけでなく、不要な部分を削ったり、被写体への注目を強めるためにもトリミングが活用されます。トリミングすると、画像内の要素は必然的に減るため、残った部分へのクローズアップ効果が得られるわけです。トリミングの中心をずらすことで、画像内で被写体の位置を変えることもできます。

均等にトリミング

注目する被写体にクローズアップ

余白を持たせた抜け感のあるトリミング

23 入稿だってできちゃう！ とっても便利なPDFを理解しよう

PDFは主にレイアウト確認用として活用されることが多いですが、入稿データにもなります。特徴をしっかり理解すればもっと便利に活用できます。

PDFって何？

ファイル形式の一種であるPDFは、Adobe Systems社によって開発・公開・提唱されたフォーマットで、現在ではISO（国際標準化機構）にも電子文書の標準規格として採用されています。その名称は「Portable Document Format」の略。フォントの埋め込みなどをサポートし、OSの違いなどに依存せず、どの環境でも同じ状態でドキュメントを再現できるため、公的な配信ファイルとしても広く採用されています。 DTPの分野ではレイアウト後の修正確認などの校正紙の代わりとなっていることが多いようです。 近年では、印刷入稿用の最終データとしても活用されています。 これをPDF入稿といいます。

様々なPDFの活用

Adobe純正のInDesign、Illustratorなどをはじめ、多くのソフトがPDF保存に対応しています。

PDFは、環境に依存せず、同じ状態での閲覧が可能です。例えば、InDesignのレイアウトデータをネイティブ形式で受け渡しした場合、使用フォントを未搭載のパソコンでは、デザインが崩れて正しく再現できませんが、フォント埋め込みが可能なPDF形式なら、同じフォントがなくても正しく表示することが可能です。

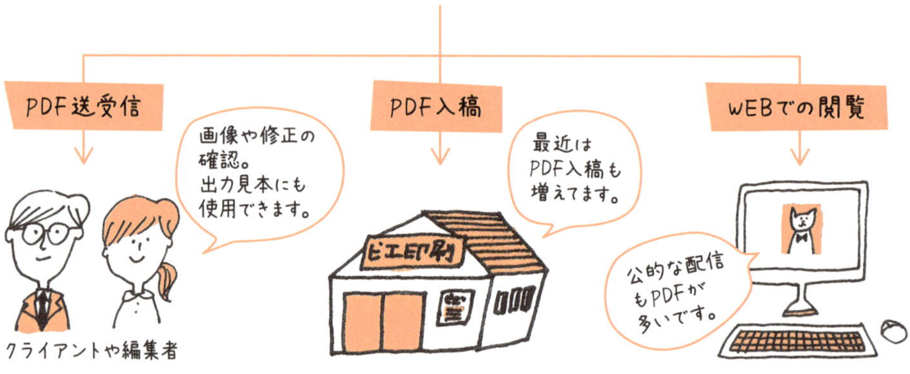

PDFの閲覧・編集

現在では、PDFの閲覧や編集には多くのアプリケーションが対応していますが、Adobe Systems純正のソフトとして、最も一般的なのが「Adobe Reader」と「Adobe Acrobat」です。「Adobe Reader」は、無償ダウンロードで提供されているPDFビューアーで、閲覧やプリントなどのみ可能です。店頭販売されているパソコンにデフォルトで同梱されていることも多く、ユーザーは意識せずに使用していることが多いかもしれません。「Adobe Acrobat」はPDF編集にも対応し、スタンダード版・プロ版など、バージョンごとに異なる多彩な機能を搭載しています。

[Adobe Reader]

無償でダウンロードして利用できるPDFビューアーです。PDFファイルを閲覧するだけなら問題ありませんが、仕事としてDTPに使用するのであれば、より高機能な「Adobe Acrobat」の導入がオススメです。

[Adobe Acrobat]

アナログで校正紙に赤字を入れるのと同様に、注釈ツールでメモを加えてデータをやり取りするなど、便利な編集機能を数多く利用できるアプリケーションです。PDF入稿のデータ作成・チェック時にも活用されます。

DTPでの主なPDFの活用

DTPで最もPDFが活用されているのは、レイアウトおよび内容確認用の校正紙の代わりとしてのやり取りでしょう。無駄なプリントを削減でき、データであるため嵩張らず、インターネット経由で手軽に送付できます。Acrobatの注釈機能を使用することで、赤字入れの処理も画面上で完結できるペーパーレス環境を実現することが可能です。そのほか、PDFを印刷入稿の最終データとして用いることもあります。フォーマットには標準規格のPDF/X1-aなどが採用されることが多いのですが、対応状況は印刷会社によって異なりますので、事前の打ち合わせと確認が大切です。

Acrobatの注釈機能を用いた完全なペーパーレスでの校正フロー構築が理想ですが、PDFを受け取って、プリントして赤字を入れて、それをスキャンして返信または、FAX返信……という処理がまだまだ多いのが実情です。

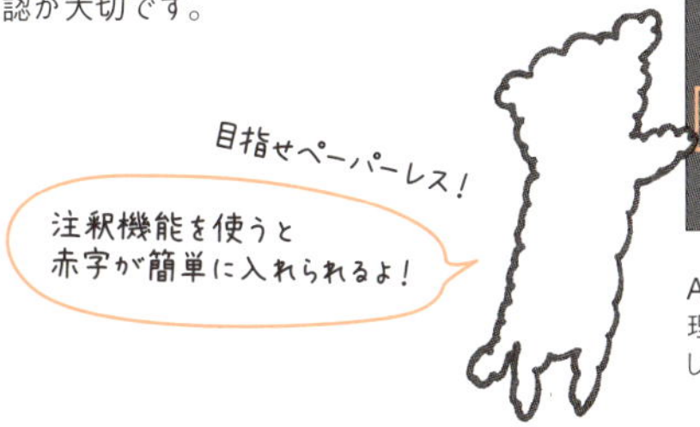

1 文字と組版
2 色と配色
3 画像
4 ページもの
5 広告物
6 規格物
7 製版と印刷

PDF フォントの埋め込み

DTPでのPDFの最大の利点といえば、何といってもフォントの埋め込みです。 2バイトフォントの埋め込みは、Acrobat 4（PDF1.3）以降のバージョンでサポートされており、パソコンへのフォント搭載状況に依存することなく体裁を維持でき、文字化けも発生しません。ただし注意点は、使用フォントがPDF埋め込みに対応していること。そうでなければ埋め込み処理はできません。

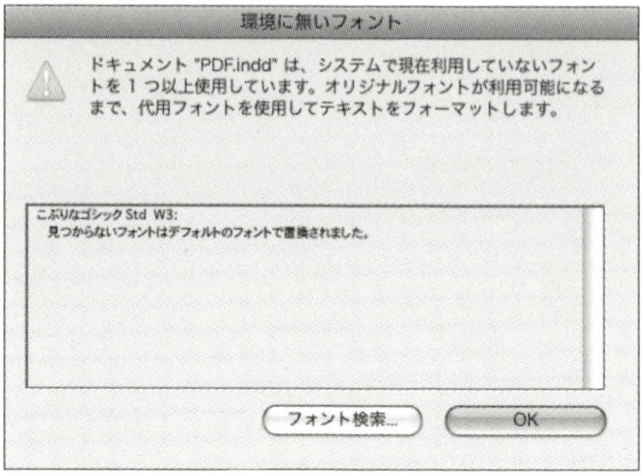

PDFの埋め込みに対応していないフォントを使用していると、このようなアラートが表示されます。OKを選ぶと該当フォントが違うフォントに置き変わります。

PDF の書き出しと規格

DTPでの必須ソフトともなっているAdobe純正のInDesign、Illustrator、Photoshopに加え、Microsoft Office製品やOSのデフォルト機能など、現在では、様々なアプリケーションがPDFの書き出しに対応しています。 しかし、PDFの名前が付けられたものが必ずしも全て“同じ規格”かつ“同じバージョン”というわけではなく、その品質は千差万別で、俗に言う“ピンからキリまで”の状態です。 例えば同じInDesignから、同じデータのPDF形式の保存を行っても、書き出しの設定によって、「透明効果をサポートせずに透明部分を分割・ラスタライズしたPDF」や、「透明効果をサポートして透明部分をそのまま含むPDF」など、複数の異なるパターンでのPDFの生成が行えるのです。

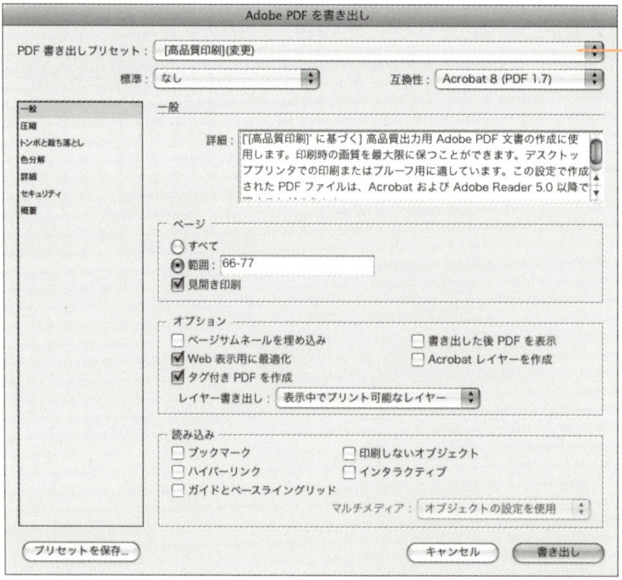

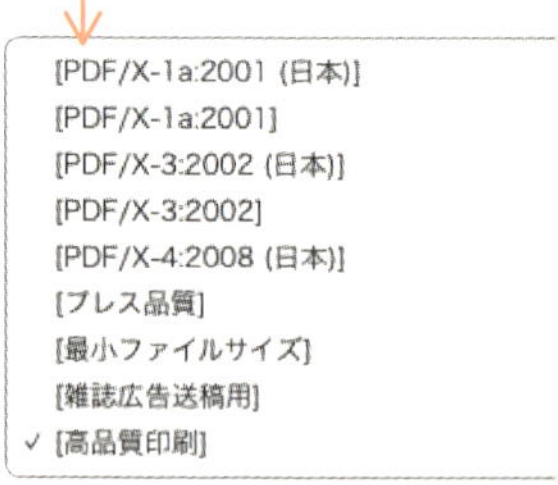

左はInDesignからのPDF書き出しの設定ダイアログです。非常に細かな設定項目があります。また、用途に応じた「最小ファイルサイズ」や「プレス品質」、ISO規格に則った「PDF/X-1a」などの規格に合わせた設定も、プリセットとして用意されています。

InDesignからのPDF書き出しでの代表的なプリセット紹介

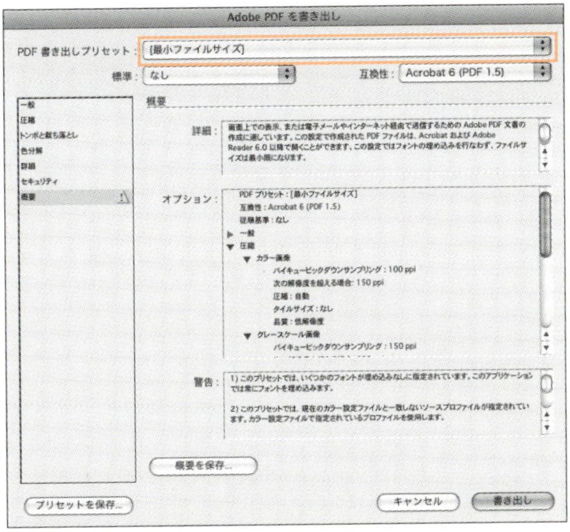

［最小ファイルサイズ］
軽量化にはコレ！
web, メール添付向き。
画質はよくないよ。

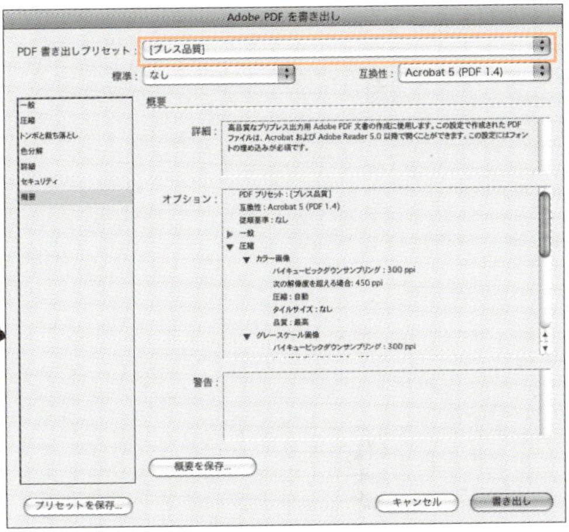

［プレス品質］
通常の校正用にはコレを
選べば問題なし！！

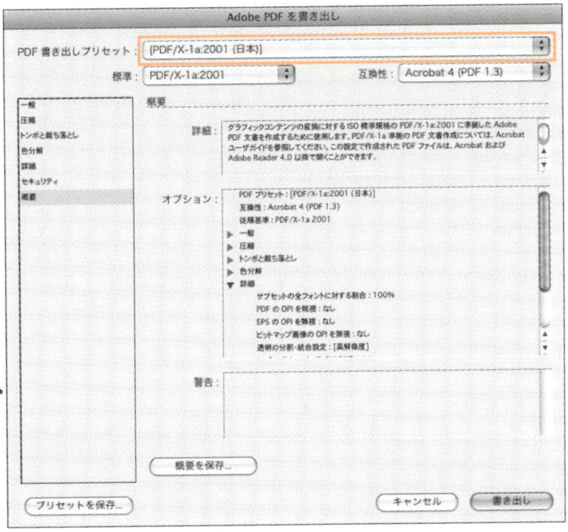

［PDF/X-1a］
印刷入稿用のPDFに
使われる規格だよ！

カシャッ

画像関連の拡張子一覧
それぞれの特徴を整理して把握！

デジタル画像には、非常に多くのフォーマットが存在します。それらのうち、頻繁に目にするものを一覧にまとめ、特徴を紹介しておきましょう。

転ばぬ先の杖となる拡張子の知識

本編でも紹介したPSDなどの知識があればDTPの実作業には不足ありませんが、データの提供元がどの形式を採用するかは未知数。あらかじめ、多くのファイル形式を知っておけば安心です。

Windowsは
拡張子がないと
ファイルが
開けないから
注意だよ。
ちなみに…

拡張子	読み	説明
.eps	イーピーエス	カプセル化されたPSフォーマットを意味する「Encapsulated PostScript」の略。PSD形式やAI形式など、ネイティブファイル使用が主流になるまでは、DTPワークフローにおける画像フォーマットの主流でした。
.jpeg .jpg	ジェイペグ	圧縮率が高くデータ量を軽くできるため、デジタルカメラの撮影画像やWeb用の画像など、幅広く活用されているフォーマット。一般的には非可逆圧縮のため、保存を繰り返すたびに画質が劣化するので注意が必要です。
.bmp	ビットマップ	Microsoft社が開発し、24bitカラーに対応するWindows標準の画像フォーマットの1つです。ベクトル画像と対を成し、描画の仕組みの違いを表す「ビットマップ画像」とは別ものです。混同しないように注意しましょう。
.tiff .tif	ティフ	「Tagged Image File Format」の略。多くのアプリケーションやデジタルカメラでサポートされている汎用的な画像フォーマットの1つ。非圧縮・LZW・ZIP・JPEGなど複数の圧縮方法を使用することが可能です。
.pct	ピクト	Appleの「QuickDraw」の標準的な画像フォーマットで、かつてはMacを中心に広く用いられていた形式です。現在はMacもPDFベースの描画などを採用したため、以前ほど多く見かけることはなくなっています。
.png	ピーエヌジー	Portable Network Graphicsの略。GIFの機能を拡張した可逆圧縮のビットマップ画像で、フルカラー再現にも対応します。ファイルサイズと表現効果のバランスの良さから、Webなどで用いられることが多いです。
.pdf	ピーディーエフ	PDFは多くのアプリケーションにサポートされ、InDesignでの配置なども行えるため、“画像形式”としても使用されます。バージョンによっては透明機能などもカバーされるため、使い勝手の良いフォーマットです。
.psd	ピーエスディー	Photoshopのネイティブ形式です。当然ながら、画像ソフトの標準であるPhotoshopと親和性が高く、レイヤーなどの機能も維持したまま配置できるため、DTPにおける画像形式の新たなスタンダードとなっています。
.gif	ジフ	JPEGやPNGなどと並んで、Webで活用されることの多い形式です。256色までの表示に対応する可逆圧縮フォーマットで、写真には不適当ですが、アイコンや簡易的なイラストなどに非常に適した形式となっています。

ページものの制作

書籍や雑誌の構成要素や名称から、校正記号までページもののデザインに必要な知識を覚えよう。

24 まずは、書籍を構成する要素と名称を覚えよう

書籍は本文部分以外に、とびらや表紙、ジャケットなど多くの要素から成り立っています。また、製本の仕方によっても本の構造は異なり、デザインする注意点も違います。

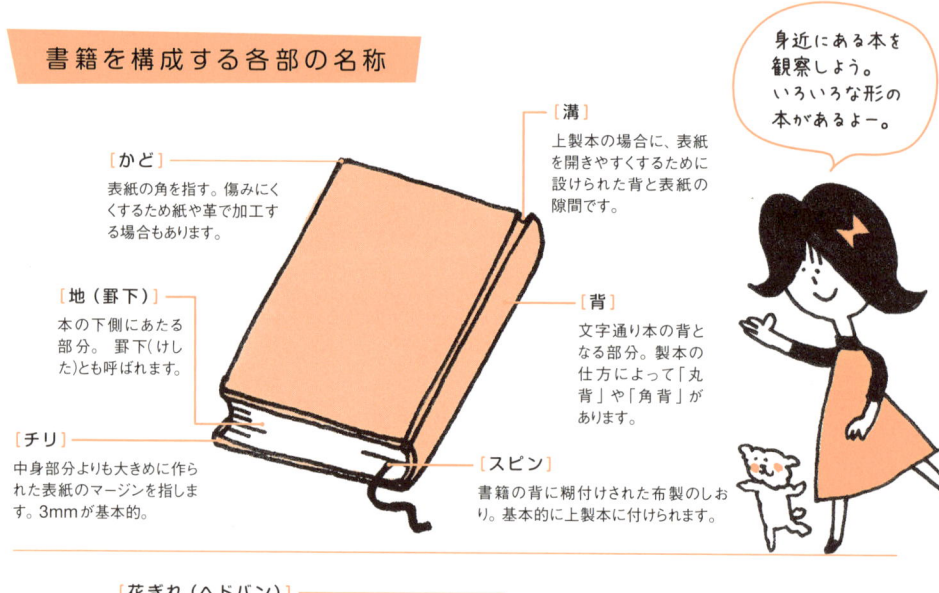

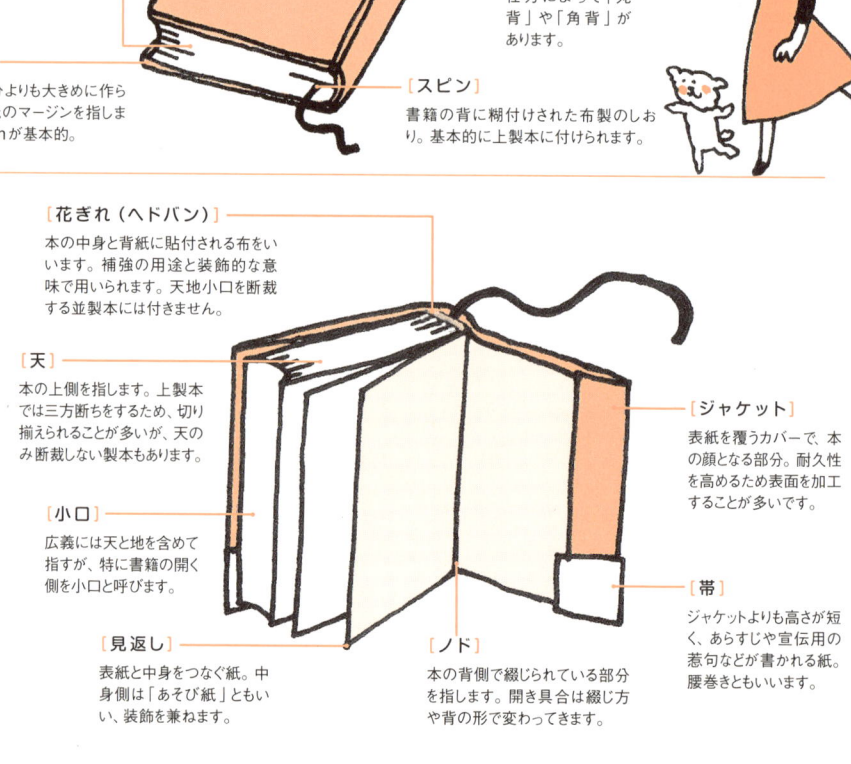

書籍を構成する各部の名称

身近にある本を
観察しよう。
いろいろな形の
本があるよー。

[かど]
表紙の角を指す。傷みにくくするため紙や革で加工する場合もあります。

[溝]
上製本の場合に、表紙を開きやすくするために設けられた背と表紙の隙間です。

[地（罫下）]
本の下側にあたる部分。罫下（けした）とも呼ばれます。

[背]
文字通り本の背となる部分。製本の仕方によって「丸背」や「角背」があります。

[チリ]
中身部分よりも大きめに作られた表紙のマージンを指します。3mmが基本的。

[スピン]
書籍の背に糊付けされた布製のしおり。基本的に上製本に付けられます。

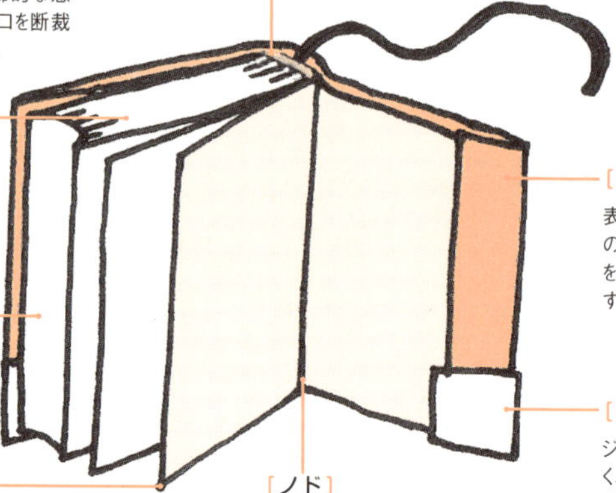

[花ぎれ（ヘドバン）]
本の中身と背紙に貼付される布をいいます。補強の用途と装飾的な意味で用いられます。天地小口を断裁する並製本には付きません。

[天]
本の上側を指します。上製本では三方断ちをするため、切り揃えられることが多いが、天のみ断裁しない製本もあります。

[小口]
広義には天と地を含めて指すが、特に書籍の開く側を小口と呼びます。

[ジャケット]
表紙を覆うカバーで、本の顔となる部分。耐久性を高めるため表面を加工することが多いです。

[帯]
ジャケットよりも高さが短く、あらすじや宣伝用の惹句などが書かれる紙。腰巻きともいいます。

[見返し]
表紙と中身をつなぐ紙。中身側は「あそび紙」ともいい、装飾を兼ねます。

[ノド]
本の背側で綴じられている部分を指します。開き具合は綴じ方や背の形で変わってきます。

本の構成と順番を見てみよう

[とびら]
目次の前に用意される本の入り口に相当するもので、本とびらとも呼ばれます。

[目次]
章や節の見出しを一覧にしてノンブルを記載します。本のナビゲーションをするものです。

[本文]
書籍の中身で、本文が記載された主要部分。章、節、項などから成ります。

[索引]
本文中の用語やキーワードなどを一覧にして出現ページを記載します。

[見返し]

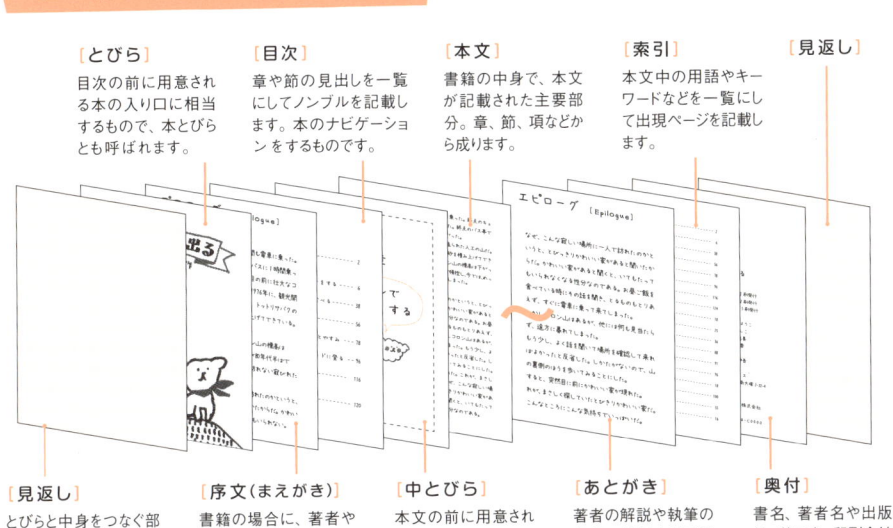

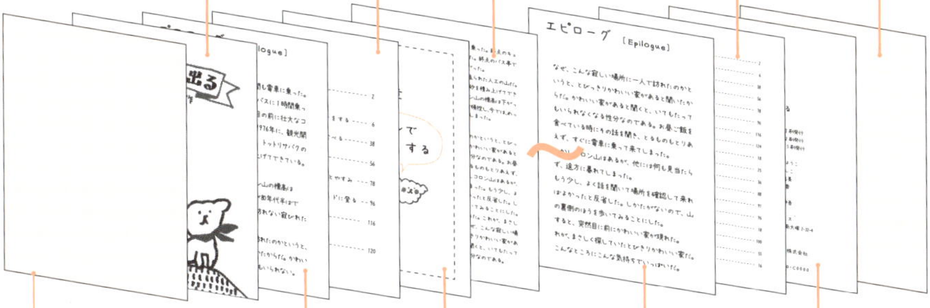

[見返し]
とびらと中身をつなぐ部分で、表紙側を「きき紙」、とびら側を「あそび紙」と呼びます。

[序文(まえがき)]
書籍の場合に、著者や編集の意向で用意されるもので、省略される場合もあります。

[中とびら]
本文の前に用意されるもので、独立した編や章の区切りとなるページです。

[あとがき]
著者の解説や執筆の経緯、補足などが記載されます。省略される場合もあります。

[奥付]
書名、著者名や出版社、装丁者、印刷会社定価など書籍に関する情報を記載します。

紙面の仕組みと構成

[ノンブル]
ページ番号を記した所。各ページに配置されるが、扉などには記載されないこともあります。

[柱]
書名や章、節のタイトルなどを記載した部分。天もしくは地側に配置されます。

[版面(はんづら)]
本文や写真を配置するための基本となる領域。柱やノンブルは含みません。

[写真・図版・イラスト]
本文を補足するためなどに使用される絵柄。内容によっては中心となる場合もあります。

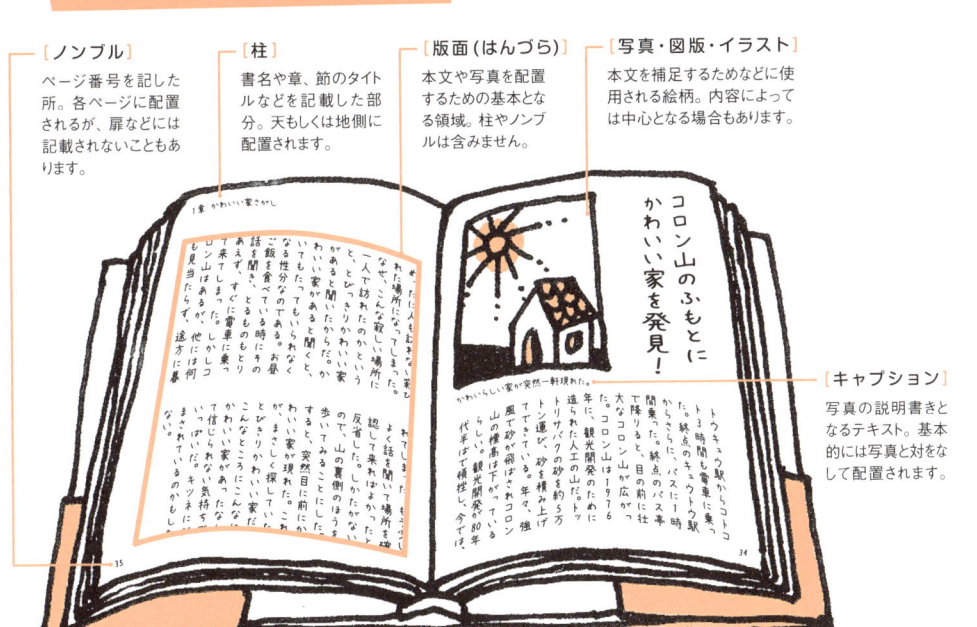

[キャプション]
写真の説明書きとなるテキスト。基本的には写真と対をなして配置されます。

製本の種類

本は本文部分の折り丁をまとめて糊付けした後に表紙を取り付けますが、このとき中身より一回り大きい芯紙を入れた別仕立ての表紙を取り付けるものを「上製本」といいます。表紙には紙や布が使われる場合もあります。芯紙を使わず表紙を折り返した「仮フランス装」なども上製本の１種です。芯紙のない表紙を中身に付けてから天、地、小口の三方を断裁したものを「並製本」といいます。

上製本

通常の単行本のほか、豪華本や全集、美術書などは、ほとんどが上製本で仕上げられます。ハードカバーともいいます。

並製本

比較的安価に作られる書籍のほか、新書や文庫などが並製本で作られています。ソフトカバーともいいます。

フランス装とがんだれ

前述の通り製本は大きく分けて上製本と並製本がありますが、上製本の中には「フランス装」や「仮フランス装」などがあります。フランス装は中身に表紙を付けただけの状態で、三方の断裁もしない状態をいい、本来は愛書家が自家装の装丁をするためのものです。 天地小口も断裁していないので、読むときにはペーパーナイフでページを切りながら読み進めます。中身を断裁して糊付けした表紙を折り込んだものは「仮フランス装」といいます。また、中身に表紙を巻く「くるみ製本」という仮製本で、小口側の表紙だけを中に折り込んだものは「フレンチカバー」や「がんだれ表紙」と呼ばれます。

仮フランス装

本来のフランス装は、断裁しない中身に表紙を付けた状態をいい、一般にフランス装と呼ばれるものは仮フランス装というものです。

がんだれ表紙 または フレンチカバー

中身を表紙でくるんだ仮製本の状態で、表紙の小口側を折り込んだものです。

上製本の種類

フランス装、がんだれの他に、背部分の加工の違いにより上製本には下の種類のものがあります。

［角背］

硬背やタイトバックとも呼ばれ、丈夫な一方、ページ数の多いものには不向きです。

［角背溝つき］

角背の一種で、表紙を開きやすくするために、表紙と背の間に溝が設けられてます。

［丸背］

本文の開きをよくするために背に柔軟性を持たせた製本の方法です。

［丸背溝つき］

丸背と同じように柔軟性のある背に、表紙を開きやすくした溝が設けられています。

［南京］

上製本と並製本の中間にあたる方法で作られたもの。表裏の表紙に、つながっていない別々の厚紙を用い、さらに背を別に取り付ける製本です。

本はどうやって綴じるの？

1枚の大きな紙にページを複数印刷して折り畳み、折り丁と呼ばれる1つの単位として、これを束ねたものを綴じて本にします。 このときの綴じ方としては「糸綴じ」「網代綴じ」「無線綴じ」「平綴じ」「中綴じ」といわれるものがあります。 それぞれ本の開き方や耐久性に違いがあり、本文のページ数によっても最適な綴じ方が異なります。 糸綴じや平綴じは耐久性も高く、ページ数の多い本にも適しています。中綴じはページを大きく開く雑誌などに適しています。

［糸綴じ］

折り丁ごとに糸を通してから、全体を綴じてまとめる方法です。

［網代《あじろ》綴じ］

折り丁の背を削ってから糊を流し込む方法で耐久性があります。

［無線綴じ］

折り丁の背に切り込みを入れて糊を流し込む方法で、網代綴じに近い方法です。

［平綴じ］

折り丁に針金を通して全体を綴じる方法で、耐久性が必要なときに用います。

［中綴じ］

折りを背側の一方向で重ねて針金で綴じます。薄めの雑誌に使われます。

綴じ方によって開き
具合が違うよ。
詳しくは105ページ
を見てね。

25 雑誌を構成する要素と名称を覚えよう

雑誌は、連続して発行する定期刊行物です。そのため、基本的には毎号同じフォーマットを踏襲したデザインを用います。書籍とは似て非なる、雑誌ならではの要素や名称を覚えましょう。

雑誌の構成要素

雑誌の表紙は雑誌名とイメージ写真や図版に加え、特集や連載のタイトルを記載するのが一般的です。また、月間や隔月刊、季刊など、定期的に刊行するものであれば、刊行の年と月を表1に記載し、発行元や発売元を表4に記載します。 中面では特集のとびらとなるページに写真や特集のタイトル、リード、記者名やカメラマンの名前を入れることが一般的です。 記事部分では中見出しや小見出し、本文、写真、リードが必要になります。 また、図版などによっては出典やコピーライトの記載が必要です。 ノンブルや柱は基本的に広告を除いた全ページに入ります。

表紙の要素

［誌名］
雑誌のタイトルをロゴとして作り込んで毎号固定した位置に配置します。

［巻数・号数］
創刊から通しての巻数や号数を記載します。

［雑誌コード・バーコード］
表4には流通に必要なバーコードが入ります。

［発行情報］
発行日、月刊・隔月刊などの刊行頻度、通巻号数などを記載します。目立たなくてよい内容なので、ごく小さい文字で記すのが一般的です。

［誌名キャッチフレーズ］
雑誌の内容・コンセプトを短く記した宣伝文。毎号誌名とセットで同じ文言を入れるのが一般的です。

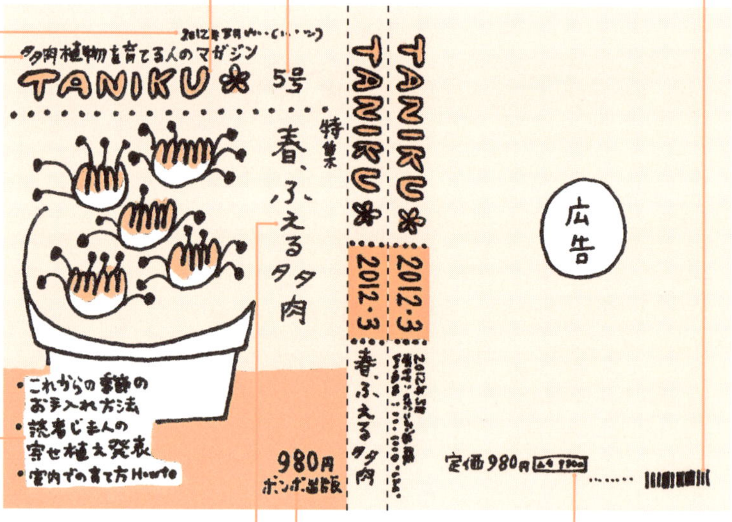

［記事見出し］
特集や連載の見出しなどを記載し、雑誌の内容を伝えます。

［特集タイトル］
誌面で取り扱っている特集の見出しを大きく取り上げます。

［出版社名］
発行している出版社の名前を記します。ロゴマークと一緒に記載することも多いです。

［価格］
定価（税込み価格）と本体（税抜き価格）を記します。

中面の要素

[段組み]
レイアウトの基本となる版面を構成するもので、雑誌では3～5段が多いです。

[ノド]
見開き中央の綴じてある部分のこと。開きの悪い製本は十分に余白を確保する必要があります。

[大見出し]
記事の開始を示すもので、もっとも大きな級数で配置します。

[柱]
雑誌名や特集タイトルなどをやや小さめに掲載します。

[爪]
特集のタイトルや見出しなど、インデックスとなるものを記載します。

[キャプション(ネーム)]
図版や写真につく説明文です。文字のサイズは本文より小さく9Q前後が一般的です。

[小口]
ノド以外の裁ち落とした三方のことをいいますが、通常は左右の両端を指します。

[ノンブル]
ページの番号を記載します。

[図版]
イラストや地図、説明図、表などの要素をいいます。

[リード]
記事の内容を要約したり、本文で伝えることの前フリを掲載します。

[本文]
記事の文章部分で、長文でも読みやすい書体や字詰めにします。

[小見出し]
本文を要約した短い文章を記載し、内容を表したり、アクセントに使います。

どの置き方になっても
見つけやすい
デザインがベストだね!

店頭での雑誌の置き方

平積み

発売直後の雑誌を「平台」と呼ばれる台の上に並べます。部数の多いものや書店が売りたいと考えているものは手前に並べられる傾向があります。

面出し

発売からやや時間の経過したものは、表紙が見える状態で並べられる専用のラックに移動されます。雑誌名と表紙の写真が確認できる程度に重ねられます。

棚差し

次号の発売日近くまで売れ残ったものは背表紙のみが見える状態の棚に移動されます。また、バックナンバーなどのスペースとしても利用されます。

26 A判・B判・四六判…いろいろある書籍・雑誌サイズと用紙規格

書店に並んでいる本や雑誌は、大部分が一定の規格に則ったサイズで制作されています。ここでは、用紙の規格サイズと原紙サイズ、主な紙媒体のサイズを紹介します。

紙媒体のサイズと用紙サイズ

印刷物を作るときに重要となることの一つに誌面のサイズがあります。誌面の判型が変わると、印刷で使用する用紙のサイズ(原紙*)も変わるので、コストに関係します。もともと紙には規格があり、A列、B列などの大きさが決まっています。A列の紙はもっとも大きいものがA0、B列の紙はB0です。各サイズの長辺の半分の長さが、一つ下のサイズの短辺の長さになります。雑誌は主にA４やその変形が使われます。A列やB列とは別に、四六判や菊判というサイズもあり、これらは主に書籍で使われています。

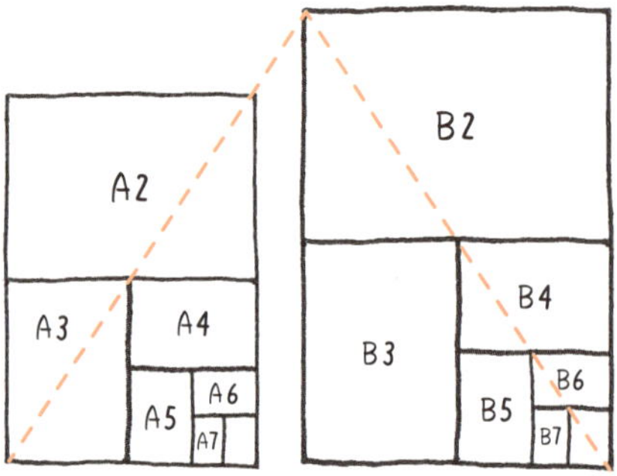

A判、B判のサイズ

規格種類	サイズ(mm)
A0	841 × 1,189
A1	594 × 841
A2	420 × 594
A3	297 × 420
A4	210 × 297
A5	148 × 210
A6	105 × 148
A7	74 × 105
A8	52 × 74
A9	37 × 52
A10	26 × 37
A11	18 × 26
A12	13 × 18

規格種類	サイズ(mm)
B0	1,030 × 1,456
B1	728 × 1,030
B2	515 × 728
B3	364 × 515
B4	257 × 364
B5	182 × 257
B6	128 × 182
B7	91 × 128
B8	64 × 91
B9	45 × 64
B10	32 × 45
B11	22 × 32
B12	16 × 22

紙の原紙寸法

規格種類	サイズ(mm)
A列本判	625 × 880
B列本判	765 × 1,085
四六判	788 × 1,091
菊判	636 × 939
ハトロン判	900 × 1,200
AB判	880 × 1,085

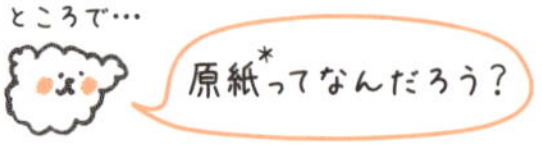

紙の寸法には、A4判やB5判などと呼ばれる仕上がり寸法と、印刷時の機械のツメがくわえる部分や、裁断加工時のトンボなど仕上がり寸法に余白を加えた原紙寸法の2つがJIS規格で定められています。

紙媒体のサイズ比較

主な媒体	サイズ（mm）
A6判（文庫判）	105 × 148
新書判	103 × 182
A5判	148 × 210
B5判	182 × 257
AB判	210 × 257
A4判	210 × 297
タブロイド判	273 × 406
ブランケット判	406 × 546

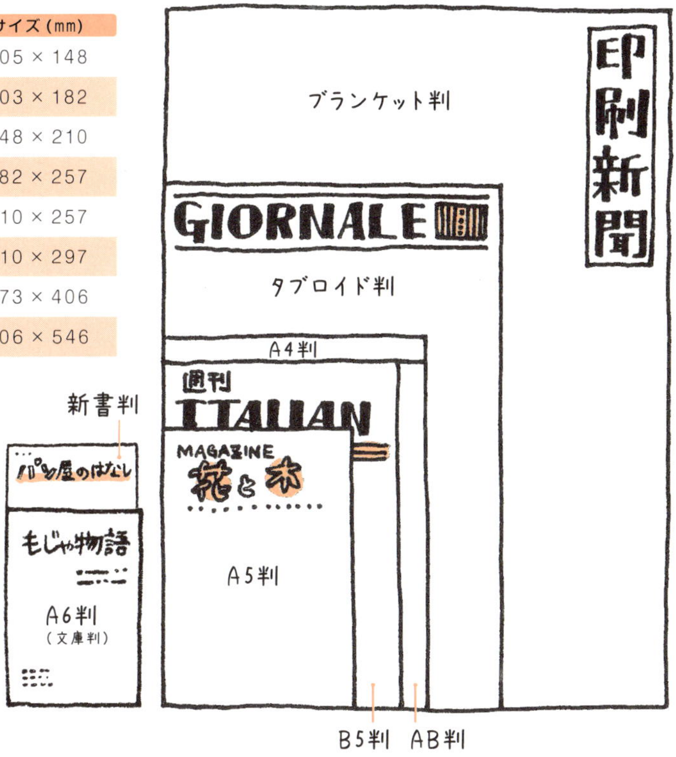

一般的な紙媒体でもっとも大きいものはブランケットと呼ばれる新聞サイズで、それよりやや小ぶりなものがタブロイド判、雑誌でよく使用されるA4、A5、書籍で使われる四六判、菊判、文庫本で使われるA6などがあります。

紙媒体のサイズと原紙からとれるページ数

判型	サイズ（mm）	印刷に適した原紙	紙の目	1枚の原紙からとれるページ数	よく使われる媒体の例
A 4 判	210 × 297	A 列本判、菊判	横目	16	月刊誌
A 5 判	148 × 210	A 列本判、菊判	縦目	32	教科書
A 6 判	105 × 148	A 列本判、四六判	横目	64	文庫本
B 5 判	182 × 257	B 列本判、四六判	縦目	32	週刊誌
B 6 判	128 × 182	B 列本判、四六判	横目	64	単行本
B 7 判	91 × 128	B 列本判、四六判	縦目	128	手帳
四六判	127 × 188	四六判	横目	64	単行本
菊　判	152 × 218	菊判	縦目	32	単行本
A B 判	210 × 257	AB 判	縦目	32	婦人誌
新書判	103 × 182	B 列本判	横目	80	新書

※菊判、四六判はサイズが 2 種類あるので注意

27 装丁デザインに必要な要素とサイズの考え方

書籍の装丁は書籍の内容を表現し、書店で読者の目に留まるようにする大切なものです。表紙や背、ジャケットなどを製本の方法に合わせてデザインする必要があります。

そもそも装丁とは

装丁は本の表紙、背、ジャケットにタイトルや著者名、出版社、価格など必要となる要素を入れた上で、本の内容を伝えられるような絵柄や書体を適切に選んで構成をします。書籍の内容をダイレクトに伝える絵柄を選ぶ場合のほか、イメージを喚起する地紋だけを使ったり、文字だけで構成する場合もあります。本文のデザインはInDesignを使って作成されることが多いですが、装丁の場合はドキュメントサイズを比較的自由に作れる、Illustratorが一般的に使用されます。

カバー各部の名称

表紙の上から巻かれるカバーはジャケットとも呼ばれ、本の表面となる「表1」と、棚差しにしたときに書名や著者名を見せる「背」、価格やISBNコードなどを記載する「表4」、本をくるんでジャケットを外れないようにするための「折り返し」から成ります。折り返しの左右幅のサイズに決まりはありませんが、短いと外れやすくなり、長すぎると、用紙代が余計にかかったり、機械によるカバー掛けができなくなる場合もあります。

[折り返し]
ジャケットを表紙にくるむ部分でソデとも呼ばれます。あらすじや著者略歴などを記載する場合もあります。

[表1]
書籍のイメージを伝える絵柄や、書名、著者名、出版社などの情報を配置します。書店で読者が目にする本の顔ともいえる部分です。

[折りトンボ]

表紙と帯 各部の名称

本の表紙は表紙と背から成り、上製本や並製本ではジャケットを取り外したときに見える部分です。くるみ製本ではジャケットと表紙が一体となっている場合があります。上製本では背と表紙の間に溝を設ける場合があります。

上製本の表紙は中身のサイズにチリと呼ばれるマージンと背の厚さ、製本の方法によっては溝などを加味して作ります。

帯は宣伝用の惹句や推薦文、あらすじなど、多くの場合、文字を主体にした要素で構成されます。

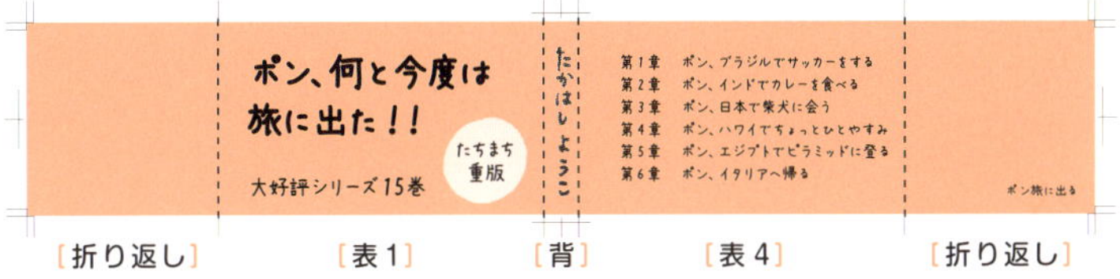

［出版社名・定価］
JANコードの近くに記すことが多いです。

［センタートンボ］

［折り返し］

［裁ち落とし］
印刷物を断裁する時に必要なマージンで、雑誌や書籍の本文ページと同じように3mmの塗り足しを用意します。

［書籍JANコード（バーコード）］
国際標準コードのISBN用バーコードと国内での図書分類と価格などを記載したバーコードの2段で構成されています。

［背］
書名、著者名、出版社名を記載し、書店で棚差しにしたときにも、どのような本であるかがわかるようにします。

［表4］
書籍JANコードと規定の余白以外は、表1からつながった絵柄を使用したり、白地にしたり自由にデザインできます。

表紙まわりのサイズ

表紙・カバー・帯の天地と左右のサイズは、基本的には本文のサイズ＋αのサイズとなります。＋αとなる部分は、背の厚みや製本の方法によって異なります。ここでは、各部のサイズの考え方を紹介します。

並製本

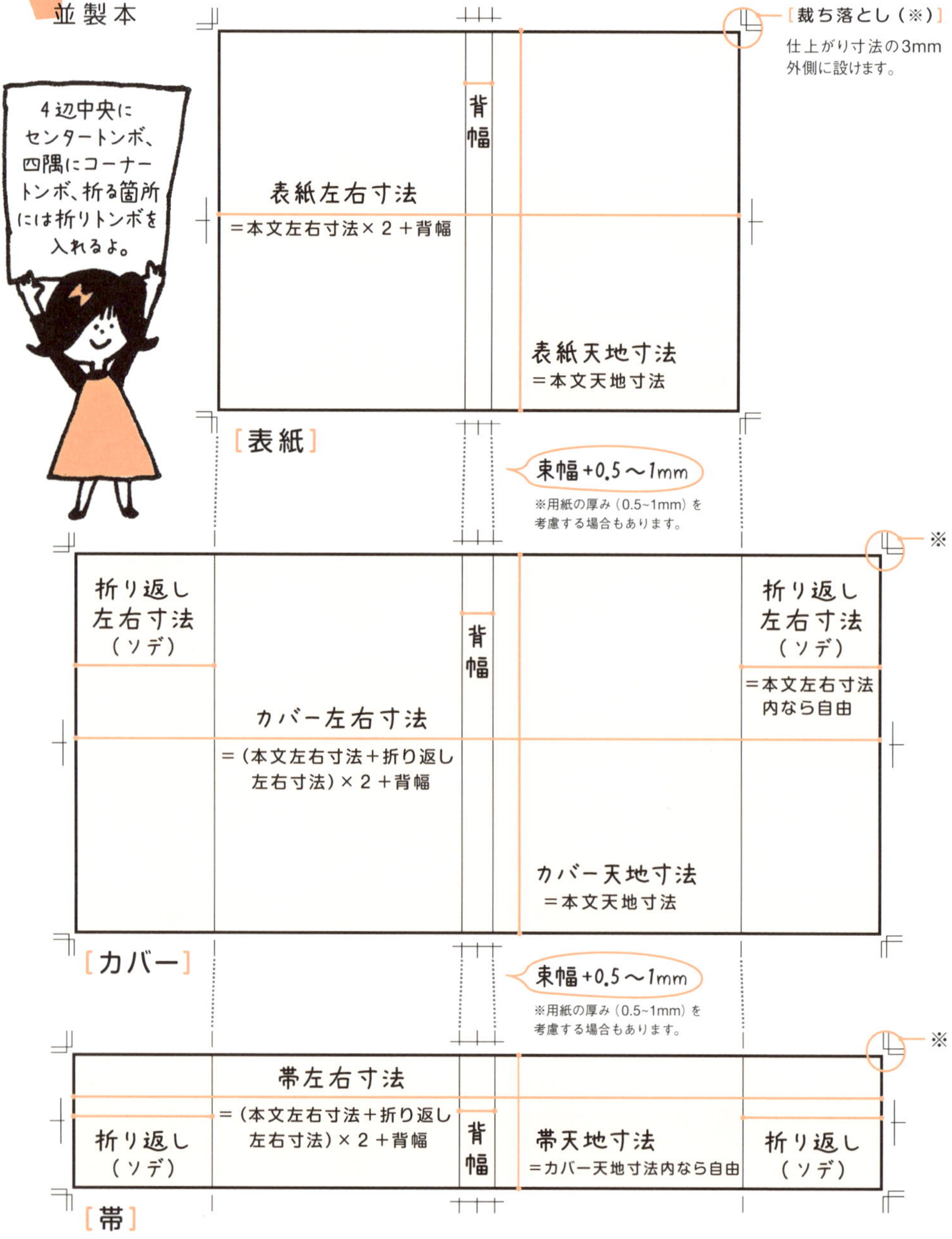

背幅を知るには？

背幅を知るには、印刷会社に頼んで、実際に使用する紙と製本方法でサンプルを製作してもらいます。これを束見本（つかみほん）といいます。束見本の背幅を測ってサイズを割り出すのが一般的です。

上製本

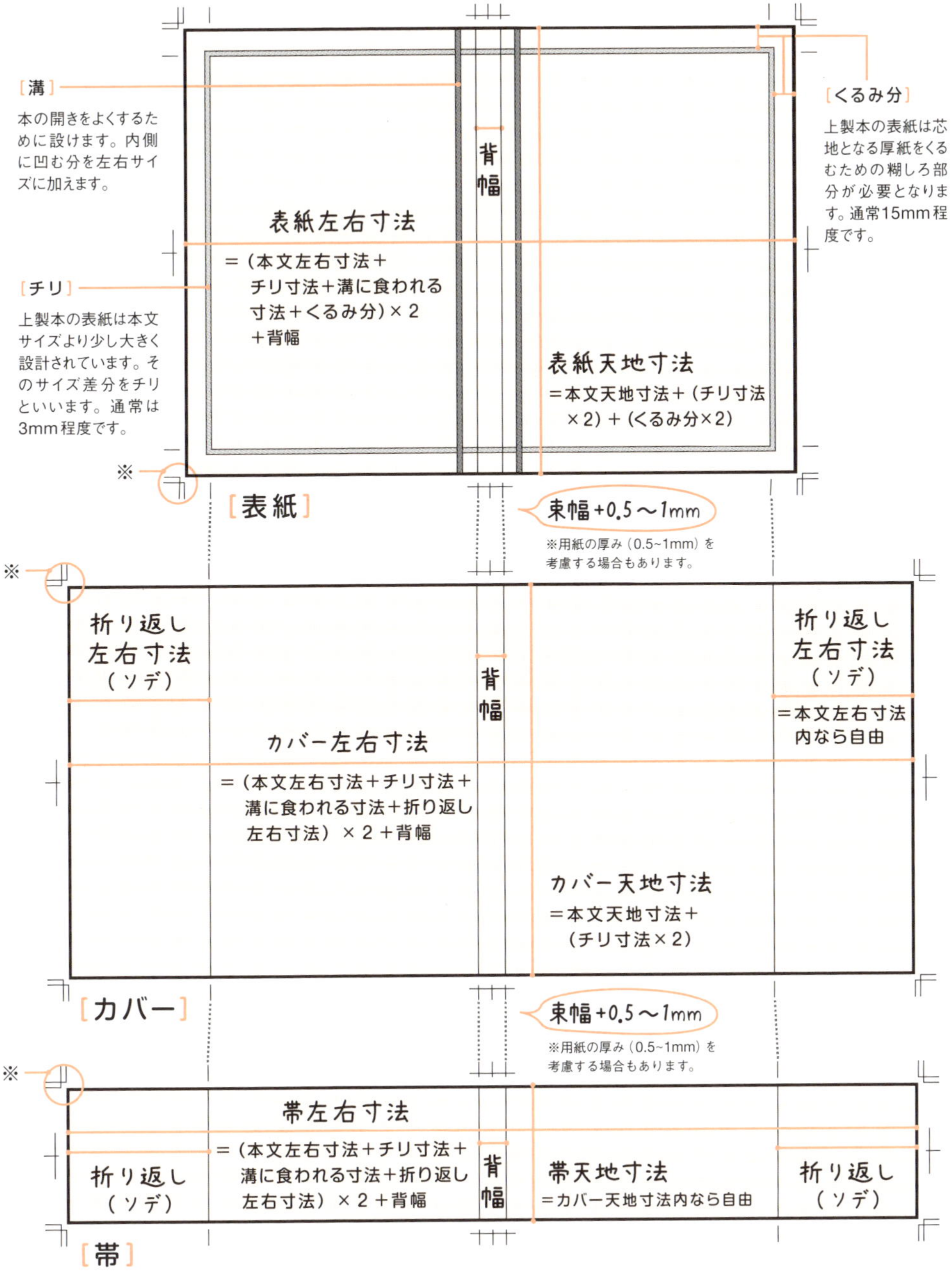

28 印刷データには絶対必須 トンボと裁ち落としについて

トンボは印刷した紙を断裁して仕上がりのサイズにするための目印です。通常は仕上がりサイズと、裁ち落とす際のマージン分として3mm外側を示します。

トンボはどうして必要なの？

印刷機はA3やA4といった一般的なサイズよりも大きな用紙に複数のページを配置して印刷し、断裁して規定のサイズに仕上げます。このとき断裁するための位置を示すものがトンボです。日本ではダブルトンボと呼ばれる仕上がりサイズと裁ち落とす際のマージン分を示す２重のものが使われています。 通常は仕上がりサイズの天地左右に3mmのマージンを設けています。雑誌やチラシなどで写真を、仕上がりサイズ全面で使う場合や、背面に地色を全面で使うような場合は、このマージンとなる部分まで広げておく必要があります。これは断裁する時に紙の位置が多少ずれてしまっても余白が出てしまわないようにするためです。

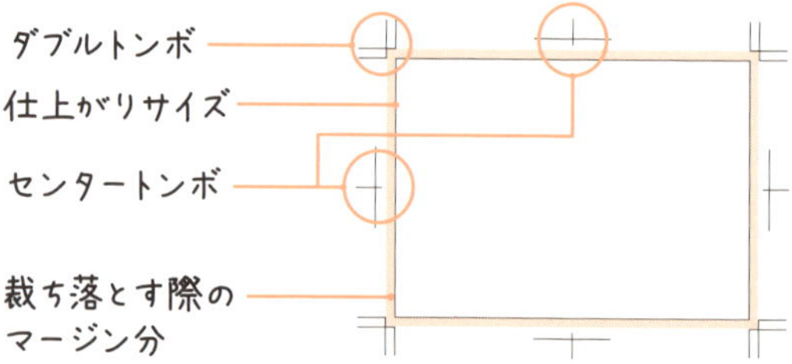

Illustrator のトンボの付け方

Illustratorのトンボの付け方はバージョンによって違いがあります。プリントの設定［トンボと裁ち落とし］で［トンボ］にチェックを入れるとトンボの付いた出力となりますが、これは、出力紙にトンボが付くので、実際に作業をするアートボードには表示されません。アートボード上にトンボを表示させるにはバージョンによって以下の方法があります。いずれも仕上がりサイズのオブジェクトを選択してから実行します。また、CS4以降では、新規ドキュメントの設定で［裁ち落とし］の設定をすると、トンボは表示されませんが、裁ち落とす際のマージン分がアートボードに表示されます。

Illustrator8～CS3
フィルタ ➡ クリエイト ➡ トリムマーク

CS4
効果 ➡ トリムマーク

CS5, CS6
効果 ➡ トリムマーク　または
オブジェクト ➡ トリムマークを作成

※【CS4～6】［効果］→［トリムマーク］で作成したトンボは簡単に選択・変更ができません。変更するには［オブジェクト］→［アピアランスを分割］を実行します。

InDesignのトンボの付け方

InDesignではドキュメントにトンボを入れることはせず、ドキュメントを作成する際に裁ち落としのマージンを設定しておきます。トンボの設定が必要となるのは、PDF入稿する場合などです。

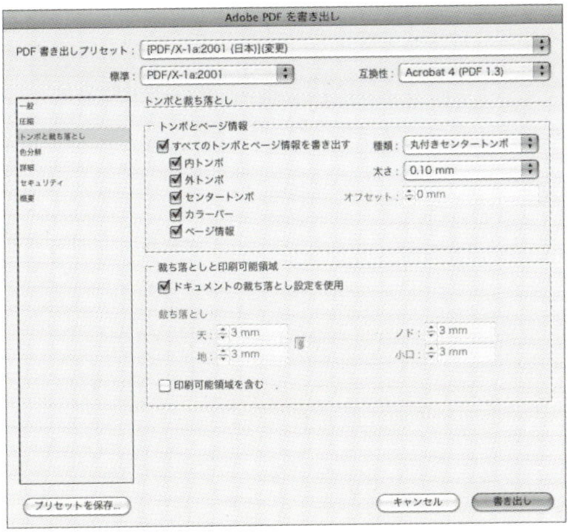

PDFを書き出す際の設定でトンボの指定をします。

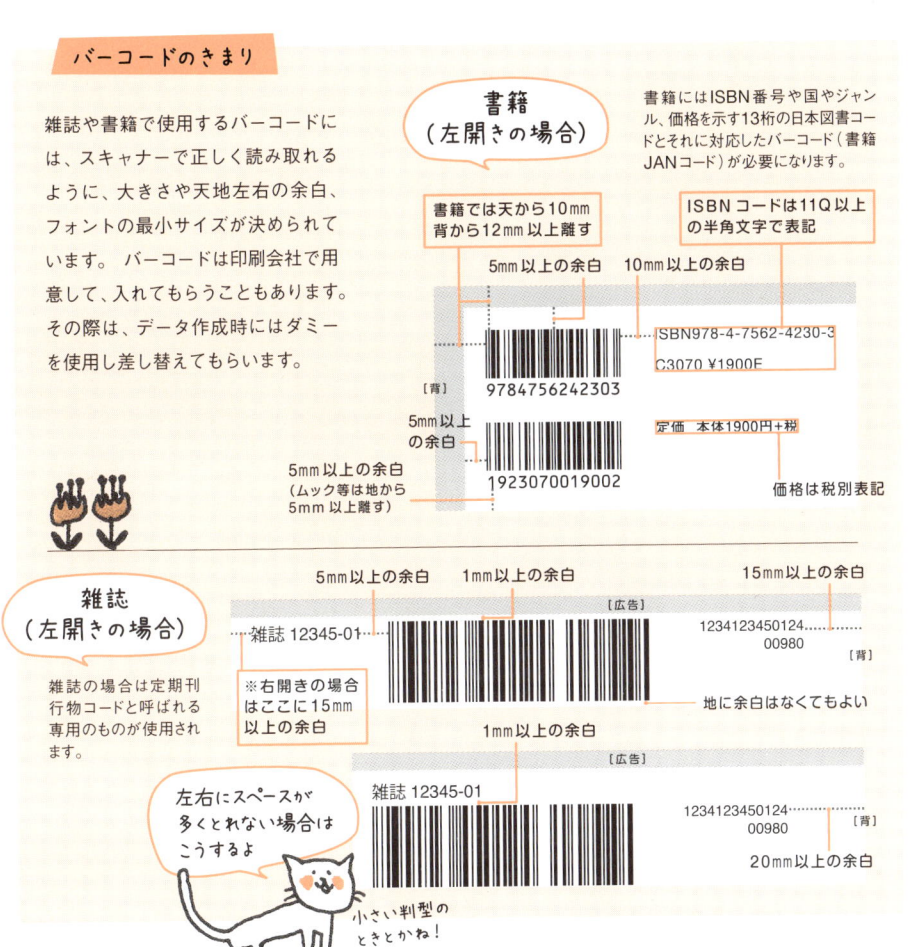

バーコードのきまり

雑誌や書籍で使用するバーコードには、スキャナーで正しく読み取れるように、大きさや天地左右の余白、フォントの最小サイズが決められています。 バーコードは印刷会社で用意して、入れてもらうこともあります。その際は、データ作成時にはダミーを使用し差し替えてもらいます。

書籍（左開きの場合）

書籍にはISBN番号や国やジャンル、価格を示す13桁の日本図書コードとそれに対応したバーコード（書籍JANコード）が必要になります。

雑誌（左開きの場合）

雑誌の場合は定期刊行物コードと呼ばれる専用のものが使用されます。

29 版面イメージを左右する版面設計とフォーマットを理解しよう

雑誌や書籍の読みやすさやイメージは、レイアウトをする基本的な範囲と、その周囲にどれだけのマージン(余白)を用意するかという版面の設計次第で大きく変わります。

版面とは

雑誌や書籍の誌面で本文や図版をレイアウトする基本となるスペースを版面と呼びます。版面をどのように設計するかで、誌面のイメージや読みやすさは変わってきます。 天・地・ノド・小口のマージンを広めに取ると全体に余裕のあるイメージになります。版面を大きく、マージンを小さくすると情報量の詰まった誌面になりますが、読みにくくなる場合もあるので、バランスを考えなければなりません。また、誌面に対する版面の位置でも印象や読みやすさは変わってきます。

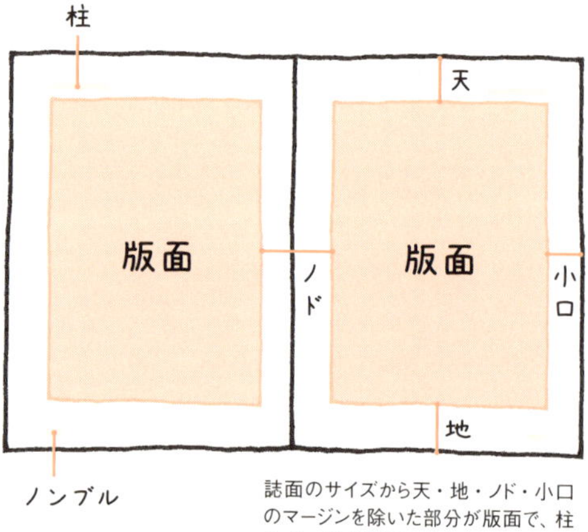

誌面のサイズから天・地・ノド・小口のマージンを除いた部分が版面で、柱やノンブルは版面には含まれません。

誌面に対する版面の位置のバリエーション

天地のマージンは天側をやや狭く、地側をやや広くするのが一般的ですが、ノンブルや柱を上にして、地側のマージンを狭くすることもあります。

ノドと小口では綴じの関係でノド側を広くするのが一般的ですが、小口に爪や帯を引く場合は小口のマージンを広くします。

裁ち落とし
［たちおとし］

版面から越えて誌面の外まで写真を配置することを「裁ち落としで使う」と呼ぶことがあります。このとき写真は誌面より3mm外側までのばしておく必要があります。

マージン

版面の周囲にある余白をマージンと呼びます。絶対的な決まりはありませんが、ノド＜天＜小口＜地の順番でマージンを広くしておく設計が一般的です。

綴じ方とノドの関係

版面の大きさが同じでも、綴じ方によってはノド側のマージンを変えておかなければなりません。例えば、折りを一ヵ所で重ねて綴じる中綴じでは、誌面を大きく開くことができるので、ノド側のマージンが多少狭くなっていても読みにくくなることはありません。 折りを重ねて背を糊付けする網代綴じや糸かがり綴じなどは、あまり大きく開くことができないのでノド側のマージンをやや広めに取るようにします。 折りを重ねて針金で束ねる平綴じは丈夫にできる一方で大きく開くことができないので、ノド側のマージンを広めに取ります。

［中綴じ］

誌面を大きく開くことができるので、ノド側のマージンが多少狭くても読みづらくなることはありません。

ノド側のマージンが
狭くても大丈夫！

［無線・網代・糸かがり］

雑誌や書籍で多く見られる網代綴じや糸かがり綴じではノド側をやや広くしておくのが一般的です。

ノド側のマージンを
やや広めにね。

［平綴じ］

平綴じはノド側を丈夫にできる一方で、誌面を大きく開くことができないので、ノドのマージンを広くしておきます。

ノド側のマージンを
広めにとってね！

段組みの役割

本文を版面の中でどう扱うかは、誌面の大きさと情報量の多さなど様々な要素で変わっていきます。小説のように長文を読ませるものは、行長を長く取り版面全体を１行とする１段組みか、上下に分ける２段組みとすることが多く、判型の大きい雑誌などでは、本文の行長を短くして４段組みや５段組みなどの設計とすることが主流です。段組みは判型によって読みやすいおおよその段数があり、小さい判型で段組みが多かったり、大きい判型で１段組みなどにしてしまうと、視線移動が多くなりすぎ、読んでいる行を見失いかねません。

タテ組み

［１段組み］
書籍では一般的なレイアウトで、長文を読むのに適していますが、大きい判型には不向きです。

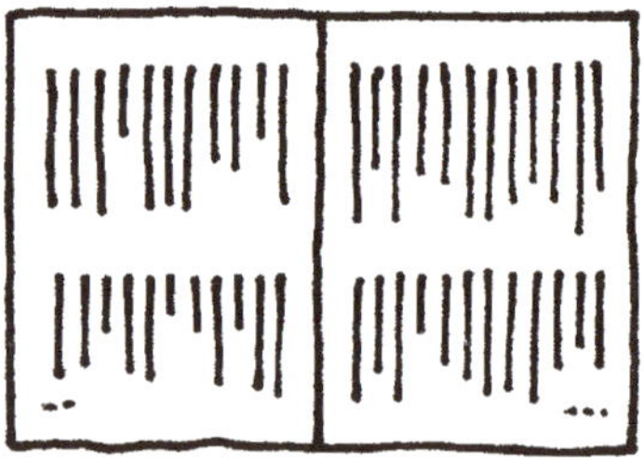

［２段組み］
やや判型の大きい書籍などで用いられるレイアウトで、1ページに多くの文字を載せることができます。

［３～４段組み］
やや判型の小さい雑誌などでよく用いられるレイアウトで、文字数と図版をバランスよく配置できます。

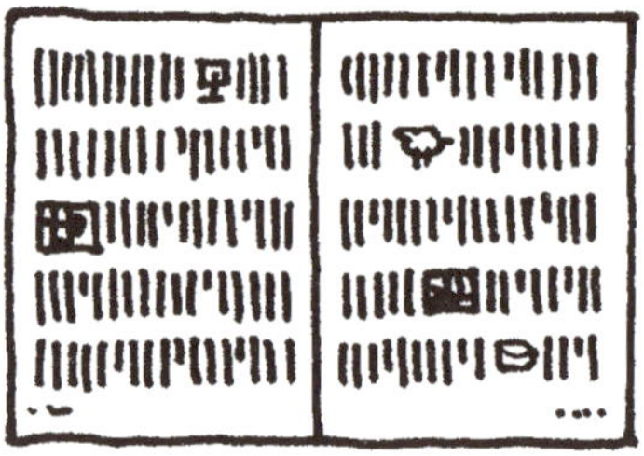

［５～６段組み］
判型の大きい雑誌や事典などでは5段組みや、それ以上とし情報量が多くても読みやすいようにします。

ヨコ組み

［１段組み］
ヨコ組みの場合、段組みは多くても4段程度です。1段み組は判型の小さい誌面に向いています。

［２段組み］
A4サイズくらいの書籍・雑誌に向いています。ヨコ組みの場合の1行の文字数はタテ組みより少ないほうが読みやすいです。

媒体や文字量
などを考えて
段組みを決めよう

フォーマットの役割

レイアウトのフォーマットは本文を配置する段組みを設定するとともに、その段組みを基準として図版などをレイアウトするガイドの働きをします。タイトル位置や図版は、段組みを基本としたフォーマットに則して配置することで、一冊を通して統一感のあるレイアウトを作成することができます。また、タイトルや図版の大きさは、段組みを１つの単位として２段分、３段分といったように大きさの変化をつけたり、版面のノド側や小口側など配置する場所に変化をつける場合の基準として利用します。記事ごとにタイトル位置などを変えてページの流れに変化をつけつつ、基本フォーマットがあることで、誌面の読みやすさを保つようにするのがフォーマットの役割です。また、完全なフリーレイアウトに見えるものでも、基本フォーマットに則した部分を必ず用意します。

版面、段組みを設定し基本的なフォーマットを決めます。ここにタイトルやリード、見出しなどをレイアウトしていきます。

メインの図版を大きめに配置し、下１段分にタイトルを入れたレイアウトで、本文は4段全てを使用しています。

上２段分をタイトルと図版に使用し、部分的に図版を大きくするなどして、見せ方を変えることができます。

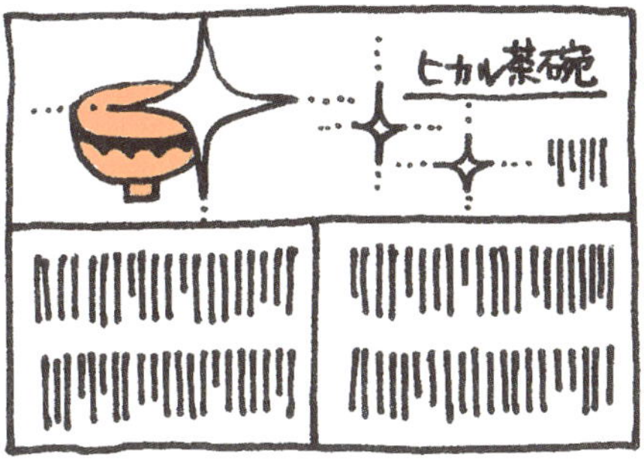

4段組みのフォーマットを上側にタイトルと図版、下側に本文部分と区別すると、さらに印象は変わります。

InDesignによるフォーマットの作成

InDesignでページもののフォーマットを作成する場合には、マスターページを使って各要素を設定します。ここではアプリケーションによるフォーマットの作成方法を紹介します。

版面と段組みの考え方

本文の級数と行送り、段組みが決まると、これが版面の大きさとなります。タテ組みの場合、版面の左右方向は行送りの値に行数から1を引いたものを掛けて、本文のサイズ（級数）を足したものになります。 天地方向は1段組みのベタ組みであれば本文のサイズ（級数）に字詰め数（1行当たりの文字数）を掛けたものとなります。複数の段組みとする場合は、1段当たりの文字数と段数を掛けたものに、段間の値と段間の数を足したものになります。 ただし均等詰め（1歯詰め）の場合は計算方法が異なります。以前は、雑誌などでは本文の字送りを均等詰め（1歯詰め）に設定することもありましたが、現在はあまり主流ではありません。また、現在のレイアウトソフトでは、級数と行送り、行数などを設定すれば、それに応じた版面が計算しなくても、作成できるようになっています。

版面サイズの計算方法（タテ組みの場合）

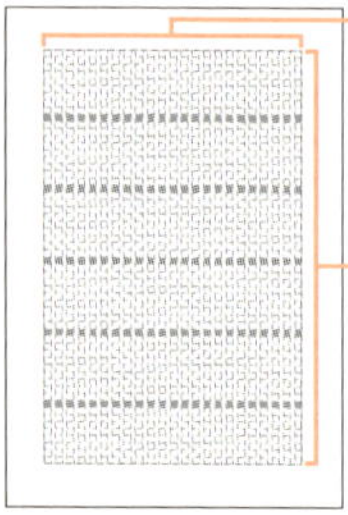

※横組の場合は天地左右の計算を逆にします。

［版面サイズの左右幅の計算方法］

行送り×（行数－1）＋文字サイズ

行数を全体からマイナス1にするのは、最終行の行送りを計算から除外するためです。

［例］20歯送り・23行・12Qの場合

(20×0.25)×(23－1)＋(12×0.25)＝113mm

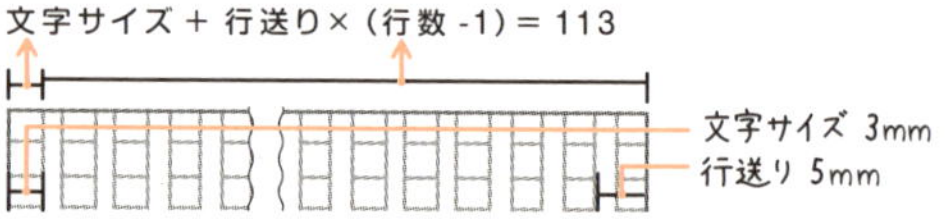

［版面サイズの天地幅の計算方法］

1段組みの場合、ベタ組みであれば本文級数に1行の文字数を掛けるだけとなります。均等詰めは文字サイズから詰め幅を引きます。

● ベタ組み（1段組み）

文字サイズ×字詰め数

● 均等詰め（1段組み）

（文字サイズ－詰め幅）×（字詰め数－1）＋文字サイズ

● ベタ組み（2段組み以上） **文字サイズ×字詰め数×段数＋（段間サイズ×段間数）**

InDesign のフォーマット作成

InDesignで誌面のレイアウトを作成する場合は、新規ドキュメントの作成時に［レイアウトグリッド］を指定する方法と、［マージン・段組］を指定する方法の２種類から選択することができます。レイアウトグリッドを指定する場合は、ドキュメントの新規作成ダイアログボックスで［レイアウトグリッド］を選択し、本文級数と字送り、行間、行数やグリッドの開始位置を指定しグリッドを作成します。マージン・段組みを指定する場合は［マージン・段組］を選択し、天・地・ノド・小口のマージンと、段数、段間の数値を指定してガイドを作成します。

新規ドキュメント作成の方法

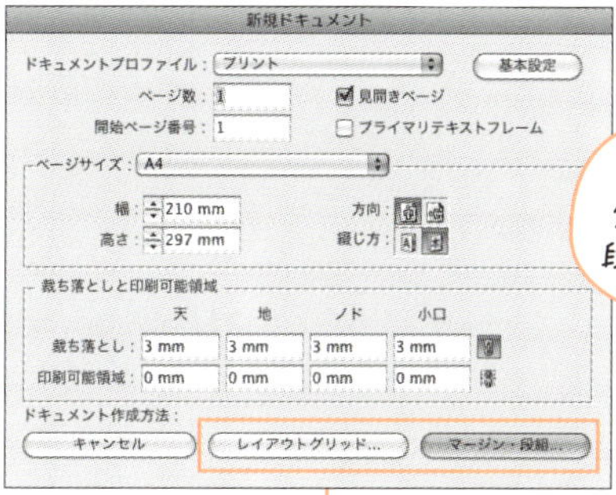

［レイアウトグリッド］

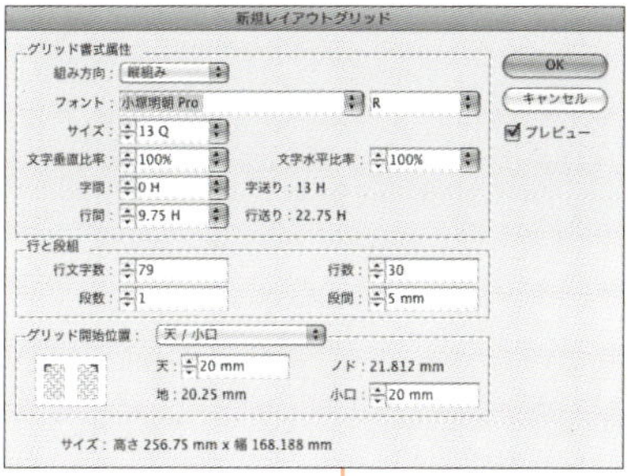

※ 詳しくは 110 ページ「レイアウトグリッドダイアログの設定」へ

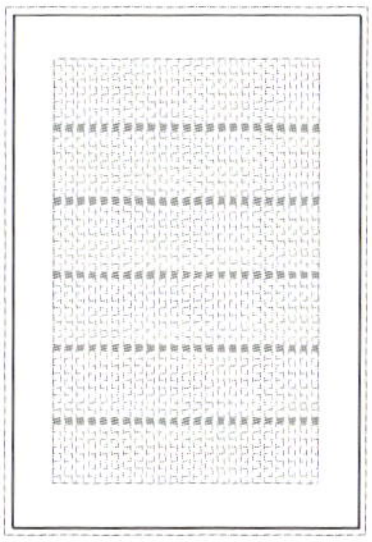

新規ドキュメント作成ダイアログ下の［レイアウトグリッド］をクリックするとグリッド設定に切り替わるので、基本となる本文級数や字送り、行間、段数などの設定を行います。

［マージン・段組］

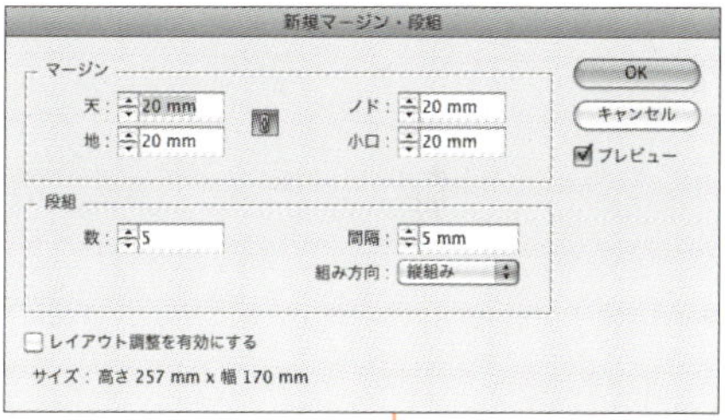

※ 詳しくは 110 ページ「マージン・段組ダイアログの設定」へ

新規ドキュメント作成ダイアログ下の［マージン・段組］をクリックすると、天・地・ノド・小口のマージン指定と段数、段間を数値で指定できます。ここではグリッドの設定はできません。

レイアウトグリッドダイアログの設定

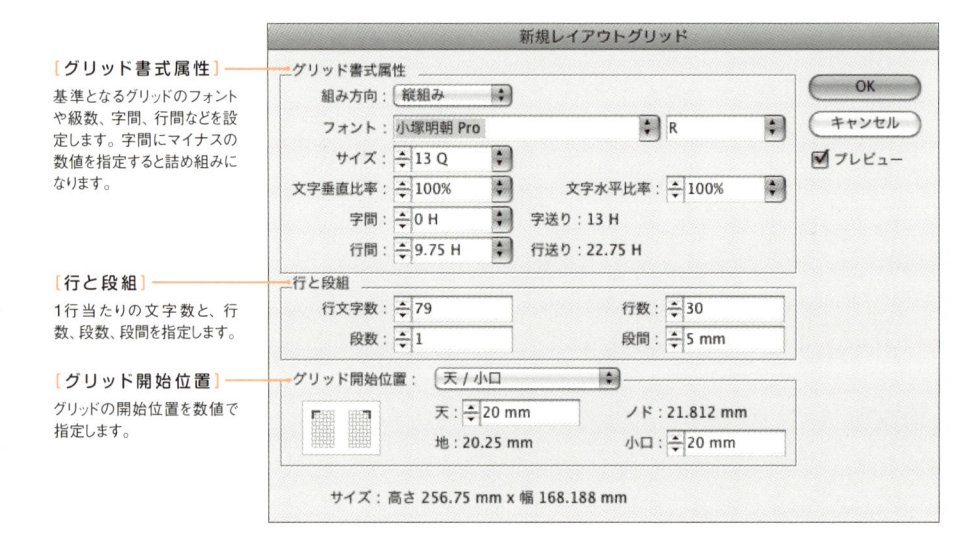

［新規レイアウトグリッド］での設定は、文字組みに合わせたグリッド（マス目）が作成されるので、文字が中心のレイアウトに適しています。マスターページに作成するグリッドの詳細を設定します。マスターグリッドの元になるフォントや行送り、段組みと、グリッドの開始位置などを指定します。

［グリッド書式属性］

基準となるグリッドのフォントや級数、字間、行間などを設定します。字間にマイナスの数値を指定すると詰め組みになります。

［行と段組］

1行当たりの文字数と、行数、段数、段間を指定します。

［グリッド開始位置］

グリッドの開始位置を数値で指定します。

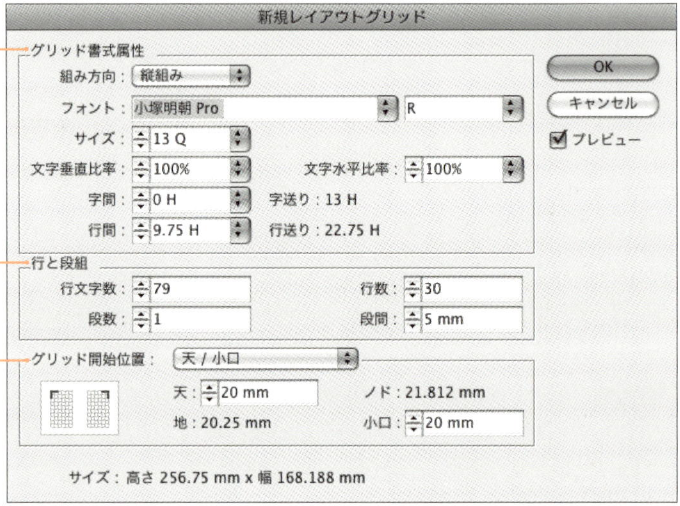

マージン・段組ダイアログの設定

［新規マージン・段組］での設定は、文字組みの細かい設定がされないため、図版中心レイアウトに適しています。 マージン・段組ダイアログでは、天・地・ノド・小口のマージンと段組みのみを数値で設定できます。まず、この設定をしておき、後からレイアウトグリッドダイアログを設定することもできます。

［マージン］

天・地・ノド・小口のマージンを数値で指定します。

［段組］

版面の中の段数と段間を数値で指定します。

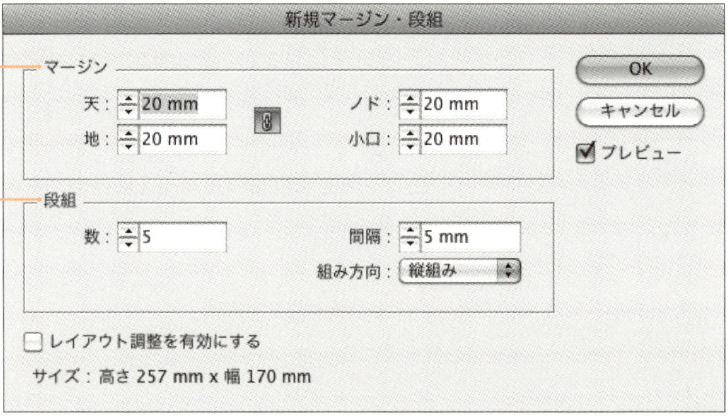

マスターページの活用

何ページにもおよぶページものの制作を行う場合は、まず最初に全ページに共通する柱やノンブルなどの要素を配置して、基本のレイアウトフォーマットを［マスターページ］という機能に登録します。

［ページパネル］

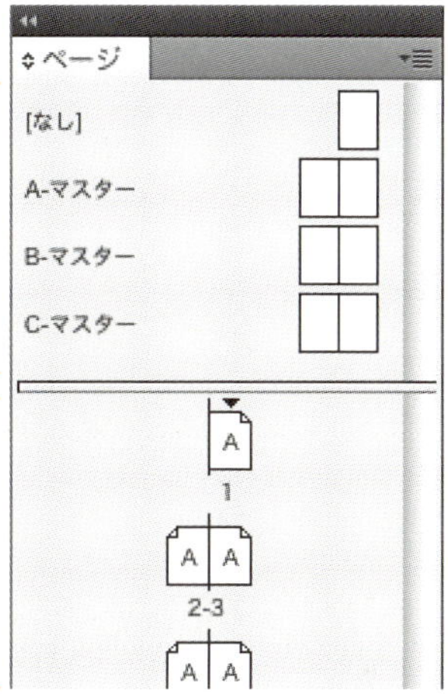

［マスターページ］
基本のレイアウトフォーマットをこの部分に登録します。

［レイアウトページ］
上のマスターページを適用して、各々のページをレイアウトします。

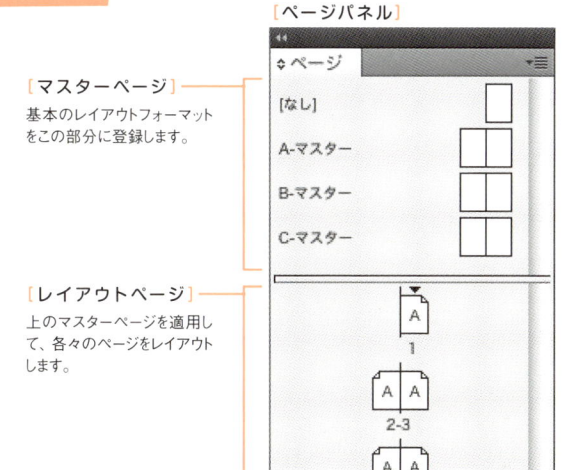

マスターページの新規作成方法

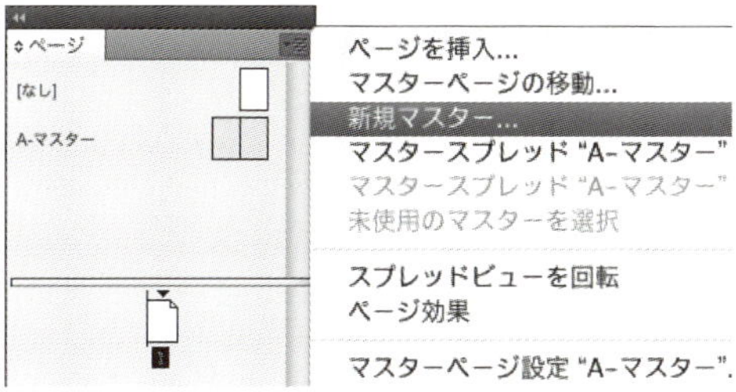

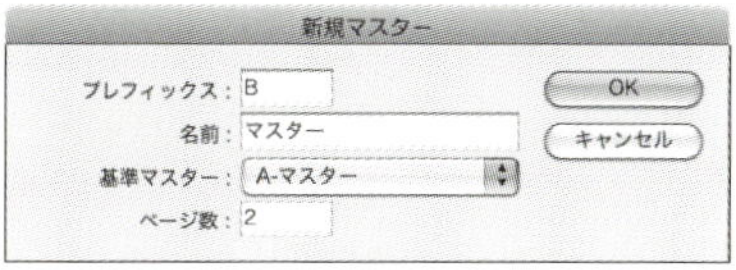

［ページパネルメニュー］から［新規マスター］を実行すると、新しいマスターページを作成出来ます。

マスターページの適用方法

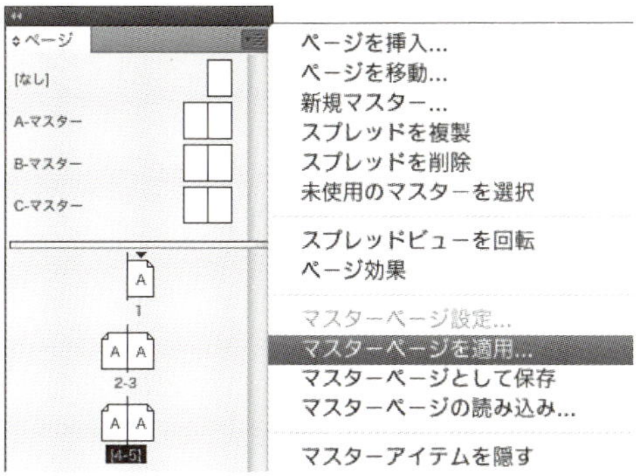

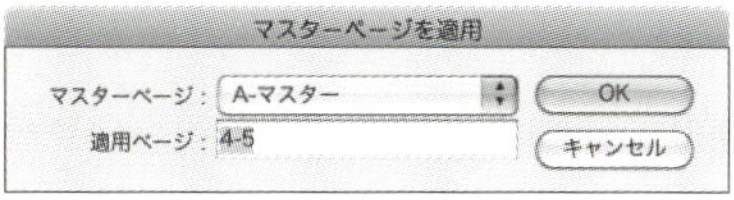

レイアウトページに、登録したフォーマットを適用する場合は、ページパネルで適用したいページを選択して、［ページパネルメニュー］の［マスターページを適用］を実行し、ダイアログで適用したいマスターページを指定します。

ノンブルの設定

何ページにもおよぶページものの制作を行う場合は、雑誌などの広告ページを除く、ほぼ全ページ、同じ位置に「ノンブル（ページ番号）」を入れます。数十ページにもおよぶ本の各ページに、一つ一つノンブルを入れるのは、数字を入れ間違えたり、入れる位置がずれたりと大変なトラブルが予想されます。 そこで、通常、ノンブルはあらかじめ、マスターページを使って設定しておきます。 ここでは、マスターページのノンブルの設定方法を紹介します。

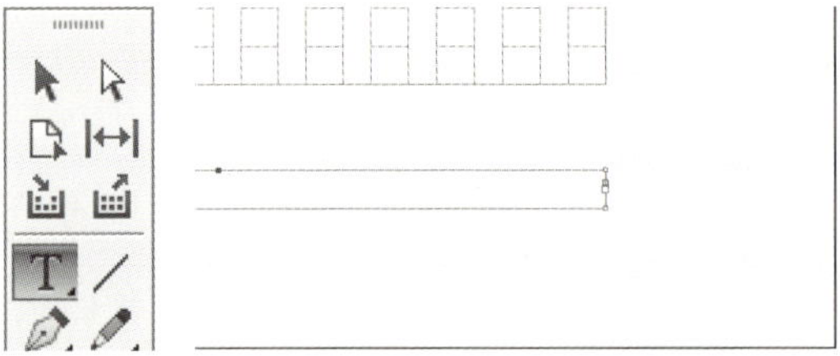

1

マスターページでノンブルを配置する位置にテキストフレームを作成します。［ツールパネル］から文字ツールを選択し、文字ツールでページ上をドラッグするとテキストフレームができます。

2

［書式メニュー］→［特殊文字の挿入］→［マーカー］→［現在のページ番号］を実行すると、テキストフレームにノンブル用のマーカーが入力されます。

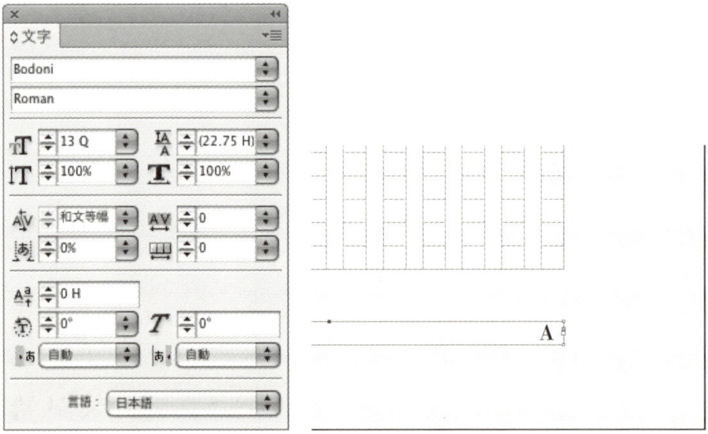

3

［文字パネル］でノンブルに使用するフォントを指定します。マスターページ上ではノンブルの数値ではなく、プレフィックスと呼ばれるマスターページの記号が表示されます。レイアウトページにマスターページを適用すると、設定した位置に、設定したフォントでノンブルが自動的に入ります。

開始ノンブルの変更

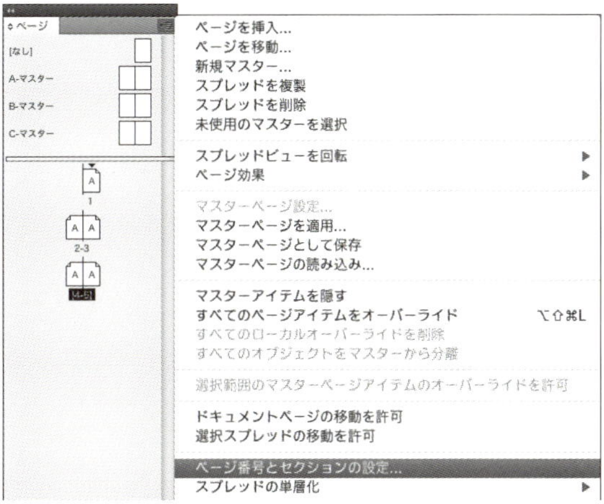

［レイアウトページ］の開始ノンブルはデフォルトで１ページから始まる設定になっています。 しかし、レイアウトを始めるページが必ずしも、１ページからとは限りません。ここでは、実際の台割に合わせて、開始ノンブルを変更する方法を紹介します。

1

レイアウトページのノンブルはデフォルトで1ページから開始されるので、実際の台割に合わせて開始ノンブルを変更します。［ページパネルメニュー］から［ページ番号とセクションの設定］を実行します。

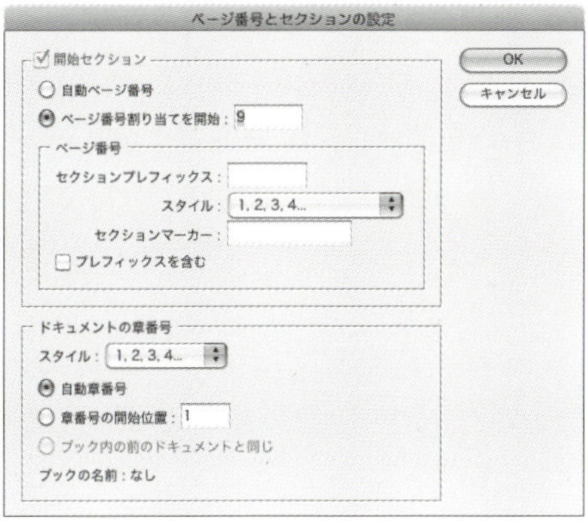

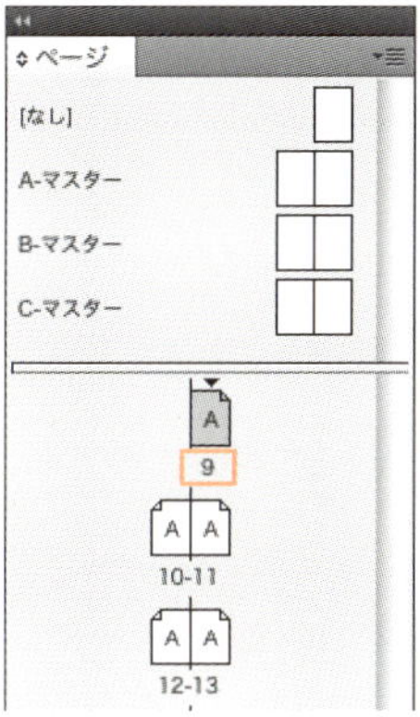

2

［ページ番号割り当てを開始］に、開始ページのノンブルを入力すると、レイアウトページのノンブルが変更されます。

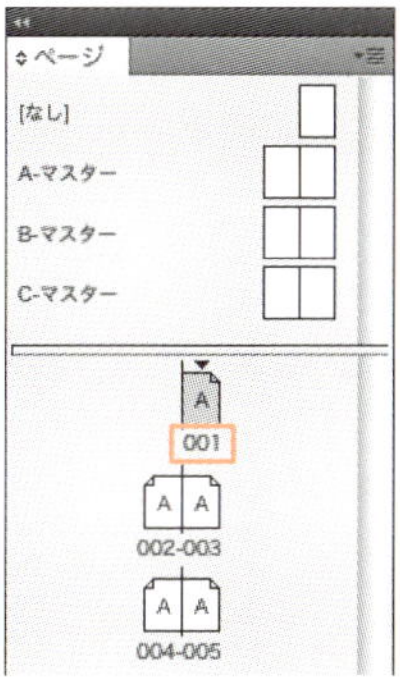

ちなみに、この［ページ番号とセクションの設定］→［スタイル］で、「1,2,3,4」や「001,002,003」、漢数字やローマ数字といったノンブルの書式が選べます。

流れやリズムを生む魅力ある誌面レイアウトのこつ

同じ文字量や図版を使用しても、誌面の印象はレイアウトデザインで大きく変わります。緩急をつけたレイアウトでページの流れにリズムをつけることも大切です。

組み方向と視線の流れ

日本語はタテ組みでもヨコ組みでもレイアウトできる言語で、タテ組み場合は上から下、右から左へ読み進めるため、綴じは右綴じとなります。ヨコ組みでは左から右、上から下へ読むため、綴じは左綴じとなります。 タテ組みの場合は、タイトルや見出しを右上に配置し、上から下へ視線を誘導できるようにレイアウトをすることが基本です。 横組みでは左上を始点として、左から右、上から下へ視線を誘導するようにします。 図版の配置も原則的には重要なものを始点となる方へ置くようにしますが、配置する大きさの大小で視線を誘導することもできます。

縦組みのレイアウトでは基本的に上から下、右から左の順で視線を移動します。判型の大きい雑誌などは1段で組んでしまうと縦方向の移動量が多く、読みづらくなるので、3段組みや4段組みにして、視線の移動する量を最適になるようにします。

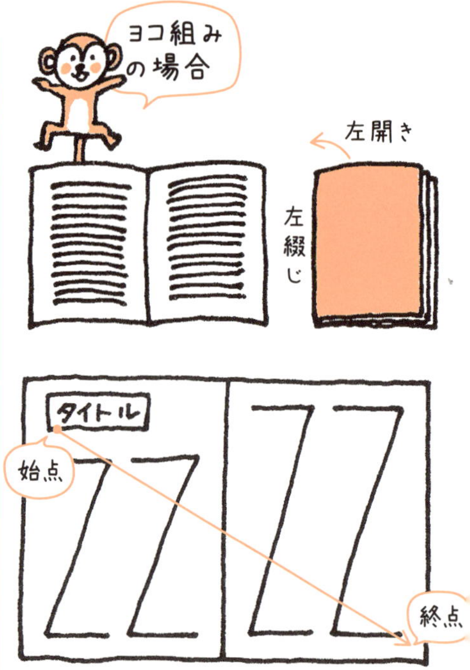

横組みでは左から右、上から下への視線の移動が通常の流れです。横方向への視線移動は比較的自然に行えるため、書籍などでは1段組み、判型の大きい雑誌でも段組みの設定をする場合は、2段や3段程度にすることが多いです。

レイアウトで変わるイメージ

誌面の印象や読みやすさは、文字の大きさや図版の位置で変わってきますが、それ以外にも版面の周辺にどれだけ余白を設けているかという「マージン率」や、タイトルと見出し、本文の級数、図版の大きさにどのぐらいの差をつけているかという「ジャンプ率」、誌面に占める図版の割合や大きさを示す「図版率」なども、読者の印象を変える重要な要素となります。

マージン率

版面の周囲の余白の割合をいいます。
余白を少なくしているものは密度が高く力強い印象を与え、余白を大きめに取ったものは、落ち着いてゆったりした印象になります。

マージン率大。落ち着いてゆったり。

マージン率小。密度が高く力強い。

ジャンプ率

文字や図版などの各要素の中でのサイズの差をいいます。
タイトルや見出し、本文の級数にどのぐらいの差を設けるかが、自然な視線誘導に関わる要素にもなります。

ジャンプ率大。メリハリがあり活気が出る。

ジャンプ率小。上品で格調が高い。

図版率

誌面に占める図版の数やサイズの割合をいいます。
誌面の中に占める図版の大きさや数で読みやすさや誌面の強弱が変わります。特に雑誌では重要な要素のひとつです。

図版多。段組みにそって、図版を入れると規則性とリズムが生まれ、どの図版にも均等に視線を誘導できる。

図版少。図版の扱いに大胆に差をつけて、大きい図版から小さい図版へと視線を誘導できる。

情報の導線を意識する

読み手が自然に目を引く誌面を作るには、文字や写真の重要度に応じて大小の差をつけたり、アイキャッチとなるものの周囲にあえて余白を多く取るなどの工夫が必要です。

[テキストが導線を作る]

タイトルと本文の級数に差をつけておけば、大きいものから自然に読むことができます。

[余白が導線を作る]

図版やタイトルなど、注意を引きたいものを大きく扱い、周辺に余白を設けることで、余白にそった視線の流れができます。

リズムとバランスを考える

図版や文字を配置する場合には、見開きで左右ページを同じように見せるシンメトリーや、左右で反転した構成にする対称性、一定の配置で見せるリズム性などを意識する方法があります。

[シンメトリー]

右と左で線対称となるように配置したものをシンメトリーといい、比較的安定した印象を与えます。

[対称性]

中心点から回転させたように左右の構成を反転させた対照的なレイアウトは、変化とリズム感を与えます。

[リズム性]

段組みやグリッドに則して一定の流れで文字や画像を配置したり、特定の間隔で大小を設けたりするとリズム感が生まれます。

余白を活用する

余白をどこにどのくらい設けるかは、扱うテーマやページの流れによって異なります。版面の周辺に設けるマージンが同じでも段組みや段間のとり方で印象は変わってきます。

[ベーシックな例]

もっとも基本的な余白のとり方の場合は、天・地・ノド・小口が見た目で同程度になるように設定します。

[1段抜いてゆとりを]

段組みの中を1段抜いて、タイトルや見出し部分と本文に余白を作ることで、ゆとりのある誌面の印象を与えます。

[大きな余白で緩急を]

ページの全面に図版を配置して、対向ページには余白を大きく設けることで、誌面に緩急をつけることができます。

グリッドシステム

グリッドシステムは段組みよりも細かく設定したレイアウトが可能で、一定の基準に沿いながらも、図版や文字の分量に応じて大きく変化のある見せ方ができます。

[グリッドシステムの基本]

グリッドシステムの基本は一定の大きさのブロックと余白を均等に配置し、ブロック内に図版や文字をレイアウトするものです。

[グリッドシステムの応用1]

複数のブロックにまたがるように図版を配置し、大きさに変化をつけることができます。

[グリッドシステムの応用2]

グリッドの1列分や2列分に図版を配置して裁ち落としにしたり、グリッドのブロック単位で余白を作ることもできます。

32 正確な文字修正を目指して 文字校正のフローと実例

基本的なレイアウトを作成したら、原稿を編集者とやり取りして内容の確認を行います。このとき、修正の指示は双方で誤解のないように明確な表記をしたり、校正記号を使います。

文字校正のワークフロー

原稿は基本的に編集者が素読みをして原稿整理をした上でデザインに回しますが、その後、レイアウトが上がった段階で編集または校閲が内容や誤字脱字などを確認します。 ここで誤りがあれば修正の指示をレイアウトの出力紙に赤の筆記具で記入し、デザイナーやオペレーターに修正依頼をします。 このとき、文言の変更は楷書で誤解のないように記載し、文字の位置を入れ替えたり拗促音の指定をする場合は、専用の校正記号を使って指示します。なお、現在では出力紙ではなくPDFで校正を行い、修正の指示をPDF上に書き込むこともあります。

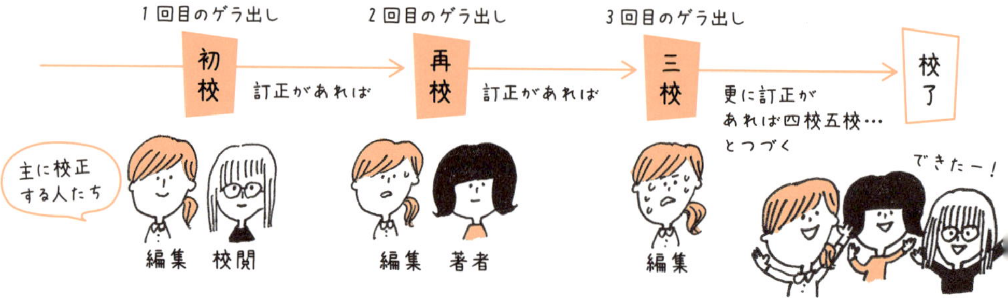

校正記号の一例

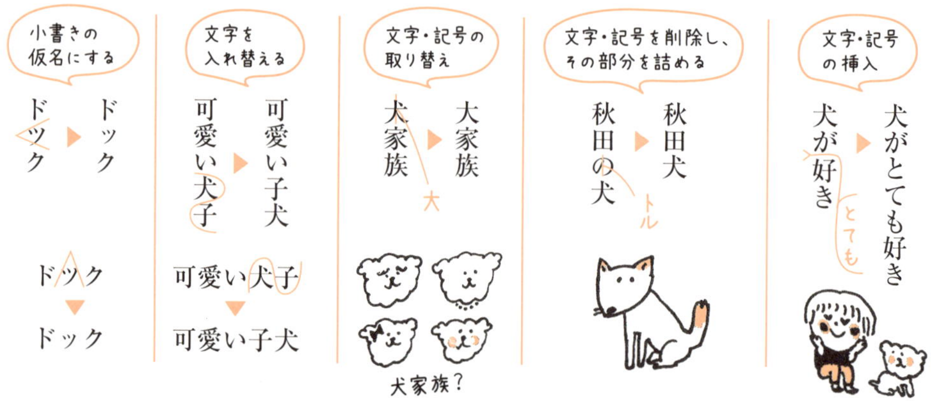

校正記号
[こうせいきごう]

誤字脱字や文字の位置指定などに使用する専用の記号で、出版に関わる共通言語ともいえるものですが、出版社や編集者によって微妙な差異もあります。

下版 [げはん]

校了したものを実際に印刷へ回すことで、かつては印刷会社の上の階で組版をし、組み上がったものを下の階で印刷していたため、「版を下ろす」ことに由来します。

文字校正の実例

かつてカワセミは日本各地の海や川、湖などの水辺に生息し、都市部の公涷や河川でも見かける日本人にとって身近な野鳥のひとつであった。1960年代をピークに生息域、個体数の減少が報告されている。原因は河川の汚染と、護岸化による営巣地の喪失といわれている。体調は17cmほどで、それほど大きくないが頭から

「カワセミ」を表す漢字を次に挙げてみる。
1川蝉 2翡翠 3魚狗
4水狗 6魚師 5魚虎

「翡翠」書いて「カワセミ」と読むこともあれば、「ヒスイ」と読んでカワセミの別名を指すこともある。また、カワセミの雄を「翡」、雌を「翠」と分けて使うこともあるらしい。ちなみに、カワセ ミの雄と雌は、嘴を見れば区別ができる。くちばしの下が赤いほうが雌である。

日本文化研究家
大塚良子
1957年 沖縄生まれ
ピエ大学教授
主な著書に「鳥のすべて」ほか多数
16

かつてカワセミは日本各地の海や川、湖などの水辺に生息し、都市部の公園や河川でも見かける日本人にとって身近な野鳥のひとつであった。1960年代をピークに生息域、個体数の減少が報告されている。原因は河川の汚染と、護岸化による営巣地の喪失といわれている。体調は17センチほどで、それほど大きくないが頭か
「カワセミ」を表す漢字を次に挙げてみる。
1川蝉 2翡翠 3魚狗
4水狗 5魚虎 6魚師
鳥の名前から日本文化を考察する
日本文化研究家 大塚良子
ら羽にかけての鮮やかな水色と、長い嘴が特徴で、星の数ほどいる野鳥と容易に見分けることができる唯一無二の存在である。但し「カワセミ」を表す漢字は唯一無二ではない。その逆で、たくさんありすぎることが特徴である。ちなみに「カワセミ」は虫の蝉とは何の関係もない。
「翡翠《ひすい》」と書いて「カワセミ」と読むこともあれば、「ヒスイ」と読んでカワセミの別名を指すこともある。また、カワセミの雄を「翡」、雌を「翠」と分けて使うこともあるらしい。ちなみに、カワセミの雄と雌は、嘴を見れば区別ができる。嘴の下が赤いほうが雌である。
日本文化研究家
大塚良子
1957年 沖縄生まれ
ピエ大学教授
主な著書に「鳥のすべて」ほか多数
16

代表的な校正記号の意味と実例

記号	意味	使用例と訂正結果			
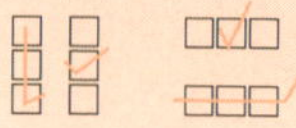	文字・記号などをかえ、またはとり去る	鳥籠 [籠・] ▶ 鳥籠・	鳥の籠 [トル] ▶ 鳥籠	Dog cage [Bird] ▶ Bird cage	Birds cage ▶ Bird cage
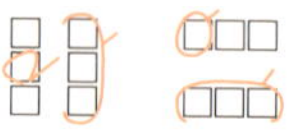	書体または大きさなどをかえる	鳥の巣 [7Qに] ▶ 鳥の巣	ことり [中ゴに] ▶ ことり	little bird [大文字に] ▶ Little bird	little bird [イタリックに] ▶ *little bird*
	字間に文字・記号などを入れる	鳥飛ぶ [が] ▶ 鳥が飛ぶ		Flyng bird [i] ▶ Flying bird	
	右付き、上付きまたは下付きにする	ダチヨウ ▶ ダチョウ		Km2 ▶ Km^2	H2O ▶ H_2O
	字間・行間などをあける	ヒナ鳥 ▶ ヒナ鳥	ヒナ鳥と / 親鳥の巣 ▶ ヒナ鳥と / 親鳥の巣	young bird ▶ young bird	young bird and / the parent bird ▶ young bird and / the parent bird
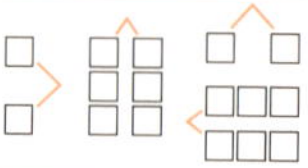	字間・行間などをつめる	ひよこ ▶ ひよこ	ひよこと / たまご ▶ ひよこと / たまご	e g g ▶ egg	young bird and / the egg are ▶ young bird and / the egg are
	次の行へ移す	鳥の卵 / を発見 ▶ 鳥の / 卵を発見		discover the egg / of the bird ▶ discover the / egg of the bird	
	前の行へ移す	鳥の卵 / を発見 ▶ 鳥の卵を / 発見		discover the / egg of the bird ▶ discover the egg / of the bird	
	行を新しく起こす	鳥の卵だ ▶ 鳥の / 卵だ		the egg of the bird ▶ the egg / of the bird	
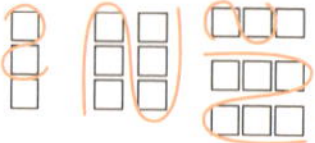	文字・行などを入れかえる	南国鳥の ▶ 南国の鳥	南の島で / 鳥たちは ▶ 鳥たちは / 南の島で	the brid ▶ the bird	the bird / the egg ▶ the egg / the bird
	行を続ける	鳥が / 二羽 ▶ 鳥が二羽		There are / two birds ▶ There are two birds	
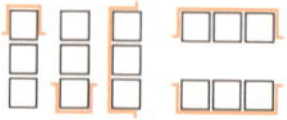	指定の位置まで文字・行などを移す	庭の鳥 ▶ 庭の鳥	庭の鳥 ▶ 庭の鳥	Bird of the garden ▶ Bird of the garden	Bird of the garden ▶ Bird of the garden
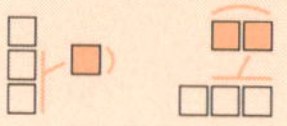	ルビをつける	鳥籠 [とりかご] ▶ 鳥籠《とりかご》		烏龍茶 [うーろんちゃ] ▶ 烏龍茶《うーろんちゃ》	
	圏点の指示	インコが ▶ インコが		カワセミが ▶ カワセミが	
	句読点を示す	今鳥を / 見た ▶ 今、鳥を / 見た。		The bird there / are two ▶ The bird, there / are two.	

広告物の制作

折り込みチラシ・パンフレット・新聞広告などなど。
広告物制作のポイントと決まりゴトを理解しよう。

33 毎日、目にする身近な広告媒体 折り込みチラシ制作のポイント

新聞と合わせて毎朝手元に届く折り込みチラシ。興味を引く貴重な情報源として広く親しまれ、消費者の購買意欲を盛り上げるポピュラーな広告媒体です。

チラシ印刷は輪転機が活躍

大量の部数を素早く印刷することが求められる折り込みチラシでは、枚葉機ではなく、輪転機を用いて印刷されるケースも多いようです(→150ページ)。オフセット輪転印刷ではロール紙(巻き取り紙)を使用しますが、新聞用輪転印刷機で用いられるロール紙にはD巻などと呼ばれるサイズがあり、おなじみのA判/B判の紙加工仕上げ寸法とは仕上がりサイズが異なるため、注意が必要です。折り込みチラシの適切な制作を行うためには、オフセット輪転印刷機ならではのロール紙での仕上がりサイズに注目し、特に全国紙での標準的なD巻、折り込みチラシに多用される商業用オフセット輪転機でのB巻についての理解が不可欠となります。

オフ輪転B巻での参考サイズ

B 巻	用紙サイズ (mm)	絵柄標準サイズ (mm)	絵柄最大サイズ (mm)
全	1,085 × 765	1,064 × 736	———
2	765 × 542	740 × 522	743 × 530
3	542 × 382	522 × 360	530 × 370
4	382 × 271	360 × 246	370 × 260
5	271 × 191	246 × 170	———
6	191 × 135	———	———

オフ輪転D巻での参考サイズ

D 巻	用紙サイズ (mm)	絵柄標準サイズ (mm)	絵柄最大サイズ (mm)
全	1,092 × 813	———	———
2	813 × 546	788 × 522	790 × 530
3	546 × 406	522 × 386	530 × 390
4	406 × 273	386 × 246	390 × 260
5	273 × 203	246 × 186	252 × 182
6	203 × 136	———	———

※上記は参考サイズです。印刷機ごとに異なりますので制作の際には印刷会社に確認しましょう。

ポスティング

折り込みチラシとは異なる配布形態の1つ。折り込みチラシが新聞とともに配達されるのに対し、ポストに直接チラシのみを投入する方法を示します。

オフ輪［おふりん］

オフセット輪転印刷（機）の略。高速での大量印刷が可能なため、特に折り込みチラシのように多くの部数が必要とされる媒体の印刷に適しています。

絵柄寸法と仕上がり寸法

オフセット輪転印刷機で印刷した広告チラシは、基本的には、化粧裁ちをしないので、適切な余白が必要です。仕上がり寸法とは別に、絵柄を印刷できる範囲を絵柄寸法と呼びます。この絵柄寸法は各社により異なるので、事前にしっかりと確認しましょう。

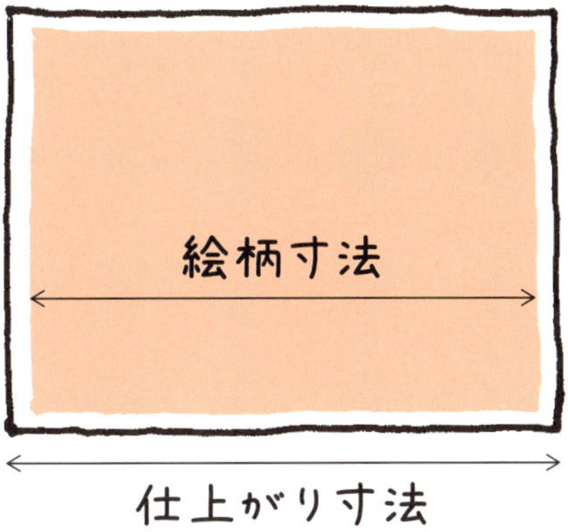

新聞と折り込みチラシの判型

折り込みチラシでは、新聞に挟み込んだときに、はみ出ないサイズが求められます。一般的な全国紙の新聞は「ブランケット判」で、ほぼD3に相当するほか、D4に相当する「タブロイド判」もあります。B巻はD巻より小さいため、B巻ベースの折り込みチラシは、新聞に挟み込むのに適したサイズです。もちろんD巻ベースでも、折り加工での小型化などにより、新聞への折り込みには対応します。なお、D4やB4などのチラシは、折り加工はせずに新聞へと挟むのが一般的です。

［ブランケット判］

［D巻 D3・D4用紙サイズ］

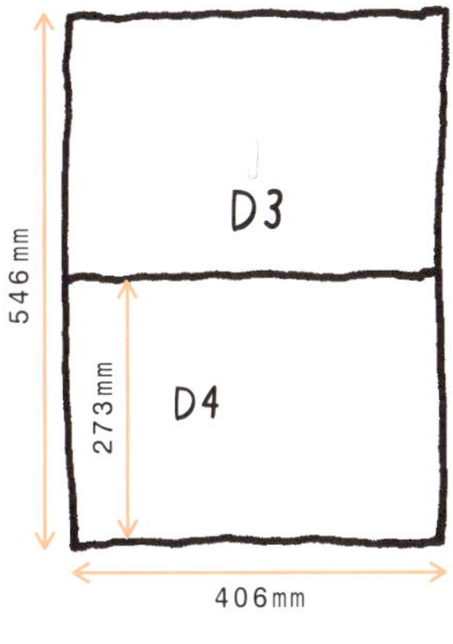

［B巻 B3・B4用紙サイズ］

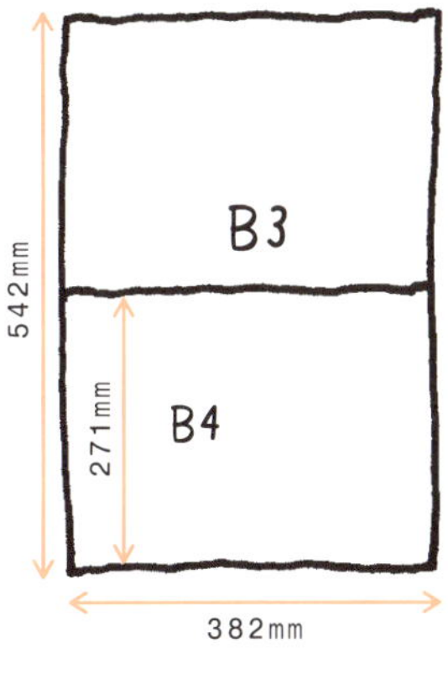

折り込みチラシの構成要素

［オビ］
上部を帯で飾るデザインも一般的。ここにも各種情報を盛り込むことができます。

［製品情報］
写真と名称と価格で構成されるチラシのメイン。バランスよく配置します。

［トンボ］
輪転機で印刷するチラシでは、化粧断ちをしないので入稿時のトンボが不要の場合や、センタートンボのみを付けるケースもあります。

［店舗情報］
ロゴ、営業時間、電話番号など。基本的に、毎回の広告で同じ位置に配置します。

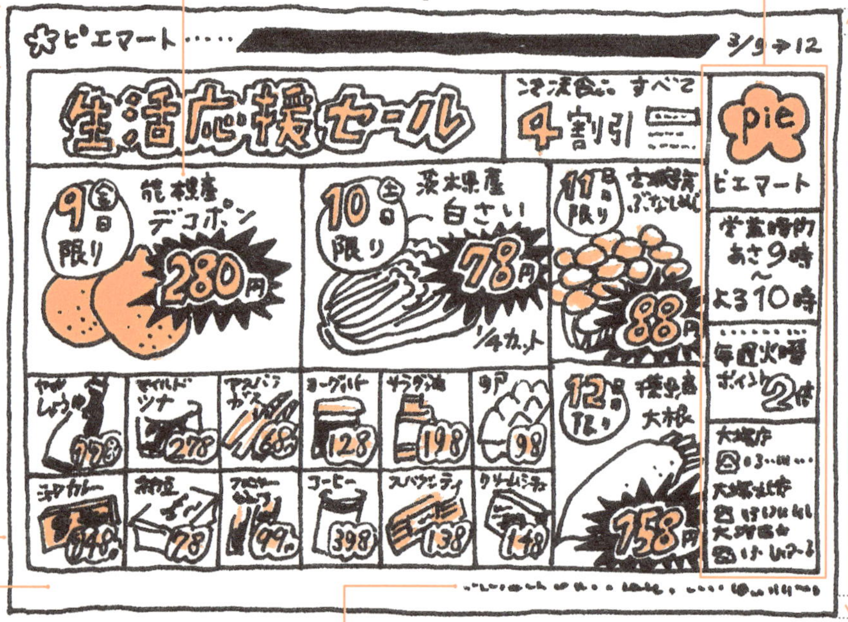

［表面・裏面］
A面・B面とも呼ばれます。二つ折りの場合、内側が裏面で、外側が表面です。

［情報］
下部に小さな級数で注意書きなどを入れるケースも多いので、あらかじめ余裕を持った版面設計を心掛けます。

［仕上がり寸法・絵柄寸法］
輪転印刷機では、仕上がりの周囲に余白が必須となることが多いです。印刷機や印刷会社によって絵柄として印刷できる寸法が異なるので、必ず事前に確認しましょう。

チラシでよく使われるパーツ

［バクダン］
価格やキャッチなどの背面に敷く装飾要素。注目を集めることができるパーツです。

［白縁］
視認性を高めるフチ文字。特に色が氾濫するチラシでは白縁が役立ちます。

折り込みチラシのレイアウトパターン

整った印象！ コマ割り

チラシのレイアウトで多く活用される、効率的な手法が「コマ割り」です。 紙面を垂直および水平に細かく分割し、そこに生まれるブロック（コマ）を基準に要素を配置。各要素における使用ブロックの広さで変化を加えます。 整った印象に仕上げやすい方法です。

変化と躍動感！ フリーレイアウト

コマ割りでの整い過ぎる印象を避けるためには、フリーレイアウトを行います。 自由度は上がりますが、揃えるべき箇所は揃え、何もかもバラバラにしないような高いレイアウト技術が必要です。すぐれたフリーレイアウトでのチラシは、変化と躍動感に富む仕上がりとなります。

折り込みチラシの色使い

色はチラシのデザインにおける重要な要素です。フルカラー印刷の場合には、色調補正によって、商品写真を美しく整え、消費者の購買意欲をかき立てる仕上がりを目指します。また、折り込みチラシでは単色印刷など、色数を減らすケースも多いですが、その際の使用インキ色にも要注意。例えば、魚や肉などの生鮮食品の写真が多く盛り込まれるチラシでは、青などの寒色系インキのみでの印刷を行うと、シズル感が損なわれ、美味しそうな印象を与えられません。

1枚の紙が多様な形に変身！ パンフレットの折り方と制作のポイント

各種パンフレットやDMでは、折り加工をするケースが多くみられます。ここでは折り加工の多様なスタイルを中心に制作のポイントを紹介します。

いろいろな折り方を知ろう

パンフレットやDMなどは、人の集まる場所での設置配布やポスティング、郵便やメール便を活用した送付など多くの手法で受け手となる人の元へと届けられます。そのような媒体では、配布場所や送付方法などの状況に合わせサイズを考える必要があります。サイズをコンパクトにまとめる方法として折り加工があります。また、折り加工では、断裁や綴じなどの工程を経ずに、1枚の用紙で複数のページ（面）を生み出せることもデザイン上の大きなメリットです。紙の折り方には、折る回数や方式の組み合わせで、様々なバリエーションがあります。まずは、その多様なスタイルの中から代表的なものを理解し、それぞれの加工方法と特徴をとらえましょう。

［中綴じ小冊子］

紙を半分に折り、複数枚を重ねて中央で綴じたスタイル。「背綴じ」とも呼ばれます。

［アコーディオン折り］

山折りと谷折りを交互に繰り返すスタイル。「経本折り」や「蛇腹折り」とも呼ばれます。

［二つ折り］ 4ページ

1枚の紙に対して、1度だけ折り加工を行うシンプルなスタイル。折り位置は中央が一般的です。

［外三つ折り］ 6ページ

紙の三等分の位置で、山折りと谷折りを交互に1度だけ行うスタイル。「Z折り」とも呼ばれます。

［片袖折り］ 6ページ

中央での二つ折り後、片面のみ外側へ折るスタイル。冊子への大きなページの挿入にも活用されます。

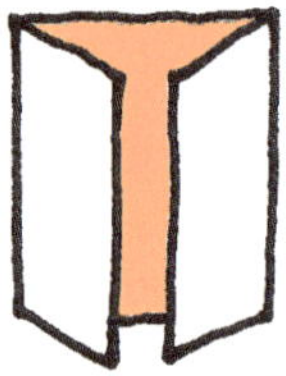

［観音開き折り］ 6ページ

紙の四等分の位置で、両端を中央で合わせるように折るスタイル。「両端折り」とも呼ばれます。

実用新案権
［じつようしんあんけん］
独自の折り方を採用した商品や装置などは実用新案権に登録されていることがあります。ただ、折り方自体はそうした権利の対象にはなりにくいようです。

6ページ

［片観音折り（巻き三つ折り）］

紙の三等分の位置で、両端を中央へと折るスタイル。中に折り込む面は、やや小さめに設計します。

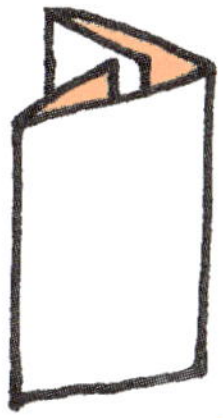

8ページ

［観音折り］

観音開き折りの状態から、さらに中央で内側へ二つに折ったスタイル。最大8ページを構成できます。

8ページ（16ページ）

［直角折り］

水平と垂直の方向に、交互に折りを行うスタイル。8ページ折りや16ページ折りなどが含まれます。

8ページ

［外巻き四つ折り］

中央での二つ折り後、さらに平行に中央で二つ折りするスタイル。外面の箇所が観音折りと異なります。

8ページ

［巻き巻き四つ折り］

紙の四等分の位置で端から巻き込むように山折りを3回行うスタイルです。

12ページ

［DM折り］

中央での二つ折り後、垂直方向に片観音折りを行うスタイル。主にDMで活用される折り方です。

12ページ

［レター折り］

中央での二つ折り後、垂直方向に外三つ折りを行うスタイル。DMでも活用される折り方です。

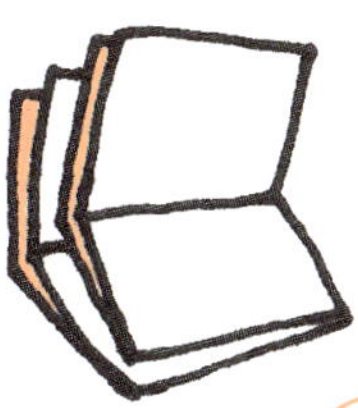

16ページ

［16ページ折り］

直角折りの要領で3回折るスタイル。二辺を断裁することで16ページの「折り丁」を作成できます。

フキダシは折り加工でできるページ（面）の数を表しているよ！

折りに合わせたサイズ調整

折り加工を行うパンフレットなどのデータ制作では、折り方の種類によって各面のサイズ調整が必要なので要注意。外三つ折りのように内側へと折り込む面がない場合には不要ですが、巻き三つ折りのような折り方を採用する場合は、内側に折り込む面の幅を短く設計しないと、加工後に内側の面の端が巻き込まれて、用紙が擦れてしまい、美しい仕上がりになりません。折り加工のあるデータを制作する際には、実際に紙を折ってみるなどして綿密な設計を行いましょう。

片観音折り（巻き三つ折り）と外三つ折りのサイズとデータ作成の考え方

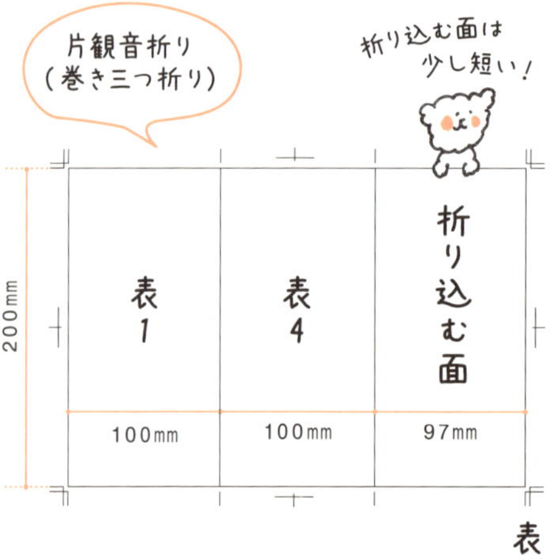

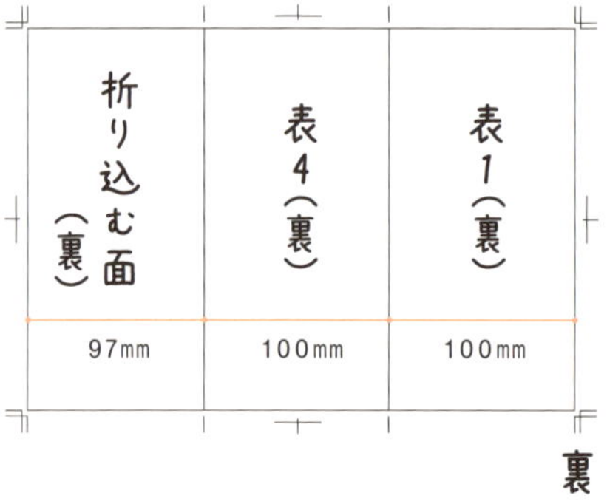

片観音折り（巻き三つ折り）は、均等に三等分の位置で折られているように見えるが、折り込む面は少し短く制作されています。

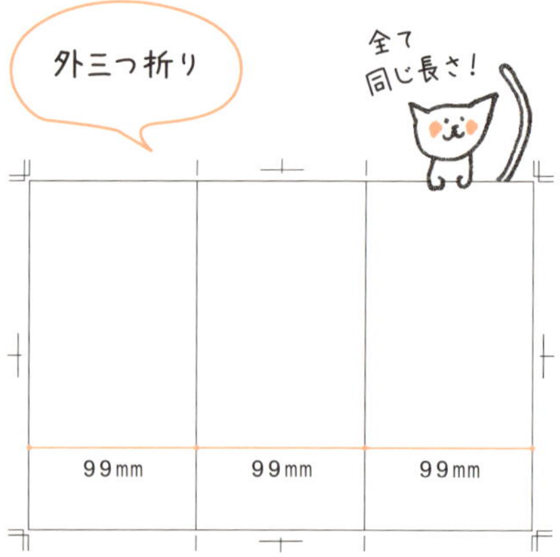

外三つ折りでは、内側に折り込む面がないため、各面の幅は均等でOK。用紙の三等分の箇所を折り位置にします。

どんな折り方が高いの？ 安いの？

印刷部数などの基本的な要素に加え、折る回数やスタイルによっても必要なコストは変化します。基本的には折る回数が増えたり、折り方が複雑になったりするほど値段は上がりますが、各社によって価格設定は様々なので、事前の確認が必要です。また、機械で対応できない特殊な折り加工の場合には、手作業になるので原則としてコストが高くなります。更に、郵送などの送付型パンフレットでは、折ってコンパクト化することで、送料が変化する可能性も見逃せません。折り加工を行うパンフレットでは、配布方法までも含め、トータルでのコスト計算が重要です。

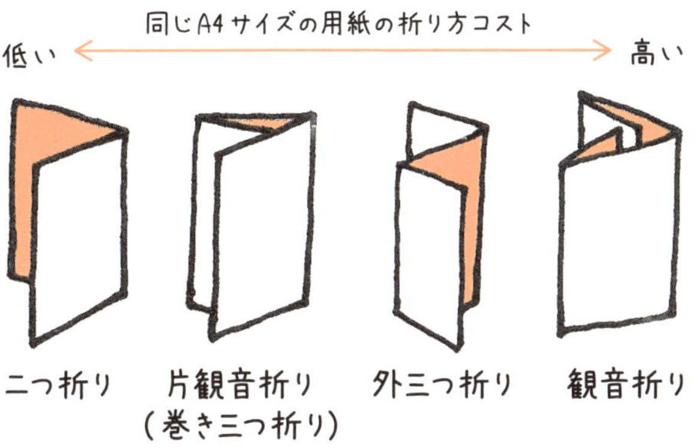

折りトンボの付け方

折り加工を行う制作物のデータには、折り位置を示す折りトンボを加えることが必要です。Illustratorでの制作で折りトンボを作成するためには、仕上がりトンボを複製し、座標指定などで正確な位置へと配置するとよいでしょう。

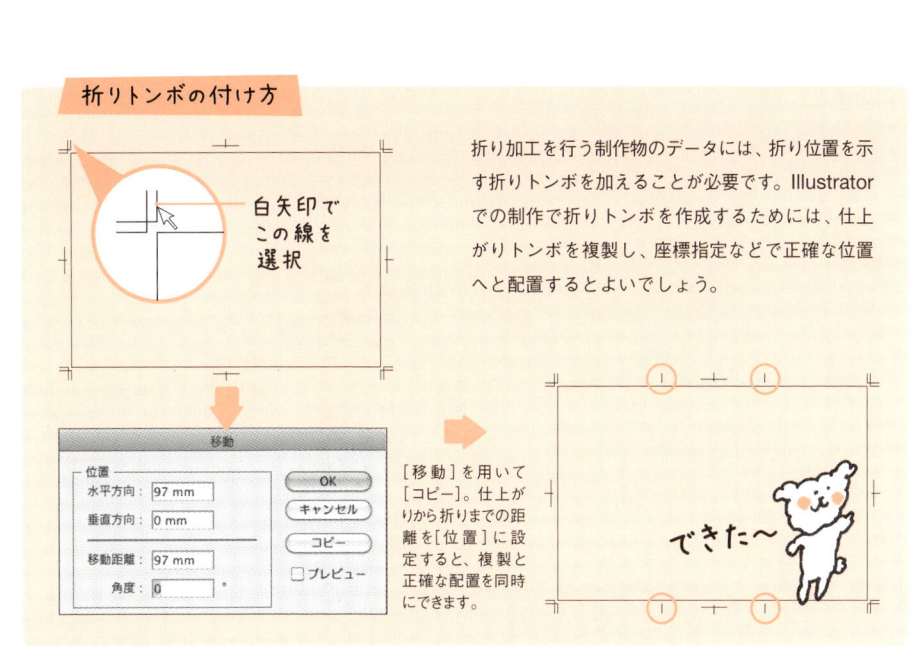

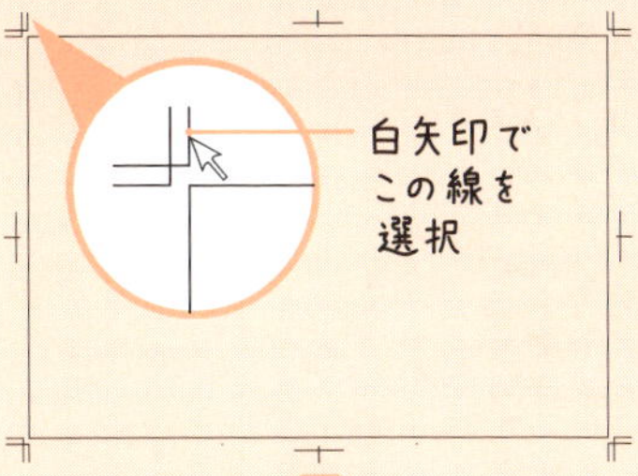

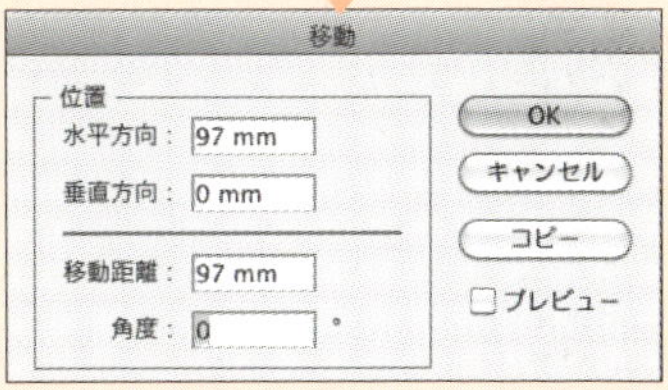

[移動]を用いて[コピー]。仕上がりから折りまでの距離を[位置]に設定すると、複製と正確な配置を同時にできます。

35 伝統と信頼の広告媒体 新聞広告の名称とサイズ

日々の発行と配達により、膨大な数の人々へ情報を提供できる新聞広告。他メディアと比べて掲載費は高価ですが、「信頼できる」媒体として安定した効果を発揮します。

新聞特有のフォーマット「段」って何？

新聞広告については、掲載サイズをはじめ、使用書体や画像の扱い方など、発行元である各社が個別に規定や制約を設けています。制作を行う際には、出稿先の新聞社による広告データ作成の手引きを参照したり、詳細を問い合わせたりしながら、しっかりと事前の確認を行うことが大切です。とはいえ、各社に共通し、雑誌などとは異なる新聞ならではの制作のポイントもあります。それは、新聞特有の「段」を基準とした構成です。新聞の伝統的なレイアウトでは、紙面の天地を15段（現在は12段も多い）、左右を等分割にしたフォーマットが多く、新聞広告もこれに準拠したサイズ設定が一般的。通常のブランケット判では1段が32mm前後となります。

天地

段	サイズ（mm）
1段	32
2段	66
3段	101
4段	135
5段	170
6段	204
7段	239
8段	273
9段	307
10段	342
11段	377
12段	411
13段	445
14段	480
15段	514

左右

段	サイズ（mm）
全段	382
2割	190
3割	126
4割	94
5割	75
6割	62
7割	53
8割	47
9割	41
10割	37
12割	30
14割	26
16割	22
18割	20
二連版	789

※朝日新聞での例。 朝日新聞広告制作マニュアルVer.8参照

記事中

段	タテ×ヨコサイズ（mm）
1/2U	40×25
1U	40×50

突き出し

段	タテ×ヨコサイズ（mm）
2段2U	83×50
3段3U	126×50
4段4U	170×50
1段横2U	40×100
2段横3U	83×75
2段横4U	83×100

※（U＝ユニット／1Uは朝日新聞のユニット広告における基本単位）

ラテ欄 [らてらん]

ラジオやテレビの番組表が掲載されている欄の通称。各社による広告サイズの基準では、ラテ欄の掲載面に、特に独自のサイズ設定が設けられているのが一般的です。

案内広告 [あんないこうこく]

商業広告との対比で用いられることが多い用語。求人情報や不動産売買のほか、個人的な尋ね人や求職情報、訃報案内などにも活用される行単位での小広告を示します。

広告スペースの名称

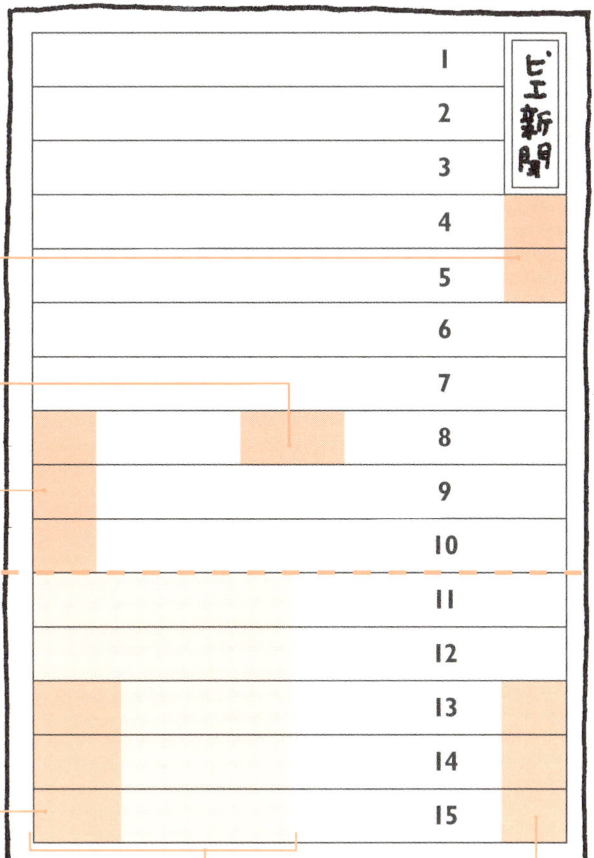

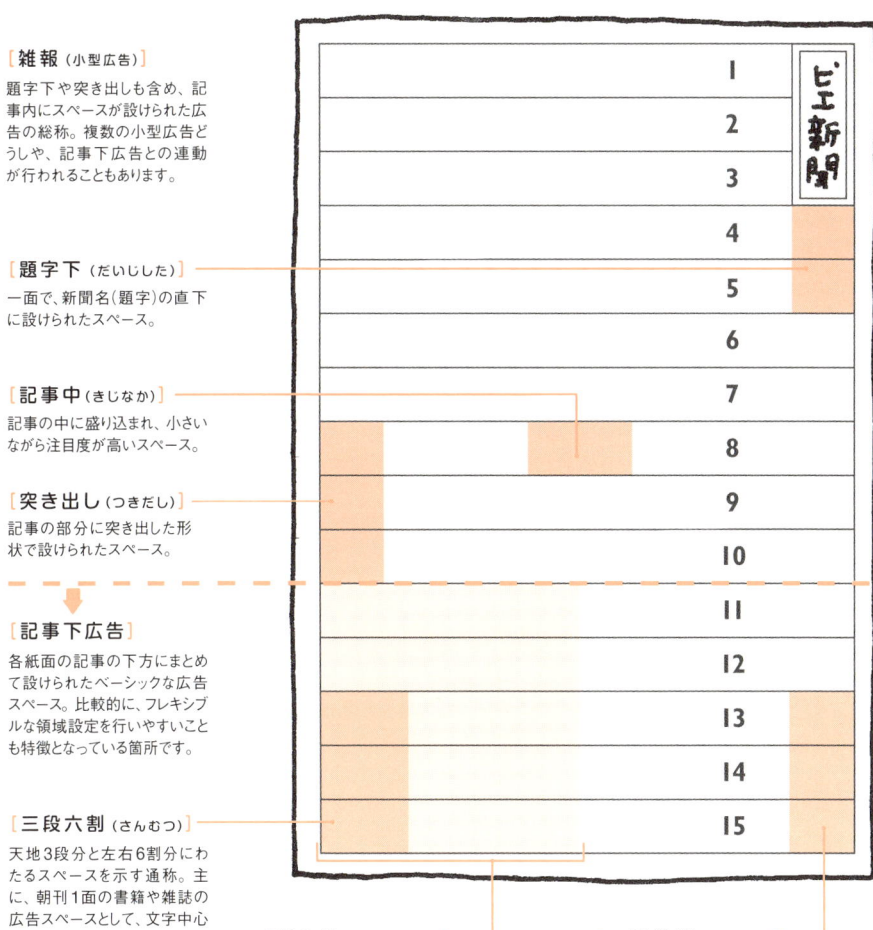

[雑報（小型広告）]

題字下や突き出しも含め、記事内にスペースが設けられた広告の総称。複数の小型広告どうしや、記事下広告との連動が行われることもあります。

[題字下（だいじした）]

一面で、新聞名（題字）の直下に設けられたスペース。

[記事中（きじなか）]

記事の中に盛り込まれ、小さいながら注目度が高いスペース。

[突き出し（つきだし）]

記事の部分に突き出した形状で設けられたスペース。

[記事下広告]

各紙面の記事の下方にまとめて設けられたベーシックな広告スペース。比較的に、フレキシブルな領域設定を行いやすいことも特徴となっている箇所です。

[三段六割（さんむつ）]

天地3段分と左右6割分にわたるスペースを示す通称。主に、朝刊1面の書籍や雑誌の広告スペースとして、文字中心の構成で用いられています。

[半5段（はんごだん）]

天地5段分と左右2割分にわたるスペースを示す通称。天地が同じ高さで左右全割のスペースは「全5段」と呼ばれます。

[三段八割（さんやつ）]

天地3段分と左右8割分にわたるスペースの通称。主に、朝刊1面の書籍の広告スペースとして文字中心で用いられています。

36 ついつい目がいく注目度は大! 車内広告の名称と制作のポイント

電車などの乗り物に設置される車内広告は、人目に触れやすい効果的な広告媒体です。その掲出箇所やサイズには、様々な種類があります。

車内広告ならではの特徴

電車に乗ると、目に飛び込んでくる多くの広告ポスター。 毎日、不特定多数の目に留まる車内広告は、宣伝効果の高い重要なメディアとなっています。 しかし、ひと口に車内広告といっても、そのバリエーションは実に多様です。制作の際には、車内のどこに設置されるか、用紙サイズはどのくらいかなどの基本的な項目に加え、どのような方法で車内に設置されるかによっても、必要となるデータが異なります。車内への設置には、上から吊るしたり、額縁に収めたりする処理が行われるものも多く、そのためのホルダーのサイズなどを考慮に入れる必要があるためです。これが、チラシやフライヤーなどの1枚ものの媒体とは、特に大きく異なるポイントといえるでしょう。

一般的な掲出場所と名称

原稿サイズ（JR各社の一例）

中吊り

車内広告としてはポピュラーな、上部から吊り下げられるポスター。上部にホルダーのくわえ用のあきを設けます。

中吊りワイド

B3判をベースとする中吊りシングル2枚分をつなげた幅の中吊りポスター。上部にはホルダー分の空きが必要です。

窓上ワイド

比較的に掲出期間が長い広告です。上部のホルダーのほか、左右とセンターにクリアバンドがかかります。クリアバンドの部分は絵柄は隠れませんが、コピーなどが読みにくくなる場合もあるので注意。

ドア上

乗り降りの際に目立つドアの上のポスター。ホルダーによって隠れる部分が上下左右に発生します。

※ここで記したサイズは一般的な目安です。鉄道各社、あるいは掲出する車両タイプによって異なるサイズ規定があります。必ず確認が必要です。

ドア横新B

戸袋に掲出され、乗客の目の高さに位置するポスター。ドア上と同じく額縁型で、上下左右がホルダーで隠れます。

掲出ガイドライン

車内広告は公共性の高い場所に掲出されるため、掲出内容に関するガイドラインを各社が設けています。例えば、過激な性表現を含む広告はNGだったりします。事前の審査に通過しなければ掲出できません。

知って得する！著作権

アレやコレは広告に使っても大丈夫？素材の利用に関係する著作権について教えて！

人が思想や感情を創作的に表現した創作物を「著作物」といい、それを保護したり利用したりする権利を「著作権」といいます。

東京タワーの写真を撮影して広告に使っても大丈夫？

A **芸術的な建築物は「建築の著作物」ですが、この場合、写真を撮影した人の許諾を得れば広告に使用できます。**

芸術的な建築物は「建築の著作物」として保護されます。東京タワーが芸術的な建築物＝「建築の著作物」かどうかは意見が分かれるところですが、たとえそうであっても屋外に恒常的に設置されている著作物（建築や彫刻など）は、それを撮影して広告に利用することができます。また、写真は「写真の著作物」なので著作者＝撮影者の許諾が必要です。ただし、著作権法上は問題のない使用であっても、建築物の管理者などから使用料を請求されるケースがあることも事実です。

モナリザの絵を利用して広告を作っても大丈夫？

A **ダヴィンチ作の絵画「モナリザ」は「絵画の著作物」ですが、著作権の保護期間が過ぎているので自由に利用できます。**

著作物の権利が保護されるのは「保護期間」といわれる一定の期間です。「保護期間」を過ぎた著作物は自由に利用できます。日本では保護期間を原則的には、著作物の発生から著作者の死後50年までと定めています。モナリザの著作者＝ダヴィンチは死後50年を経過しています。ただし、保護期間が過ぎた著作物でも、著作者が生きていたら嫌がるような利用はできません。また「保護期間」は国によって異なるので外国で利用する場合はその国の著作権法を確認する必要があります。

一般の人が写り込んでいる写真を広告に使っても大丈夫？

A **有名人でも一般人でも他人の肖像（その人が特定できる写真や絵）を、本人の許諾を得ずに勝手に使用することはできません。**

これは著作権ではなく「肖像権」の問題です。「肖像権」は無名、有名を問わず誰にでもある権利なので、その人が誰だか特定できる写真や絵、つまり肖像を本人の許諾を得ずに使用することはできません（一部例外もあります）。ごく小さい写真や、後ろ姿なら大丈夫などと考えるかもしれませんが、本人が自分であることを証明し、クレームを申し立てれば「肖像権」を侵害したことになる可能性は高いです。使用の許諾を得ていない肖像が写っている写真の利用は避けたほうが無難です。

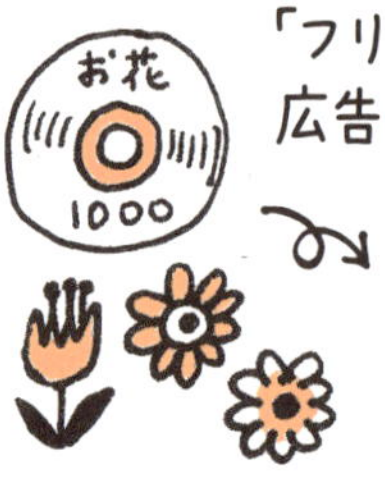

「フリー素材集」の写真は広告に使っても大丈夫？

A **その素材集に記されている「利用規約」などの、確認事項・注意事項をよく読んで判断しましょう。**

「フリー素材集」と銘打った、写真やイラストなどの素材集はたくさんあり、デザイナーが利用する機会も多いです。しかし「フリー素材」というのが本当に何に利用しても、どうやって利用しても自由なのかというと必ずしもそうではないようです。記されている「利用規約」などの、確認事項・注意事項をよく読んで、利用の範囲、利用の方法を判断する必要があります。商用利用をする際は別途許諾が必要だったり、変形したり色を変えて利用するのはNGだったりする場合もあります。

規格物の制作

はがき、封筒、名刺などなど。規格物の
決まったサイズや、制作の決まりゴトを理解しよう。

37 DM・自社ツール・挨拶状 etc. 絶対必須！はがきと封筒 制作のポイント

郵便物は、相手に情報を届けるための身近なツールです。送付に関しては、サイズなどの詳細な規定があるので、正しく把握しておきましょう。

まずは郵便物について知ろう

はがき（第二種郵便物）や手紙（第一種郵便物）を郵送する際の重要な規定として、「定形」と「定形外」の違いがあります。定形と定形外では基本料金に差があり、1通のみでは大きな違いを感じなくても、大量に発送するDMなどではコストに大きく影響します。そのため、DMなど郵送することを前提にした媒体を制作する際には、発送にかかる費用や予算も考慮に入れながらデザインを考えることが必要です。もちろん適切なデザインのためには、規定を正確に知ることが大切。定形と定形外の違い以外にも、郵送に関しては多岐にわたる約款があります。「ルールを守らず郵送できなかった」、「サイズを勘違いして料金が増えてしまった」などのミスが起こらないように注意しましょう。

定形はがきのサイズ

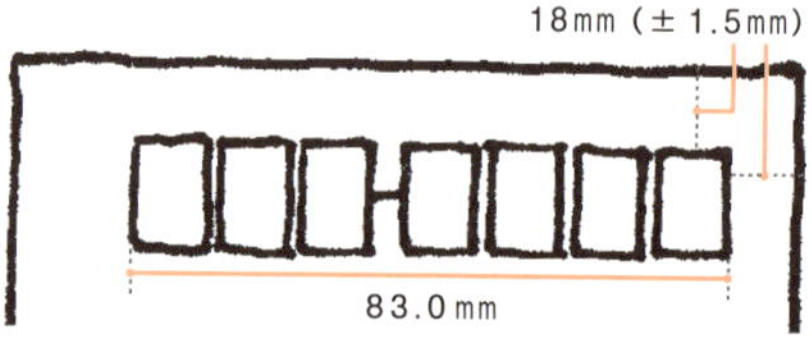

明確なJIS規格ではありませんが、郵便事業株式会社では、定形外郵便物での郵便番号記入枠の推薦様式を上図のように挙げています。

はがきのサイズ

最大サイズに収まれば、いずれも重さ6gまで62円で送れます。

種類	サイズ（mm）	定形／定形外
最小サイズ	90 × 140	定形
郵政はがき	100 × 148	定形
最大サイズ	107 × 154	定形

封筒のサイズ

下記のサイズに収まれば、25g以内は84円、50g以内は94円で送れます。サイズ内でも50g以上の封書は定形外郵便の料金になります。

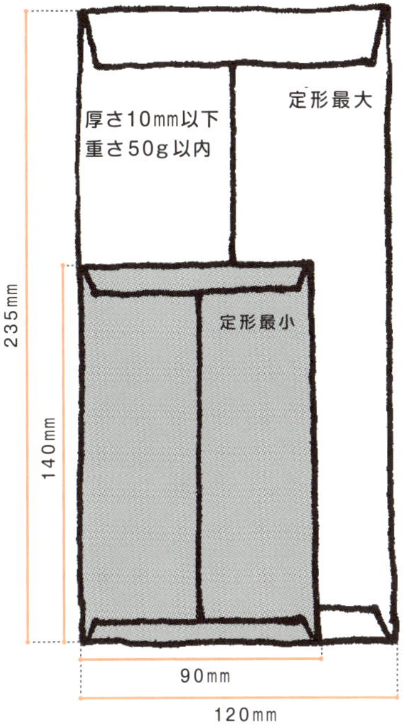

封筒のサイズ

種類	サイズ（mm）	定形／定形外
長形１号	142 × 332	定形外
長形２号	119 × 277	定形外
長形３号	120 × 235	定形
長形４号	90 × 205	定形
長形５号	90 × 185	定形
長形30号	92 × 235	定形
長形40号	90 × 225	定形
角形０号	287 × 382	定形外
角形１号	270 × 382	定形外
角形２号	240 × 332	定形外
角形３号	216 × 277	定形外
角形４号	197 × 267	定形外
角形５号	190 × 240	定形外
角形６号	162 × 229	定形外
角形７号	142 × 205	定形外
角形８号	119 × 197	定形
角形20号	229 × 324	定形外
洋形１号	120 × 176	定形
洋形２号	114 × 162	定形
洋形３号	98 × 148	定形
洋形４号	105 × 235	定形
洋形５号	95 × 217	定形
洋形６号	98 × 190	定形
洋形７号	92 × 165	定形
洋形特１号	138 × 198	定形外
洋形特３号	120 × 235	定形
洋形特４号	90 × 205	定形

封筒の種類

縦が横の倍より短い

［角形（かくがた）］

天地の長さが、左右の長さの倍に満たない比率の封筒です。角形1号にはB4用紙、角形2号にはA4用紙が折らずに入ります。

縦が横の倍以上

［長形（ながかた）］

天地の長さが、左右の長さの倍以上ある縦長の封筒です。定形サイズの長形3号や長形4号は、特に高い頻度で使用されます。

長辺に封入口がある

［洋形（ようがた）］

横長の封筒で、長辺に封入口が設けられています。DMなどの送付に活用されることが多いタイプの封筒です。

※郵便料金の情報は2016年1月現在のものです。

郵便表示枠のサイズ

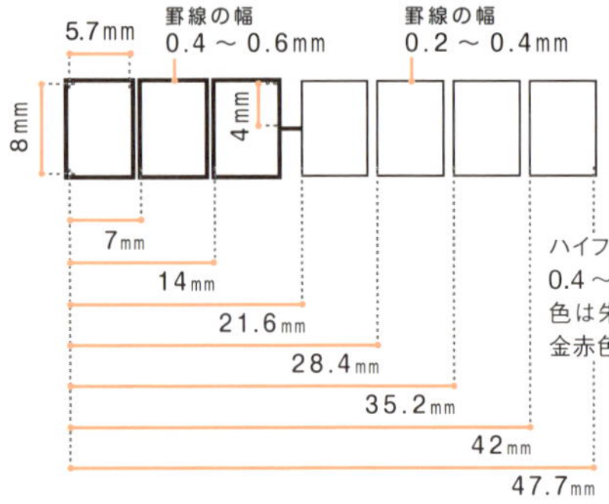

ハイフンの太さも0.4～0.6mm。色は朱色または金赤色です。

料金受取人払マーク

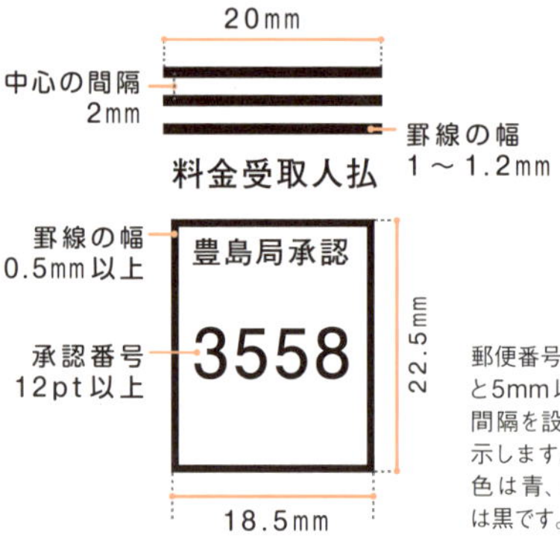

郵便番号記入枠と5mm以上の間隔を設けて表示します。印刷色は青、緑または黒です。

料金別納表示のサイズ

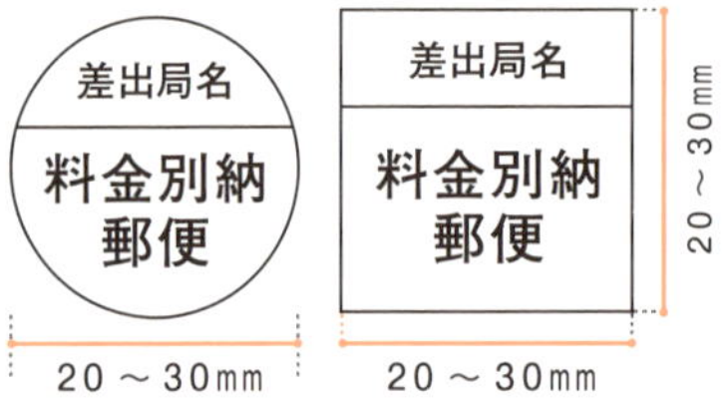

※右の2つの図は、差出人の業務を示す広告（装飾）を含める場合の記載例です。

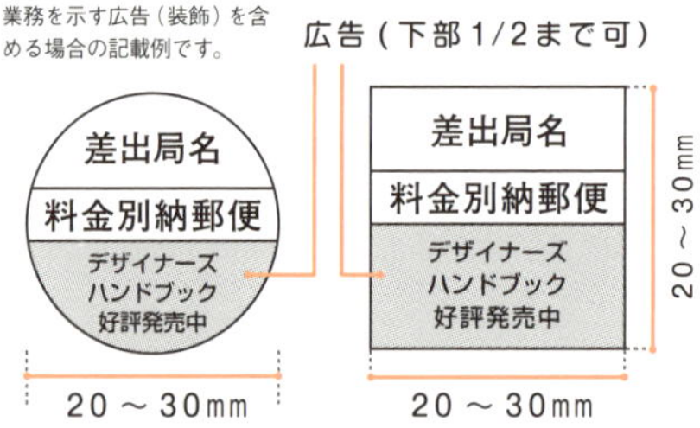

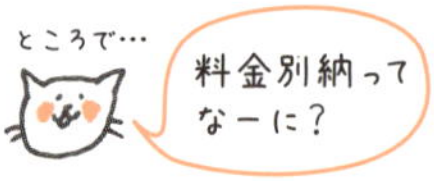

企業や店舗で、大量の郵便物・荷物を差し出す際に便利なのが「料金別納」です。切手を貼らず、料金を一括して支払うことができます。郵便物・荷物は同一料金であること、同時に、10通（個）以上差し出すことが利用の条件となります。

封筒の展開図
（長3号・センター貼り）

糊しろの取り方に気を配り、壊れにくい設計にします。宛名が書きづらい、宛名ラベルが貼りにくい、封筒自体が重い等は実用に向きません。用紙選びも慎重に行いましょう。

※グレー部分は糊がつくところ

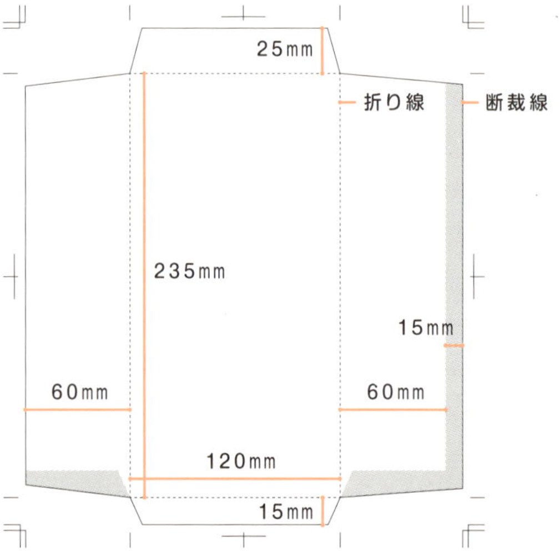

はがきと封筒の宛名面表記のきまり

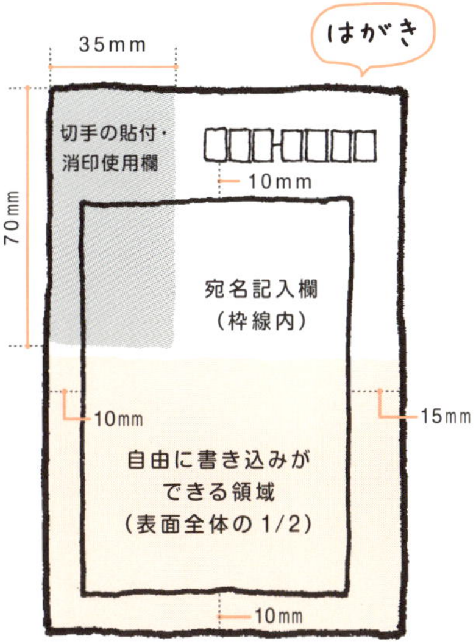

図は、縦長に使用する場合の例。自由に書き込みができる領域は原則として下部（横長では左部）です。

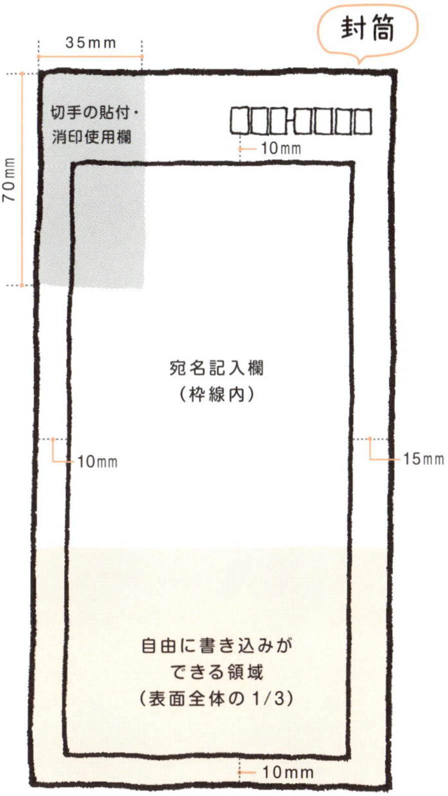

「郵便物」の基本条件

郵便物の規定と料金は郵便事業株式会社が提供する最新の情報を確認して下さい。

はがき

最大サイズ	107 × 154mm
郵政はがき	100 × 148mm
最小サイズ	90 × 140mm
重さ	2 ～ 6g

往復はがき

最大サイズ	214 × 154mm
郵政はがき	200 × 148mm
最小サイズ	180 × 140mm
重さ	4 ～ 12g

※私製はがきの場合 「郵便（往復）はがき」またはこれに相当する文字を入れる。
紙質および厚さは郵政はがきと同等以上のものを使用する。

定形郵便

最大サイズ	120 × 235mm
最大の厚さ	10mm
最小サイズ	90 × 140mm
重さ	50 以下 g

定形外郵便

- 最大サイズ　高さ・幅・奥行きの合計が 900mm
- 最長辺の長さの最大　600mm
  ※円筒またはそれに準ずるものは円周ではなく直径で計算する。
- 最小サイズ
  円筒またはそれに準ずるものは直径 30mm、長さ 140mm / それ以外のものは 90 × 140mm
  ※上記より小さなものでも 60 × 120mm 以上の耐久力のある厚紙もしくは布製の宛名札を付ければ差し出し可能。
- 重さ　4kg 以下
  ※巡回郵便とする場合は 10kg 以下

38 CD・DVDまわりのサイズと制作のポイント

CDやDVD関連の制作物は、ジャンルとしては「パッケージデザイン」に含まれます。平面デザインとは勝手が違う点も多いので要注意です。

事前の確認が特に重要！

音楽用をはじめとする各種CDや、映像コンテンツなどを収録したDVDに関する制作物には、大きく分けてメディアを収納する「ケース」とメディアの盤面を構成する「レーベル」があります。メディアのサイズとしては、小型の8インチのタイプ（直径80mm）も以前は音楽シングルCDなどで多用されていましたが、現在では12インチのタイプ（直径120mm）が主流です。CDやDVDのケースとレーベルの制作サイズは、採用するケースの種類や印刷会社の対応状況によっても大きく異なるため、必ず事前の打ち合わせなどで確認を怠らないようにしましょう。ここでは、一般的な目安として、各パーツのサイズなどを紹介していきます。

パーツの名称

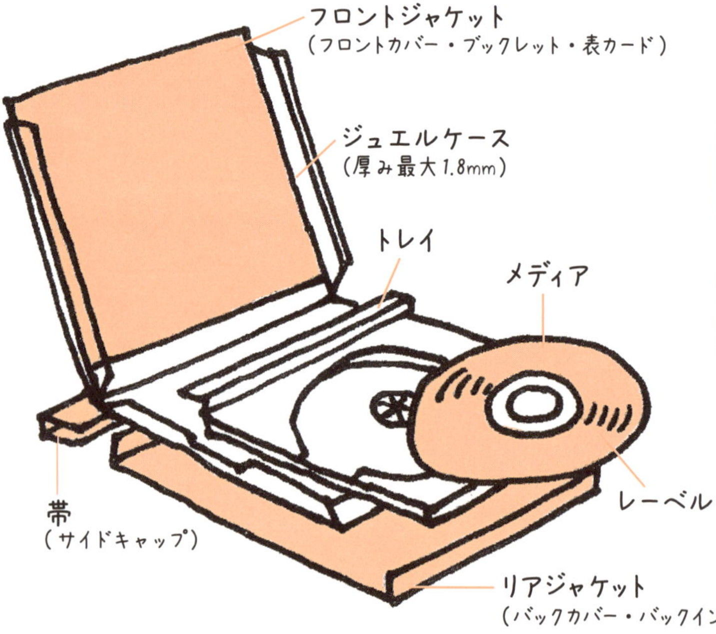

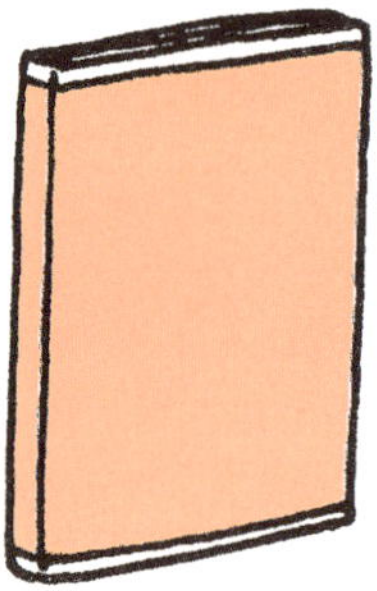

トールケース

名前の通りタテ長の背の高いケースです。レンタルや販売用のDVD、Blu-rayによく使用されています。

各パーツのサイズ

［メディアのレーベル］

全面（ピクチャー）

直径15mmの穴も含め、一般的に中央から直径23mmまでは印刷できません。

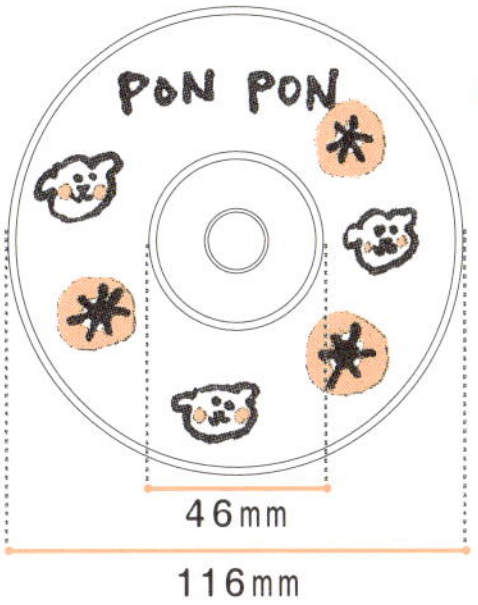

標準（スタンダード）

中央から直径46mmまでが印刷不可とされることも多く、標準となっています。

［フロントジャケット］

CDやDVDの「顔」。ページ数も考慮し、仕上がりが120mm×120mmとなるように設計します。図は2つ折り（4ページ）の場合。

［リアジャケット］

ジュエルケースとトレイに挟むため、天地は仕上がりサイズより小さめ、左右は大きめにします。

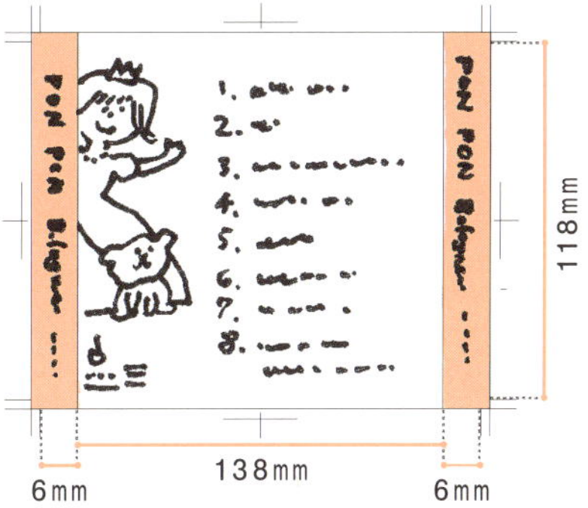

［帯］

外側に被せるため、背部をやや広めにします。両サイドの幅は30mmずつや15mmずつ、または左右で幅が違うものなどがあります。

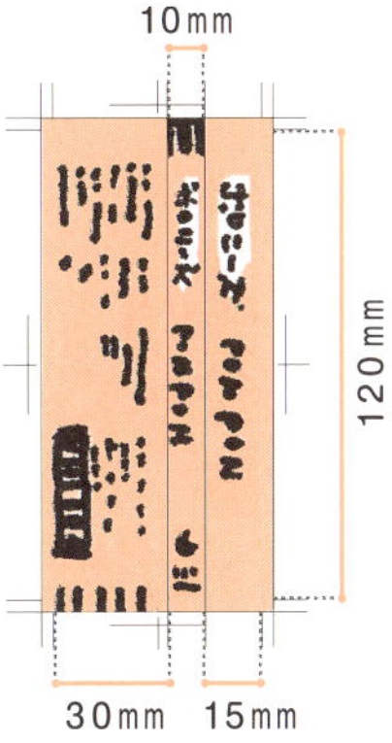

［トールケースジャケット］

下はアマレーサイズです。ほかに、少し幅が広いワーナーサイズ（286×183mm・背幅27mm）やスリムケースサイズ（268×183mm・背幅9mm）もあります。

39 第一印象を決める重要ツール 名刺制作のポイント

名刺はビジネスの必須アイテム。その人の「顔」の役割を果たし、受け取った人への第一印象を左右しかねないものなので、慎重に制作を行いましょう。

目的に応じたデザインを

名刺のデザインは多種多様。しかし、日本における名刺のサイズに関しては、55×91mmの「普通４号」を採用したものが圧倒的な多数です。もちろん自由なサイズでデザインすることも可能ですが、「普通４号」を基準とした名刺入れやカードホルダーに収納できなくなるなどのデメリットが発生することもあります。その分、メリットとして受け取った相手へのインパクトが大きくなることも、また事実です。そこで大切なのは「相手にどのような印象を与えたいか」、「何を重視すべきか」を熟考し、その目的に合った体裁で名刺を作成することです。これはサイズだけに限らず、形状や書体、色、中に盛り込む内容など、名刺のデザインに関する全ての要素に共通するポイントです。

名刺のサイズ

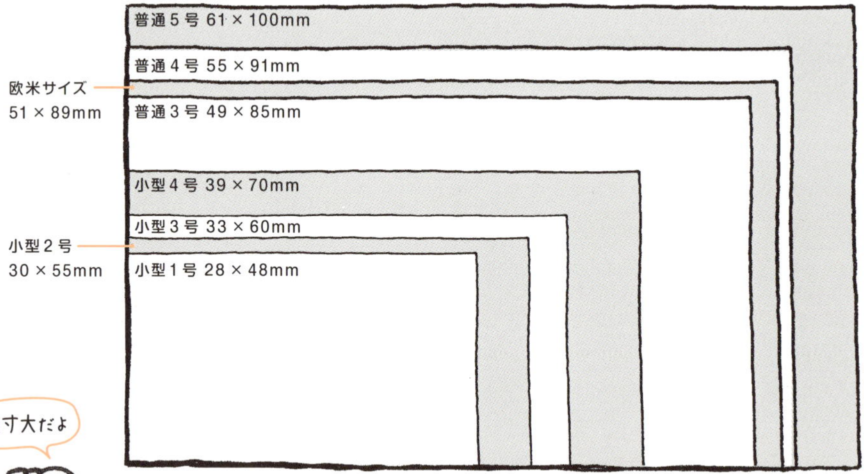

国内で最も一般的なサイズは「普通4号」です。欧米では51×89mmサイズの採用が主流。なお、印刷会社への対応状況の確認は必須ですが、断裁などの調節で、比較的に自由なサイズ設計も可能です。

小さくても押さえるべきポイントはいっぱい

[最適な余白の設計]

図版率は印象を大きく左右します。また、手渡す際に指を置く箇所に重要な要素を配置しないことも、名刺制作で重視される技法です。

[名前は最大長を考慮]

肩書きや名前の部分の文字スペースは、最大文字数を考慮して余裕を持たせたフォーマット設計が必要。スペースが小さく、長い名前が入りきらないなどのミスを防止しましょう。

[企業の考え方を凝縮して伝える]

ビジネスにおける個人の「顔」であるとともに、会社の「顔」の役割も果たす名刺。企業理念や業務内容なども指針にしながら、それに沿った適切な表現を行うように心掛けましょう。

[塗り足しが必要]

印刷物なので、もちろん名刺の制作でも、データ制作の際に塗り足しを設けることが必要です。全面カラーや全面ホワイトのデザインでは、特に塗り足しを忘れてしまいがちなので要注意。

[正しく読めるフォントを使う]

企業の特徴を正しく表現できる書体を選ぶことが大切。同時に、可読性の高いフォントを用い、文字詰めにも気を配って、電話番号などの情報欄を読みやすい機能性も確保します。

[トンボの作成]

名刺のデータ作成でもトンボは必須。仕上がり確認のための罫線もデザイン時には有効ですが、データ入稿時には外しましょう。

名刺デザインのアイデア

紙選びや多彩な加工など、名刺には多くの工夫を盛り込むことができます。その1つが、断裁での後加工。名刺における最もポピュラーな断裁には、四隅を角丸にして柔らかなイメージを表現する手法が挙げられますが、そのほかにもアイデア次第で多様な形を作り出すことができ、渡す相手の印象に残すことが可能です。

デザインに行き詰まった…
いいデザインを見つける方法を教えて！

色？ 素材？ バランス？ 何だかデザインがしっくりと決まらない…
まとまらない…。そんな時にぜひ試してみたいデザインチェック方法＋α。

まずは基本のこの3つ！

原寸大でプリントアウトをして見る

モニター上だけでデザインを確認するのはNG。原寸大でプリントアウトをして手で持って動かすことで、視点も変わりモニター上では気がつかなかった長所・短所がわかります。

仕上がり線で切って見る

更に、トンボ付きのプリントアウトは仕上がり線で切って、より最終形に近い形で確認してみましょう。トンボの外側の余白がある状態とない状態では、ずいぶん違って見えます。

ちょっと離れて見る

手を伸ばしして届く場所より、もう少し離れた位置からデザインを見てみましょう。デザインの細部に気を取られることなく、構図や、余白などの全体のバランスが確認できます。

更にこんな4つの方法！

逆さにして見る

上の3つの方法を試しても何だかピンとこない。そんな時は天地を逆にして見てみましょう。今まで見ていたデザインとはまるで違ったデザインに見え、思わぬ発見があるかも。

白黒にして見る

カラーでプリントアウトしたデザインは、モノクロのコピーを取って見てみるのも手です。色の情報が濃淡だけになり、全体の強弱、メリハリなどを確認しやすくなります。

他の人も見る

一人でアレコレ悩まないで、先輩・同僚・後輩などの意見も聞いてみましょう。また、ターゲットやユーザーが明確な場合は、ターゲットになり得る人に意見を聞くのが有効です。

参考になるものを見る

他の人のデザインを見ることも、大いに参考になります。同じテーマのデザイン・最近流行っているデザイン・レトロなデザインetc. もちろん、デザイン作品でなくてOKです。

気分転換をしてみる

目の前のデザインのことだけをずっとガチガチに考え込んでいても、いいデザインは生まれないものです。そんな時は気分転換も大事。別のことをしていると あっ！ とひらめくことも。

印刷と製本

デザインしたものが最終的な形になる、印刷〜製本の工程。
印刷の方法、様々な加工、製本の種類などを理解しよう。

40 流れを理解し作業効率UP! 入稿から印刷物ができるまで

印刷会社と円滑にやりとりするには、入稿後の工程を理解することが大切。現場では日々デジタル化が進んでいますが、基本を押さえておけば変化のポイントもすぐ理解できます。

入稿後から製本までの工程

制作したデータを、印刷会社に渡すことを「入稿」と呼びます。 入稿後の印刷から製本までの一連の工程には様々な技術が用いられ、デザイナーもその仕組みをしっかり理解することが求められます。なぜなら正しいデータの作成や作業効率のアップにつながるからです。

大まかな流れは、入稿データから印刷方式に応じて版を作り、試し刷りによる色のチェック(色校正)を経て、問題がなければ本印刷を行い、製本加工にいたるのが一般的です。 デジタル化で、色校正や出力形式は多様化し、深い知識がデザイナーにも必要とされています。

データ入稿から印刷物ができるまでの流れ

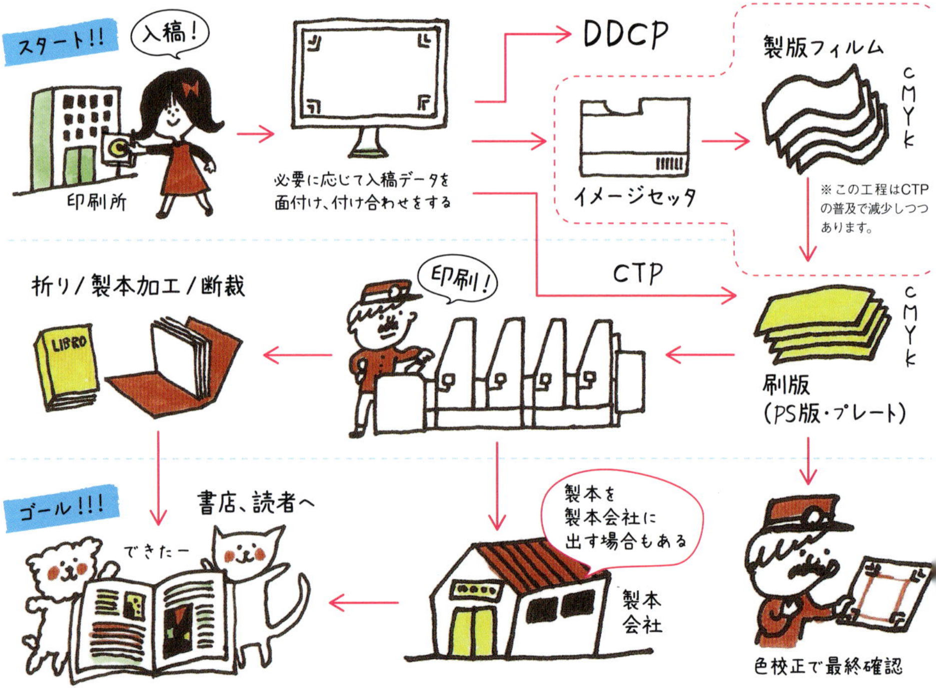

面付け

書籍・雑誌などは、1枚の紙に複数ページを印刷することで生産効率を高めます。そのため製本時にページ番号が正しく揃うように、ページを配置する作業が「面付け」です。「本がけ」では1枚の表裏に各8ページ、計16ページを面付けします。「打ち返し」では同じ8ページを表裏に面付けし、1枚の用紙で同じ印刷物を2部刷るのが一般的。

CTP

DTPなどで作成したデジタルデータを印刷用の版（刷版）に出力する機器で「Computer to Plate」の略。データを一度「イメージセッタ」で製版フィルムに出力し、それを刷版に露光・転写する方式に比べ、中間工程と材料が大幅に削減できます。出力精度（印刷再現精度）も高く、CTP用PS版の普及と値下がり等で一気に普及しました。

DDCP

DTPデータを直接、紙にカラー印刷できる色校正専用出力機器で「Direct Digital Color Proofer」の略。CTPでは不可能な平台校正の代替として、あるいはオンデマンド印刷の校正システムとして需要が伸びています。登場当初は専用紙・疑似網点の簡易校正的な位置付けでしたが、本紙を使い精度の高い網点が再現できる機種も登場しています。

製版・印刷

「版」を被印刷体（紙など）に圧着し、インキを転写するのが印刷の基本的な仕組み。その版をつくることを製版といい、版の種類は凸版・凹版・孔版・平版の4つに分類されます。現在もっとも一般的な「オフセット印刷」は平版の一種で、版が直接紙に触れないのが特徴。版式は仕上がりの品質やイメージを左右するため、媒体に応じて選びます。

印刷〜製本に関する基本的な用語の説明だよ

後加工［あとかこう］

印刷物の価値を高める「後加工」の技術には、光沢やマットに仕上げたり、耐水性など紙の強度を上げる表面加工、金箔などで型押しする箔押しなど様々な方法があります。

イメージセッタ / 製版フィルム

DTPなどで作成したデジタルデータから、製版フィルムや印画紙を出力する機器を「イメージセッタ」と呼びます。1,200dpi以上の高い解像度が出力可能。CTPの普及により、現在は減少傾向にあります。原稿をC・M・Y・Kの4色の要素に分離抽出した内容を出力したものが「製版フィルム」で、4色を抽出して印刷する基本原理自体はCTPも同様。

色校正

色味や網点、写真の調子などが指示通りに再現できているかチェックするための印刷物の試し刷り、および修正指示を赤字で書き込む作業のこと。CTPが中心の現在では、実際の印刷品質に近い本機校正がベストですが、デジタル技術の進歩で、DDCPやモニタープルーフなどの出力形式の信頼性も向上しています。費用対効果で選択しましょう。

製本・断裁

印刷後の紙（刷本）は、折って「折り丁」を作り、ページ順に並べる作業「丁合」を経て、製本工程に応じ「綴じ」を行います。製本工程には、表紙と中身が同一サイズの「並製本」と、表紙が中身よりもやや大きく堅い「上製本」の2種類があり、それぞれ工程が異なります。また印刷物の価値を高める「表面加工」などの後加工を施すことも多いです。

41 CMYK どうやって分けるの? カラー印刷、2色印刷の仕組み

カラー印刷で使われる4色印刷、チラシやアーティスティックな表現に用いる2色印刷。どちらも元画像からC・M・Y・Kの各色を抽出し、重ね刷りする方法です。

4色印刷とは

カラー印刷は別名「4色印刷」と呼ばれ、C（Cyan＝緑みの青）・M（Magenta＝赤紫）・Y（Yellow＝黄）・K（Black＝黒＝墨）のインキを用いてフルカラーを再現します。色材の3原色であるC・M・Yの混合比で全ての色が表せる「減色混合」の理論に基づくものですが、3色だけでは不十分なため、Kを加えた4色で印刷されます。カラー原稿からC・M・Y・Kの各色ごとに色の要素を抽出することを「4色分解」といいます。それぞれに対応するインキを使って重ね刷りすると、原稿と同じ色が再現されます。通常のカラー印刷は4色分解を経て4色印刷を行います。

4色分解の仕組み

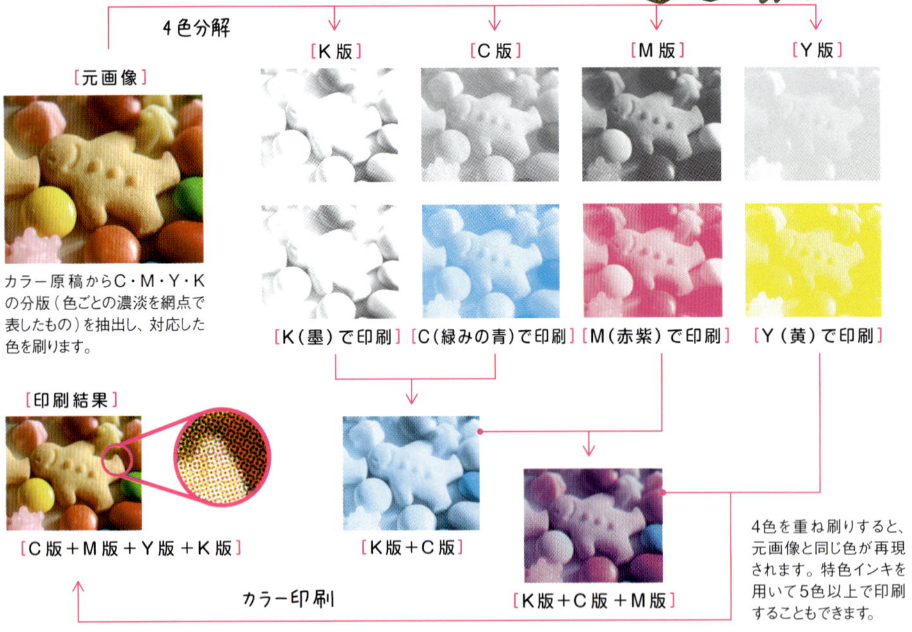

カラー原稿からC・M・Y・Kの分版（色ごとの濃淡を網点で表したもの）を抽出し、対応した色を刷ります。

4色を重ね刷りすると、元画像と同じ色が再現されます。特色インキを用いて5色以上で印刷することもできます。

1 文字と組版
2 色と配色
3 画像
4 ページもの
5 広告物
6 規格物
7 印刷と製本

2色印刷とは

4色印刷に比べて版の数が半分のため、その分のコストが削減できます。色の数は少ないけど、デザインによって、4色印刷よりもインパクトのある表現が可能で、アート的な効果をねらって使われることも多いです。また2色印刷には、「ダブルトーン」「2色分解」の2つの方法があります。ダブルトーンは、グレースケール画像を異なる2色で刷り重ね、モノクローム画像に深みを出す目的で使われます。一方2色分解は、4色分解した画像から任意の2色の版を選び、その2版によって元画像に近いイメージを再現する場合などに使われます。

ダブルトーンの仕組み

2版はそれぞれ「硬調」「軟調」など調子を変えて使用します。一般的には、ブラック版を硬調のメイン版にします。256階調のグレースケールでも、2色で重ね刷りすると、深みのある階調が表現可能。

2色分解の仕組み

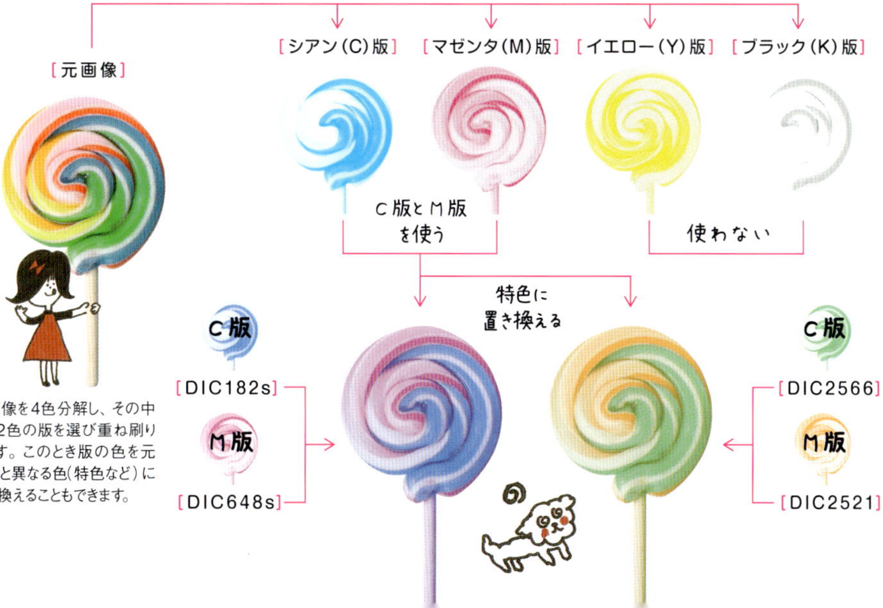

元画像を4色分解し、その中から2色の版を選び重ね刷りします。このとき版の色を元の版と異なる色(特色など)に置き換えることもできます。

42

版式の違いで分類する4種類の印刷方式を理解しよう

インキを被印刷体に転写する理屈（版式）によって、印刷方式は4種類に分けられます。それぞれの特徴を把握し、印刷媒体に合った最適な方式を使うことが重要です。

平版印刷（オフセット印刷）

画線部（インキが付着する部分）と非画線部が同一平面上にあるのが特徴。印刷前に版面を水で湿らせ、油性インキをつけると、水と油の反発作用で画線部だけにインキがつきます。かつては版面から直接紙へ印刷しましたが、現在はインキをブランケット胴に転写してから、圧胴によって紙へ印刷するオフセット印刷方式が主流。クオリティの高い印刷に最も適した方式で、現在の商業印刷のかなめです。版が紙に直接触れないためインキが絡まず、平滑性の低い紙にも印刷可能。またアルミを使った金属版のため簡単に製版できます。

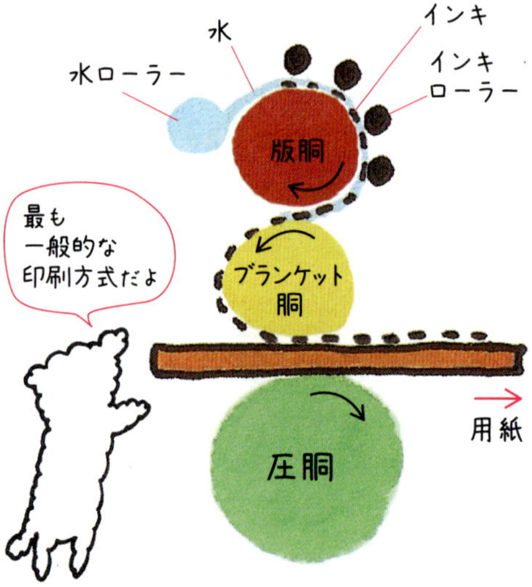

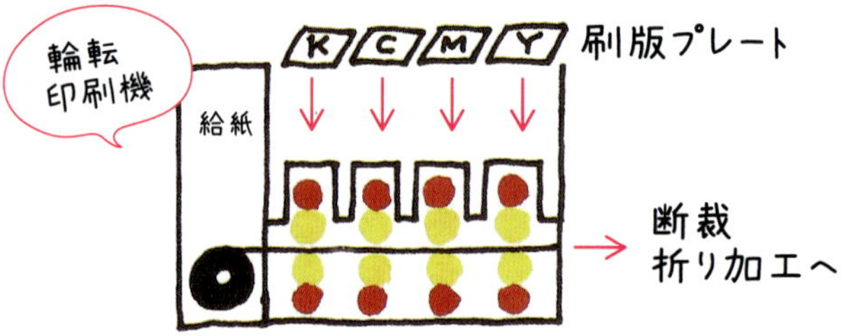

ロール状の印刷用紙の、両面を同時に印刷します。速度が速く、大量生産に適しているため、新聞や雑誌などの印刷によく使われます。

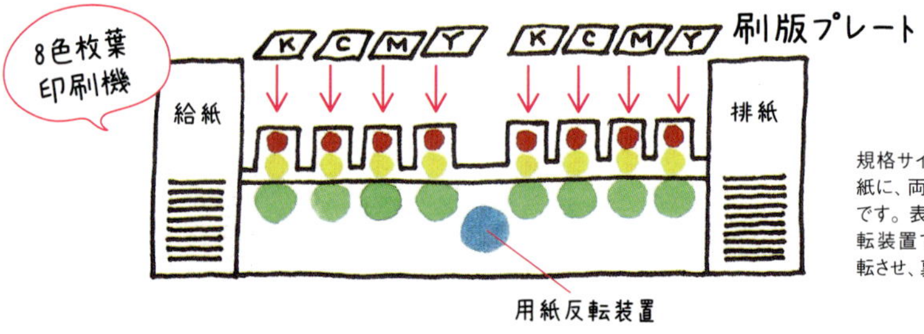

規格サイズに断裁された枚葉紙に、両面印刷を施す印刷機です。表面を印刷後、用紙反転装置で枚葉紙を正確に反転させ、裏面を印刷します。

転写方法［てんしゃほうほう］

圧力をかけて版上のインキを紙に付着させる方法は「平圧式」「円圧式」「輪転式」の3つに分けられます。なかでも輪転式は印刷スピードが速く、大量印刷できるのが特徴です。

PS版［ぴーえすばん］

オフセット印刷の版材としてもっとも一般的。「砂目」と呼ばれる微細な凹凸が施されたアルミ板に、紫外線により感光する感光剤の薄膜を塗布したものです。

凹版印刷（グラビア印刷）

凹状の画線部にインキをためて印刷する方式。版全体にインキをつけ、ドクターという薄い鋼鉄刃で非画線部をこそげ落とし、凹部に残ったインキを紙などへ転写します。直接インキを移すため、版は逆像。凹部の深さとサイズできめ細かい濃淡が表現でき、写真の再現に適します。 またインキは印刷後すぐに乾くので、大量部数のカラー雑誌に向いています。

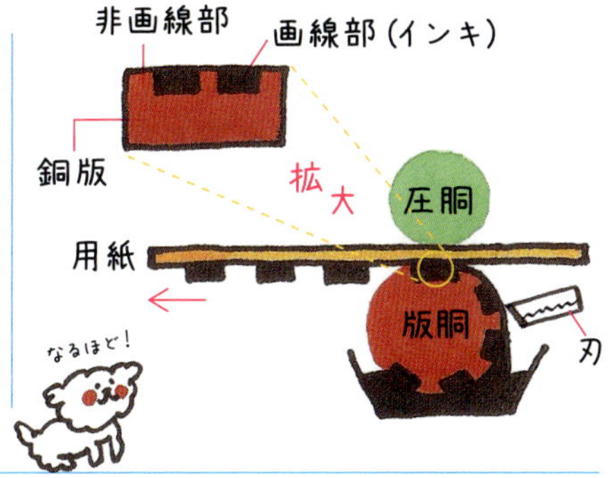

孔版印刷（スクリーン印刷）

版に小さな穴を空け、この穴を通してインキを印刷素材に転写する方法。スクリーン印刷の場合、メッシュ状の支持体（スクリーン）に感光剤を塗布した版に、ポジを焼きつけて非画線部を硬化し、洗い流してできた穴からインキをにじませ印刷します。ガラスや金属、プラスチックなどの素材や、瓶や缶など曲面への印刷、厚盛りなどの特殊印刷に使われます。

凸版印刷（活版印刷）

凸状の画線部にインキをつけ、圧力によって版から紙などに直接印刷する方法。版を直接押し当てるため、紙の凹みやインキだまりなどのある力強い仕上がりになります。漫画雑誌など粗面紙にも利用されます。その原点は15世紀末に発明された活版印刷で、一つ一つバラバラな文字の版（活字）を組み合わせて印刷用の版をつくることから活版と呼びます。

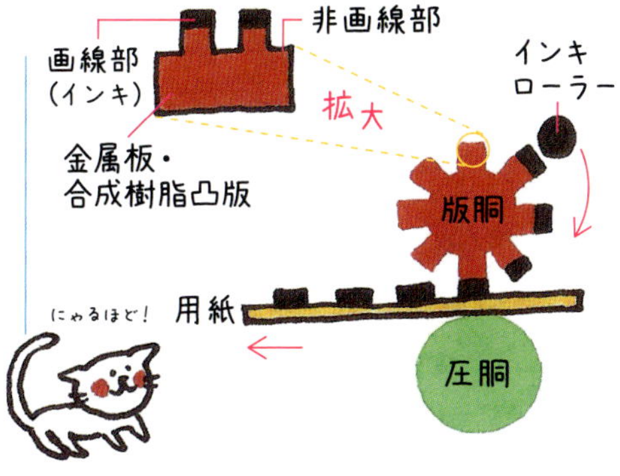

43 きらきら・ふさふさ・ざらざら…実例で見る！ 印刷加工

印刷の範疇でできる特殊加工は多彩で、オフセット印刷と組み合わせて使うことで、付加価値の高い印刷物が制作できます。実例を見れば効果は一目瞭然です。

UV厚盛り印刷

紫外線で硬化・乾燥するUVインキを用いる「UV印刷」を活用し、クリア（透明）インキを使って表面の盛り上がりを表現します。スクリーン印刷でインキを300ミクロン程度まで厚盛りできますが、精細な表現は苦手。重ねたときの擦れ汚れや折り曲げたときの割れに注意。

コスト▶オフセット4Cの3倍前後　納期▶オフセットの倍程度　工程▶下地の印刷後

バーコ印刷

アメリカのバーコ社が開発した印刷方法で、盛り上げたい部分に接着剤を印刷し、熱で溶けて膨らむパウダーを振りかけます。熱に弱い紙には不向き。 細かい線や点も比較的得意で、透明のほか特色や金銀パール、ラメなどの表現も可能。 表面は独特の凹凸（ムラ）が出ます。

コスト▶オフセット4Cと同等～倍前後　納期▶オフセットと同等～1.5倍　工程▶下地の印刷後

箔押し（ホットスタンピング）

フィルムにアルミ蒸着や顔料コーティングなどを施し、裏面に接着剤を付けた「箔」を使い、金属版で熱と圧力を加えて印刷物へ転写します。 紙のほか革やプラスチックにも印刷可能で、エンボス加工と組み合わせることもできます。華やかな光沢が人目を引きつけます。

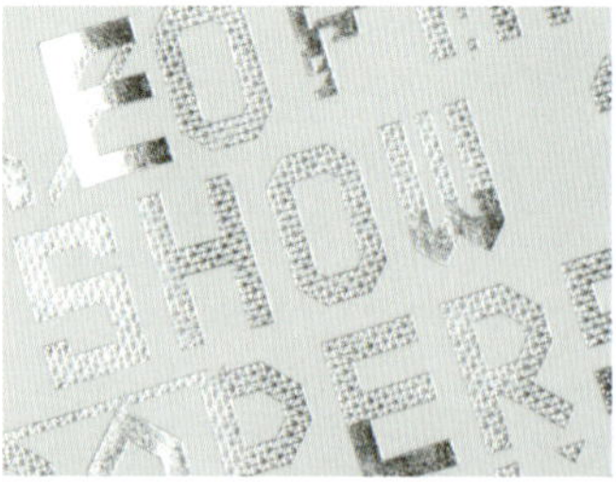

コスト▶オフセット4Cの3倍～それ以上　納期▶オフセットの倍～　工程▶下地の印刷後

フロッキー（植毛印刷）

スクリーン印刷で接着剤を印刷し、その上に静電気で方向を揃えながら繊維を付着させて、印刷面に短い繊維を植え込みます。金銀を除くほとんどの色が使えるので、動物の毛並みや芝生など多彩な表現が可能です。細線の再現や摩擦が苦手な点、折ると割れる点に注意。

コスト▶オフセット4Cの3倍～それ以上　納期▶オフセットと同等～1.5倍　工程▶下地の印刷後

ステレオ印刷（レンチキュラー）

かまぼこ型のプラスチックレンズを絵柄に貼り合わせて、立体像を表示したり、見る角度によって異なる内容が見えるようにする加工。立体像を見せる場合は撮影時点から専用カメラを用い、高精細（細線）で印刷する必要があるため、早い段階からの企画が必要となります。

コスト▶オフセット4Cの3倍～それ以上　納期▶オフセットの倍程度　工程▶下地の印刷後

縮み印刷

クリアインキで行うUV印刷の一種。専用のUV照射器でインキ表面と内部の硬化速度を変えることで、表面にちりめんのようなシワを生み出します。磨りガラスや氷のような独特の質感が魅力。高級コート紙やメタルペーパー、PP加工など、下地に光沢があるほうが効果的。

コスト▶オフセット4Cの3倍前後　納期▶オフセットと同等～1.5倍　工程▶下地の印刷・表面加工後

疑似エッチング（リオトーン）

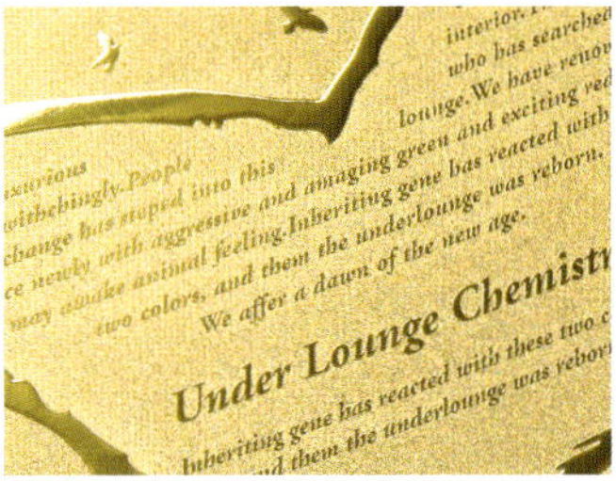

光沢のある被印刷面に、特殊なマットインキをスクリーン印刷することで、エッチングのような凹凸感を感じさせます。インキが乗った非光沢面がへこんで見えます。金属やガラス、PETなど鏡面素材のみに可能な加工なので、フライヤー等に用いるには合成紙を選ぶ必要があります。

コスト▶オフセット4Cの3倍前後　納期▶オフセットと同等～1.5倍　工程▶下地の印刷・表面加工後

香る・光る・食べられる!?図解でわかる! 印刷加工

一見しただけではわからなくても、特殊な方式やインキを使った印刷、動作を加えたり環境が変化すると効果が現れる印刷も各種あります。モデル図でその仕組みを見てみましょう。

フレキソ印刷

弾力のある樹脂やゴム製の凸版と、水性またはUVインキを用います。印圧が軽く、表面に少々の凹凸がある素材や軟包装にも印刷が可能。段ボールやパッケージ印刷、シール印刷に多用され、精度向上によるフルカラー化も進んでいます。UVインキによる偽造防止加工も可能。

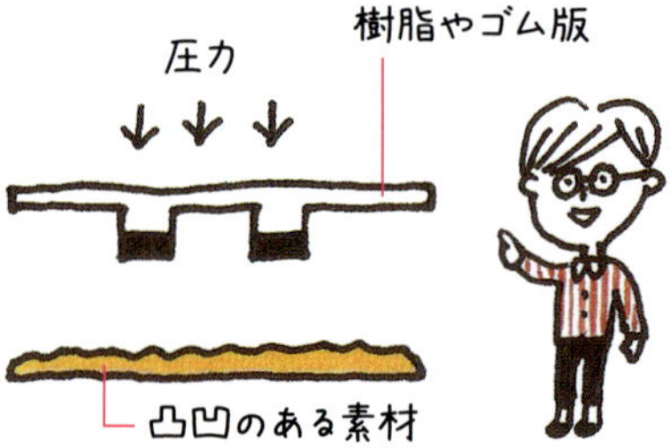

コスト▶オフセット4Cと同等～それ以下　納期▶オフセットと同等～それ以下　工程▶印刷時

スクラッチ印刷

特殊インキで印刷された部分を硬貨などで削り取ると、下の絵柄が現れます。全体の絵柄を印刷後、隠す部分にニスなどと特殊インキを刷り重ねます。銀色が一般的ですが金・銅色や特色も可能。十分な隠蔽性を発揮するには、下地とスクラッチの色合わせや透かし防止の配慮が必要。

コスト▶オフセット4Cと同等～倍前後　納期▶オフセットと同等～1.5倍　工程▶下地の印刷後

香料印刷

香料入りのマイクロカプセルをインキに混ぜて印刷します。香りは既存のフルーツや花・食品などのほか特注も可能。鮮明な香りが長持ちするスクリーン印刷と、コストが抑えられるオフセット印刷があります。ある程度の面積を確保することと、絵柄との相乗効果を考えることが大切。

コスト▶オフセット4Cと同等～倍前後　納期▶オフセットの倍程度　工程▶下地の印刷後

蓄光印刷／BL（ブラックライト）印刷

30秒～1分程度光に当てると1～10時間程度光る顔料をインキに練り込み、スクリーン印刷するのが蓄光印刷。紫外線（BL）を当てたときだけ光る類似のインキは、チケットなどの偽造判別に活用されます。効果的な輝度を得るには、ある程度広い印刷面を確保する必要があります。

コスト▶オフセット4Cと同等～倍前後　納期▶オフセットと同等～1.5倍　工程▶下地の印刷後

示温印刷

特定の温度帯だけで発色する、特殊な染料入りのマイクロカプセルを練り込んだインキを使います。発色温度帯は10℃刻み程度で選べ、食品の温度管理などに活用されています。精度は液晶の方が上。色は黄・マゼンタ・青・黒など。 耐光性や耐熱性が低い場合があり用途に注意。

コスト▶オフセット4Cと同等～倍前後　納期▶オフセットと同等～1.5倍　工程▶下地の印刷後

可食印刷

食品衛生法に基づき、食品または食品添加物だけで作ったインキで食品に印刷します。 合成着色料のほか、例えば、黒なら竹炭やイカ墨などの天然色素も近年増加中。こんにゃくなどで作ったフィルムに絵柄を印刷し食品に転写する方式のほか、インクジェット式もあります。

コスト▶オフセット4Cの3倍～それ以上　納期▶オフセットの倍～　工程▶ベース食品の製造後

点字印刷

エンボス加工や樹脂印刷、発泡印刷など多彩な方式で印刷できますが、短納期・高耐久・小ロット対応可のUV印刷が優位。点字専用インキを用います。サイズ・盛り上げの高さ・硬さを定めた業界標準規格があるため、それに沿う印刷が可能か、あらかじめ印刷所に確認が必要。

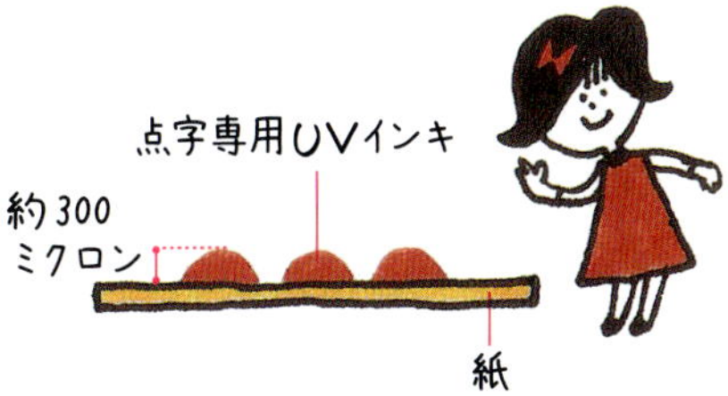

コスト▶オフセット4Cの3倍前後　納期▶オフセットの倍程度　工程▶下地の印刷後

45 まだまだあるよ あの手、この手 実例で見る！ 特殊インキ＆後加工

p.152〜155で紹介した方法以外にも、まだまだ多様な特殊印刷や加工があります。ここでは特殊インキと後加工のうち、比較的ベーシックなものを実例で集めてみました。

発泡インキ

発泡剤を含有し、熱を加えると膨らむインキ。スクリーン印刷用やグラビア印刷用があり、金属や布への印刷もよく行われます。マットな仕上がりと独特の触感が魅力。摩擦や圧力に弱い、ブロッキングしやすい、熱に弱い素材には使えないなどの弱点もあるので使う場所に注意。

コスト▶オフセット4Cの3倍〜それ以上　納期▶オフセットの倍〜　工程▶下地の印刷後

蛍光インキ

蛍光顔料の微粒子を練り込んだインキで、高い明度・彩度が人目を引きつけます。オフセット印刷にも対応し、雑誌の表紙などによく使われます。最大限の効果を得るには、白色度の高い紙や原色・ベタのデザインが適します。厚盛りや重ね刷りする場合、耐光性が低い点に注意。

コスト▶オフセット4Cと同等〜倍前後　納期▶オフセットと同等　工程▶印刷時

金・銀・パールインキ

ブロンズやアルミニウム、雲母片などの金属・鉱物微粒子を練り込んだインキで、印刷物にメタリックな質感や高級感を与えます。オフセット印刷にも対応し、プロセスや特色との刷り重ねもOK。色味や質感には様々な種類があるので、実際の効果は見本帳で確認しましょう。

コスト▶オフセット4Cと同等〜倍前後　納期▶オフセットと同等　工程▶印刷時

LCコート(UV転写コート)

接着剤にUVワニスを使う、フィルム転写式の光沢加工。グロス・マット・エンボス・ホログラムなど様々な種類があり、金型が不要な分、箔押しより費用が抑えられる場合があります。表面強度が高い、古紙リサイクルが可能、部分的な加工や上からの印刷OKなどの長所があります。

コスト▶PP加工と同等か安価　納期▶PP加工と同等～1.5倍　工程▶下地の印刷前/後

型抜き

刃型を使って紙などを打ち抜くカット方法。完全に切るだけでなく、ミシン目にしたり、筋を入れたりもできます。刃は薄いステンレス製でかなり自由な形の型が作れますが、細かすぎると抜き不良も起きます。また抜き刃どうしの間には、少なくとも3mm以上の間隔が必要。

コスト▶型が必要なため比較的高価　納期▶比較的早いが型による　工程▶印刷後

エンボス

雄型と雌型の間に紙などを挟んで圧力を加え、絵柄を浮き出させます。他の印刷と組み合わせた多彩な表現も可能。加工後の形を保つよう、ある程度の厚みとコシのある紙が適します。類似加工に金属版で熱と圧力を加え、表面の質感を変えるとともに凹ませる「空押し」があります。

コスト▶型が必要なため比較的高価　納期▶比較的早いが型による　工程▶印刷後

表面加工は必要?

様々な印刷加工のなかで、もっとも数多く行われているのは表面加工。特に多くの雑誌・書籍の表紙やカバー、紙袋などには「PP貼り」が施されています。これはごく薄いポリプロピレンフィルムを圧着する加工で、表面の質感(グロス/マット)を出すとともに、印刷面を保護して汚れや色移りを防ぎ、強度や耐水性を高める効果があります。やや安価なニス引きやビニール引きにも類似の効果が期待できます。デザイン性だけでなく実用性や保存性の面からも検討しましょう。

46 本番前の試し刷り 色校正の種類とチェックポイント

印刷の色調をチェックするのが色校正。モアレやロゼッタ、細い色文字など網点表現ならではのチェック点と、出力形式の特色も踏まえながら、要領よく進めることが大切です。

色校正の種類

本機校正

本番で使用する刷版・印刷機・用紙を使って少部数印刷し校正します。コストはやや高いですが、PS版の価格低下や印刷の自動化が進み、以前より利用しやすくなりました。本印刷時と同じ印刷品質を再現できるため、刷り色の厳密性を求める場合に用います。また印刷スピードが速いため、数十枚以上の校正紙を印刷する場合に用いる場合もあります。

用紙 ▶ 本紙　　スピード ▶ 速い
網点 ▶ 再現　　価格 ▶ やや高価
本機印刷物との色調比較 ▶ 同じ

平台校正

本番と同じインキと紙を用い、校正専用の版・印刷機を使う方法で、質感や網点の再現は本番とほぼ同等。しかし本機と構造や印刷スピードが異なるため、本番で同様の色味が再現されるとは限りません。そのため印刷会社に本番印刷の品質を保証させる意味合いもあります。CTPとDDCPの普及、本機校正の価格が下がったことで現在は撤廃の方向。

用紙 ▶ 本紙　　スピード ▶ やや速い
網点 ▶ 再現　　価格 ▶ やや安価
本機印刷物との色調比較 ▶ 近似

DDCP/ハイエンド（本紙）

DTPデータから直接校正紙が出力できる専用のデジタル機器がDDCP（Direct Digital Color Proofer）。ハイエンドDDCPはカラーマッチング精度が高く、安定した色再現が可能。網点の再現性も高く、本紙を使用した色校正も取れます。しかし、出力に時間がかかり単価が高いため、枚数が多い場合には適しません。最大出力サイズはB2判。

用紙 ▶ 本紙　　スピード ▶ 遅い
網点 ▶ 再現　　価格 ▶ 高価
本機印刷物との色調比較 ▶ ほぼ同じ

DDCP/ミドルレンジ（専用紙）

専用紙を使うDDCP。網点、文字、色調などはハイエンドに劣りますが色校正として利用できる品質です。用紙には、印刷面を着色し平滑性を高めたコート系や、ザラツキ感を加えたマット系など、本紙とのギャップを抑えたものもあります。疑似網点を用いるものは、ロゼッタやモアレ、平網の質感などはチェックできないので注意が必要です。

用紙 ▶ 専用紙　　スピード ▶ やや速い
網点 ▶ ほぼ再現　　価格 ▶ やや高価
本機印刷物との色調比較 ▶ ほぼ同じ

インクジェットプルーフ

インクジェットプリンターによって校正データを出力するDDCP。近年、品質向上とコスト面の優位性から、色校正に取り入れる企業も増えています。網点は近似表現となるため正確な校正には適さず注意が必要ですが、機種によってはモアレのチェックが可能なものもあります。DDCPの中ではコストが比較的安価で、オフィス環境にも適しています。

用紙 ▶ 専用紙　　スピード ▶ やや遅い
網点 ▶ 近似表現　　価格 ▶ やや安価
本機印刷物との色調比較 ▶ 近似

モニタープルーフ

用紙に出力せず、モニター上のみで色校正作業を済ませるシステム。校正内容をネットワーク上で一元管理するため、コストが安価で、時間の短縮や配送の手間も省けます。カラーマネージメントの信頼性やシステム管理の難しさなど、問題点が改善されれば、色校正の主流となる可能性は大。近年、新聞や一部雑誌などで導入が進んでいます。

用紙 ▶ 使用せず　　スピード ▶ 速い
網点 ▶ なし　　価格 ▶ 安価
本機印刷物との色調比較 ▶ 色差あり

色校正のチェックポイント

図版・写真の確認

- 版ズレはないか
- 写真の調子や平網の発色をチェックする
- 天地左右・表裏・トリミングは正しいか
- 階調・コントラストの再現は適切か

文字の確認

- 数字が合っているか
- 書体、ポイント、位置が揃っているか
- ノンブルが正しいか
  (印刷所で集稿する場合など、仮ノンブルで入稿した場合は、本ノンブルを記入する)
- 文字校正で責了した文字がきちんと訂正されているか

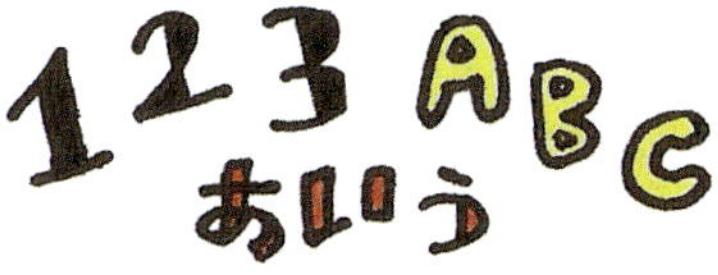

版面の確認

- 仕上がり線を引いて図版・文字切れや塗り足し不足がないか確認する

実例で見る校正紙

色校正の内容は、文字校正と同様に赤字で、引き出し線を用いて記入します。特別な記号はほとんどなく、図中のヨゴレ・キズトル指定程度。修正したいのがどの部分なのか明確に分かるよう、囲みや斜線で指定します。

版ズレ注意

写真がピンぼけに見えたり、予期していた色と大きく異なったり、モアレが出ている場合は、4色の刷り重ねる位置がズレている可能性があります。写真の縁を見れば特定の色版がはみ出しているはず。

シャープに

画面にメリハリが感じられないとき、細部をもっとくっきり再現したいときなどに入れると、シャープネスやコントラストが向上します。元画像がピンぼけや解像度不足の場合は効果が出にくいので注意。

アカカブリトル

画像全体が特定の色に偏っている状態を色カブリ（被り）といい、アカカブリのように不要な色味を頭に付けて指定します。原因にはデジカメのWBが悪い場合と印刷のグレーバランスが悪い場合があります。

自然な肌色に

人物は見る人の注意を惹くため、肌の色味は特に注意してチェックすべき。シアンやスミが多く灰色っぽい肌色になっている場合、赤みが強すぎる場合などに校正を入れます。「健康色に」でもOK。

写真全体を明るく

露出アンダーの画像を入稿してしまった場合などに指示します。不用意に指示するとハイライト部の色が飛んでしまう場合があるので、ハイライト部に色が乗りすぎているかどうかをよくチェックします。

ヨゴレトル

校正紙にポツリと不要な黒点などがあったら入れます。最近のヨゴレはデジカメのCCDの汚れに起因するものがほとんど。 稀に、ヨゴレではなく下位レイヤーのオブジェクトの場合があるので注意。

シズル感出す

食品をより美味しそうにすることを言いますが、色校正の指示としては抽象的すぎてNG。彩度を上げる（色鮮やかに）、コントラストを上げる、ツヤのキャッチライトを強調など具体的な指示に。

キリヌキ自然に

キリヌキのラインがガタガタだったり、背後の不要な色が見えている場合に指示します。ラインの精度を上げるかなめらかにする、もしくは被写体のごく内側に食い込ませて切り抜くことで解決します。

色の修正を的確に伝えるには?

色校正の指示は、誰でも理解できて人によって判断が変わらない言葉で入れることが肝心。例えば「ふんわり」などのように抽象的な言葉ではなく、「コントラストを下げて明るく」と指示すれば明確に意図が伝わります。具体的な色見本やカラーチップを付けるのも有効。書き方がわからない場合は、印刷所のPD（プリンティングディレクター）や営業担当者にニュアンスを伝えると安心。

赤字は、わかりやすく
伝わる言葉で書こう!
具体的な言葉でね
うんうん

47 ページがばらばらに!? 印刷に必要な面付けって何？

冊子状の印刷物を作る場合、複数のページを1枚の印刷用紙に割り付ける「面付け」を行うことで効率的に大量ページの印刷を行います。その基本的な仕組みを知っておきましょう。

面付けの種類

本を印刷する場合、ページを１枚ずつ印刷していては効率が悪いです。そこで複数のページを１枚の用紙で一気に印刷し、後から紙を折って断裁し、複数のページを作ります。その際、製本時にページが正しく揃うようページを割り付けるのが「面付け」です。面付けには大きく分けて２種類あります。

「本がけ」は１枚の紙の片面に８ページ、表と裏で異なる版を用いて合計 16 ページを印刷します。「打ち返し」も片面に８ページ印刷するのは同じですが、表裏とも同じ版を用います。印刷後半分に断裁すると、１枚の用紙から同じ印刷物が 2 部できる仕組みです。

面付けの仕組み

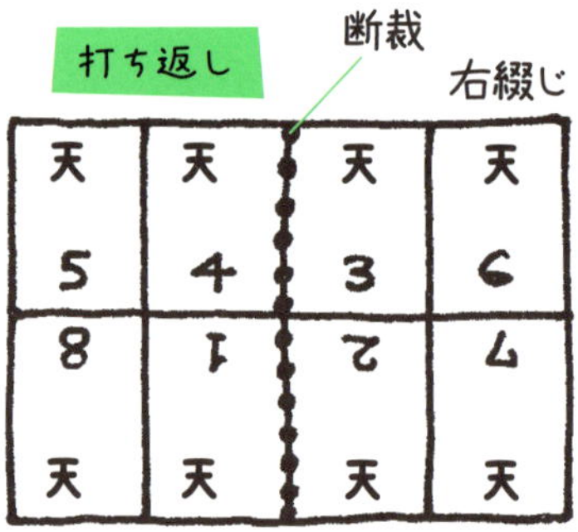

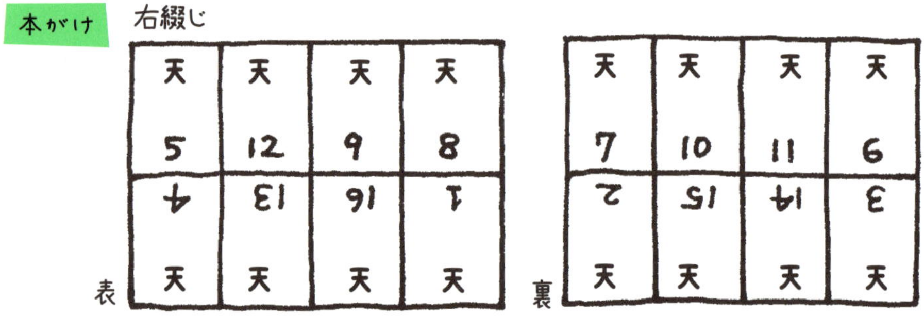

台割 [だいわり]

1枚の用紙に印刷するページ数(通常16ページ)単位でページを区分けしたものを台割1台と呼び、各台の内容を一覧表にしたものを台割表と呼び、造本の設計図となります。

組み方向と袋
[くみほうこうとふくろ]

文字がヨコ組みの冊子は左綴じ、タテ組みの場合は右綴じになります。そのため折り丁の袋(折り目がつながった小口部分)は、左綴じの本は上に、右綴じの本は下にできます。

刷本の折り方

複数ページが印刷された紙(刷本)は、製本するために折られて「折り丁」になります。折り方には一定のルールがあり、一定のサイズに切り揃えられた「枚葉紙」を使う印刷の場合は「回し折り」を行うのが一般的です。表裏16ページの本がけでは、はじめに1番若いページを左下に置き、右から左に折ります。次に時計回りに90度回転させ、右から左に折ります。16ページの印刷物では同じ作業を再度繰り返すため3回折りとなります。ロール状の長い「巻き取り紙」を使う輪転印刷機には断裁・折り機能も搭載され、回し折りと折り順が違う「輪転折り」を行います。

48 本づくりの品質とコストに影響大！印刷用紙の目と取り都合を知ろう

印刷用紙の目（紙の方向）は、設定を誤ると製本後の開きに悪影響を与える要注意項目。また適切な面付けでコストを抑えるには、印刷物と用紙のサイズのマッチングが大切です。

紙の目は縦と横

紙は長い繊維が絡み合ってできていますが、製造の仕組み上、繊維の主な向きは一定の方向に揃い、その向きに沿って裂けやすく折れやすくなります。これが「紙の目」です。印刷物の紙の目は印刷用紙をどのようにカットするかで決まります。長辺に対して目が平行な場合「縦目」、垂直の場合「横目」と呼び、冊子のノドに対して平行な場合は「順目」、垂直な場合「逆目」と呼びます。逆目の冊子は開きが悪くなったり小口が波打つなどの問題が起こります。

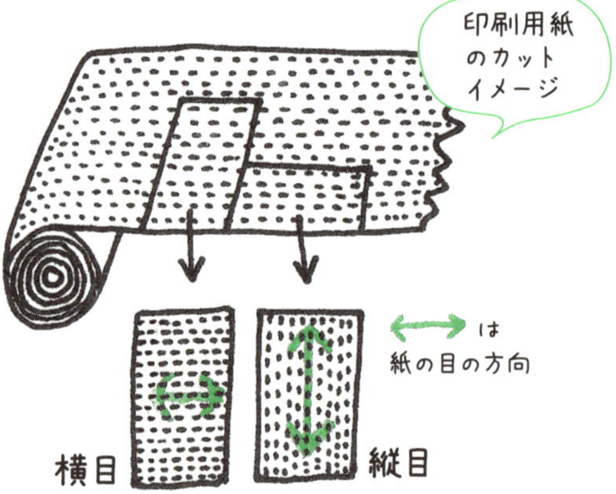

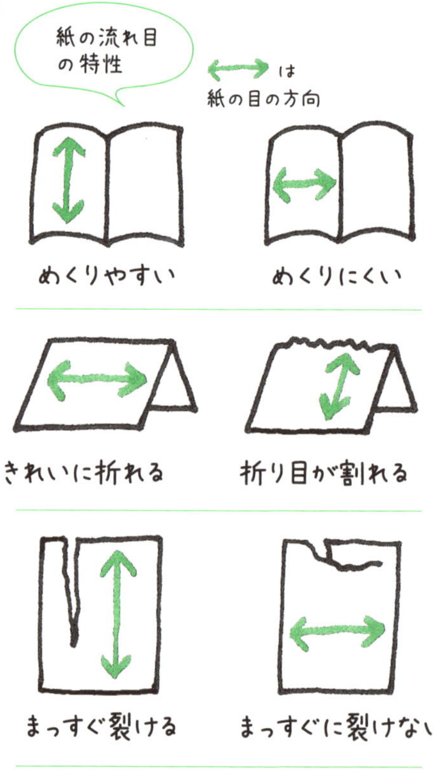

全紙の寸法と面積

種類	寸法（mm）	面積（㎡）
A 列本判	625 × 880	0.55
B 列本判	765 × 1,085	0.83
四六判	788 × 1,091	0.86
菊判	636 × 939	0.597
ハトロン紙	900 × 1,200	1.08
AB 判	880 × 1,085	0.955

紙の取り都合

「紙の取り都合」とは、印刷用紙にどのような面付けを行うかということ。 印刷用紙には、最終的に印刷物になる部分以外にも、印刷機の構造上必要な「クワエ」という余白や、断裁で切り落とされる「断ちしろ」が必要となります。それを踏まえ、完成品のサイズと印刷用紙、面付け方法を決定することで、最少枚数でムダのない効率的な印刷が可能となります。

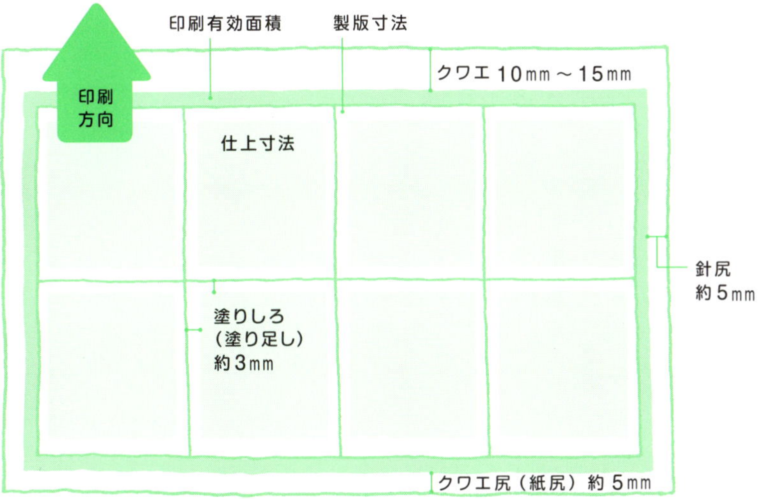

例えば

四六判タテ目 または
B全判タテ目から
B5判16ページ (両面で
32ページ) が程よく取れる

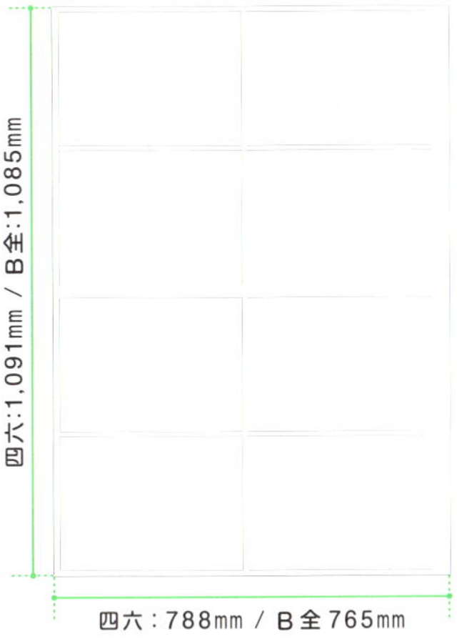

例えば

A全判タテ目または
菊判タテ目から
A5判 16ページ (両面で
32ページ) が程よく取れる

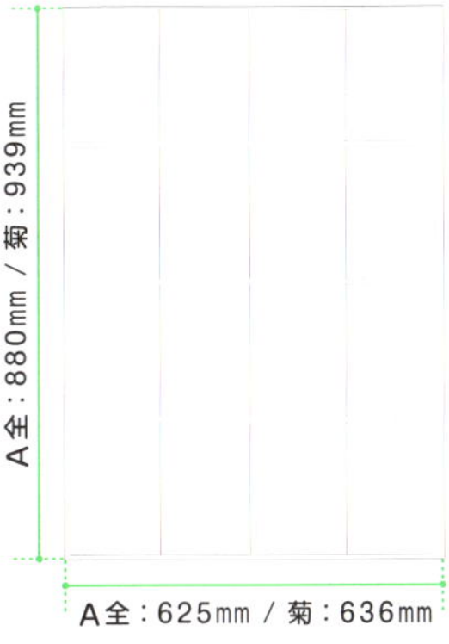

49 ありすぎて迷っちゃう？ 印刷用紙の種類と用途

紙には多くの種類があり、見た目や風合いはもちろん、印刷のしやすさ（印刷適性）もそれぞれ異なります。媒体に応じた選択のために、まずは印刷用紙の特徴をつかんでおきましょう。

印刷用紙の種類

一般的な印刷用紙は、非塗工紙・塗工紙・微塗工紙・特殊印刷用紙の４つに大きく分類されます。紙は木材パルプを主原料に、紙質を向上させる填料（てんりょう）を加えて製造され、繊維の絡み合わせによってできています。この状態の紙を非塗工紙と呼び、表面が粗く、白色度（白さの度合い）は低いものです。そこで、表面を平滑にし、白色度を高めるために塗料（コート剤）を塗布したものが、塗工紙・微塗工紙です。どちらにも属さない紙は特殊印刷用紙となります。制作媒体に応じて仕上がりやコストなどを吟味し、最適な用紙を選択することが重要です。

非塗工紙

塗料を表面に塗布していない印刷用紙。平滑性が低く色が沈んで見えるため、カラー印刷、特に写真などの再現には不向き。一方で不要な光沢がないため目にやさしく、主に文章を主体とした印刷物や単色印刷に用いられます。木材やチップを機械的に処理した機械パルプと化学的に処理した化学パルプの割合で、Ａ～Ｄの４ランクに分類されます。

塗工紙

塗工紙とは、上質紙（印刷用紙A）や中質紙（印刷用紙B）に塗料（コート剤）を塗布し、白色度やインキ受理性、平滑性を高めた紙。塗工量が多いほど発色は良く、ポスターやカタログなどカラー印刷によく利用されます。ベースの紙と塗工量でアート紙・コート紙などに分類されるほか、マット系・グロス系・ダル系の表面処理があります。

微塗工紙

上質紙や中質紙をベースとした塗工紙のうち、特に1㎡あたり両面で12g以下のコート剤を塗布したもの。ベースの紙と塗工量によって、微塗工上質紙・微塗工印刷紙１～３の４ランクに分類されます。印刷適性の良さと軽量を生かして、雑誌やDM、チラシなどに用いられます。紙自体も薄く作られることが多いため、裏抜けなどに注意が必要。

特殊印刷用紙

塗工・非塗工・微塗工に分類されない用紙を特殊印刷用紙と呼び、色上質紙・郵政はがき用紙・証券・ファンシーペーパーなどがこれに含まれます。色上質紙はとびらや見返しによく使用されます。ファンシーペーパーは色や凹凸などのデザイン、テクスチャー（表面の風合い）を加えた装飾用紙で、パッケージや本の装丁などに使われます。

用紙の平滑度
［ようしのへいかつど］

印刷面が平滑であれば、光は規則的に反射するため光沢が強く見えます。反対に、平滑度が低いと光は乱反射を起こすため、光沢が抑えられ、彩度も落ちて見えます。

グロス系・マット系・ダル系

グロス系は表面が平滑で光沢が強く、マット系は凸凹で光沢と彩度が落ちます。ダル系は白紙部の光沢を抑え、インキが乗った部分は光沢が出るよう加工されています。

いろいろな紙が
あるニャー

印刷用紙の種類

	大区分	小区分	特徴	用途
印刷用紙	非塗工紙	上質紙	白色度 75% 以上	書籍／教科書／ポスター／商業印刷
		中質紙	白色度 65% 以上	書籍／教科書／雑誌・文庫本の本文
		下級印刷紙	白色度 50% 前後 新聞と同じグレード	雑誌の本文／電話帳／チラシなど
	塗工紙	アート紙（A1）	両面塗工料 40g ／㎡前後 上質紙がベース	高級美術書／雑誌の表紙／カレンダー／ポスター／パンフレットなど
		上質コート紙（A2）	両面塗工料 20g ／㎡前後 上質紙がベース	高級美術書／雑誌の表紙／カレンダー／ポスター／パンフレットなど
		アートポスト紙	原紙をより厚くしたアート紙	絵葉書／カード／高級包装など
	微塗工紙	上質微塗工紙	白色度 79% 以上 両面塗工料 12g ／㎡以下	カタログ・チラシなどの商業印刷／雑誌本文などのカラー印刷／ DM など
		微塗工書籍用紙	白色度抑え可読性良い 両面塗工料 12g ／㎡以下	雑誌本文／カラーページ／チラシ
	特殊印刷用紙	ファンシーペーパー	色や凸凹などの装飾を施した特殊印刷用紙	パッケージ／本の装丁・見返し／カバー／帯
		その他	用途ごとに規格がある	色上質紙／郵政はがき／証券／地図／カードなど
板紙		白板紙	片面または両面が白色の積層紙	食品・日用雑貨パッケージなど
		黄板紙	古紙、藁が主原料の黄色の積層紙	製本の表紙の芯紙／貼箱／パッケージ
		チップボール	古紙が主原料のネズミ色の積層紙	紙器、貼合用、芯材、当紙など

50 適正？ 風合い？ 価格？ 印刷用紙の最適な選択方法

印刷物がユーザーに与える印象は、インキの生み出す色彩と被印刷体（紙）の色や質感が一体となって成り立つもの。狙い通りの表現効果を出すためには、紙の選択が重要です。

多種多様な印刷用紙

166～167ページで紹介した基本的な印刷用紙以外にも、紙には多くの種類があります。なかでも、色やテクスチャーなどで付加価値を高めたファンシーペーパー、厚くて堅い板紙（ボール紙など）、表装などに使われるクロス類、樹脂でできた合成紙などは、印刷・書籍デザインの現場でもよく使用されます。これらは一般の印刷用紙に比べると紙自体に主張がある分、独自の存在感やデザイン性が出しやすいですが、使い方を誤ると、意図したメッセージが受け手に伝わらない独りよがりな印刷物になりかねません。また印刷適性や納期、価格にも通常の印刷用紙より注意が必要になります。こうした点と各用紙の性質を踏まえて、印刷物の狙いに合った用紙の選択を行うことが大切です。

完成品の目的を考える

印刷物は、コンテンツを伝達する器・土台。 塗工の厚い、いわゆる「高級紙」がどんなコンテンツにとっても最高の用紙かといえばそんなことはありません。 例えば写真集と小説では伝達する内容も形式も異なり、適している紙も当然異なります。

アート紙
グロスコート紙等

上質紙、微塗工紙
マットコート紙等

写真やイラストレーションなどのグラフィックを、できる限りオリジナルに忠実に伝達したいなら、塗工量が多く表面が平滑で光沢のある紙が、もっとも色の再現域が広く最適。文字が中心なら、文字がクッキリ読めて長時間見ても目が疲れない、光沢を抑えた紙のほうがいいです。

完成品の見た目を考える

例えば売り場に並んだときに目立つか、見映えがするか、お買い得感があるか。 手に持ったときの触感や重みは心地良いか。こうした、印刷物自体のモノとしての魅力も用紙の選択によって変わるし、完成品の売れ行きを左右します。

ファンシー
ペーパー等

微塗工紙等

質感・風合いを大切にしたい場合、漉き込む素材や抄紙の際の模様付け、エンボス加工などで表情を付けたファンシーペーパーを活用します。また書籍は厚みによって、手軽さやお得感など、読者に与える印象が変わります。厚くしたいときは嵩高いラフな紙や微塗工紙などを選びます。

予算や印刷・製本の適性を考える

一般的な印刷用紙の価格はほぼ塗工量に比例して高額になり、ファンシーペーパーはさらに高額。また特殊紙の中には、表面のケバが印刷の版に付く、表面が剥ける、インキが裏面に抜けるなどの印刷事故が起こりやすいものや、折ると割れやすい・糊が付きにくいなど製本が難しいものもあり、納期とコストに影響を与えます。 求める効果と併せて、印刷会社に早めに相談するのがベスト。

印刷用紙の単位

単位	説明
連（R）＝枚数の単位	一般的な紙の取引単位。通常の印刷用紙なら1000枚、板紙なら100枚を1連と数える。数量と価格は「連数」「連別価格」と呼ぶ。少量取引や特殊紙の場合は1枚あたりで取引を行い、その場合数量と価格は「枚別」「枚別単価」と呼ぶ。
連量・キロ連量・斤量＝全判用紙 1000 枚の重さ（kg）	四六判・B列本判・菊判などの規格サイズに仕上げられた紙1,000枚（1連）の重量。紙の厚みを0.1ミリ以下の精度で実際に量るのが困難なため、連量は紙の厚みを知るための目安としても用いられる。見本帳などでは実際の連量のほか、他の紙と比較するために四六判ベースの連量に換算した「四六判換算」の連量表記を併記することも多い。
米坪量（べいつぼりょう）＝1枚の紙1㎡あたりの重さ（g/㎡）	単に坪量、メートル坪量ともいい、紙の重さに関する大もとの単位。連量は、同じ紙（銘柄・厚み）でも紙のサイズによって異なるので、連量で紙を指定する際には単に「○kg」ではなく「○○判○kg」と指定しないと、異なる厚みの紙が来てしまう恐れがある。それに対して、同じ紙ならサイズが変わっても、坪量は一定。
kg 単価＝紙1kg あたりの値段（円 /kg）	重量は連と並んで紙の基本的な取引単位で、特に価格の表示・比較にはkg単価を使うことが多い。同じkg単価でも、厚めの紙ほど1kgあたりの枚数が少ない＝単価が高いことに注意。また、重量あたりの価格なのでサイズによる価格の違いはないが、同じ銘柄の紙でも薄手のものや厚手のものは、抄紙のコストを反映してkg単価が高くなる。

同じ種類の紙で
四六判 110kgと
A判 70.5kgは
どっちが
厚いでしょう？

連量早見表

	米坪量（g/㎡）	連量（kg）			
		四六判	B 列本判	菊判	A 列本判
薄	81.4	70.0	67.5	48.5	44.5
↑	84.9	73.0	70.5	50.5	46.5
	104.7	90.0	87.0	62.5	57.5
↓	127.9	110	106	76.5	70.5
厚	157.0	135	130.5	93.5	86.5

正解は
同じ厚さ
ふしぎー

連量は同じ紙（銘柄・厚み）でも規格サイズによって異なるので、他の規格の紙と比較するためには米坪量に換算する必要があります。計算式（縦寸法（m）×横寸法（m）×1000）÷連量（kg）で求められるが、早見表を使うのが便利です。

51 折り丁はどうやって本になる？製本の工程を見てみよう

製本は通常、デザイナーの仕事が手を離れた後の工程になります。しかし、例えば綴じ方が台割やマージンなどの誌面設計に影響を与えるように、基礎的な工程の理解は必要です。

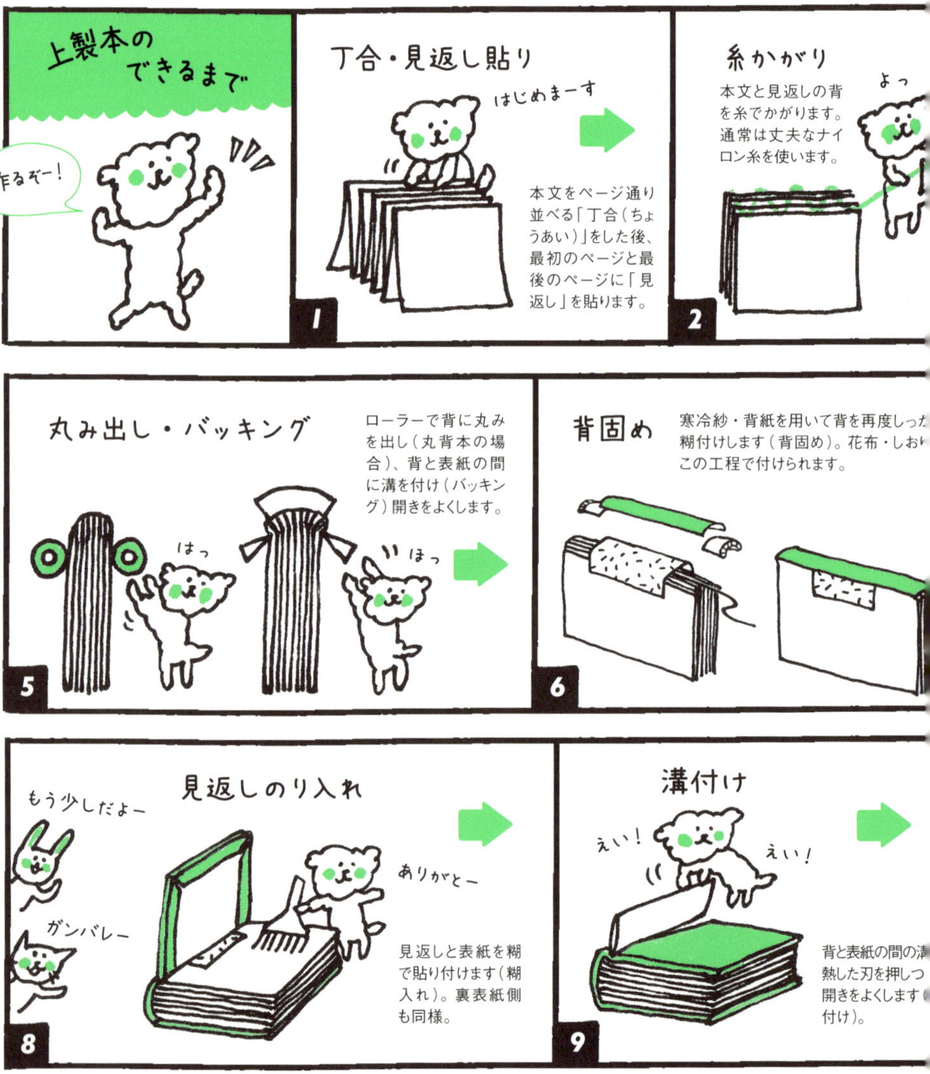
上製本のできるまで
作るぞー！
丁合・見返し貼り
はじめまーす
本文をページ通り並べる「丁合（ちょうあい）」をした後、最初のページと最後のページに「見返し」を貼ります。
1
糸かがり
本文と見返しの背を糸でかがります。通常は丈夫なナイロン糸を使います。
よっ
2
丸み出し・バッキング
ローラーで背に丸みを出し（丸背本の場合）、背と表紙の間に溝を付け（バッキング）開きをよくします。
はっ
ほっ
5
背固め
寒冷紗・背紙を用いて背を再度しっ
糊付けします（背固め）。花布・しお
この工程で付けられます。
6
見返しのり入れ
もう少しだよー
ガンバレー
ありがとー
見返しと表紙を糊で貼り付けます（糊入れ）。裏表紙側も同様。
8
溝付け
えい！
えい！
背と表紙の間の
熱した刃を押しつ
開きをよくします
付け）。
9

上製本（ハードカバー）の工程

上製本とは、本文とは別仕立ての表紙を作り、「見返し」という紙で糊付けして、本文と表紙を一体化させる製本のスタイル。表紙（背を含む）は厚紙を布などでくるんで作り、固い表紙で表・裏だけでなく天・地・小口も保護するよう、本文よりひと回り大きくします。 表紙と中身に寸法差があるのは上製本だけの特徴で、この部分を「チリ」と呼びます。上製本は更に細かい製本仕様によって「丸背」「角背」などに分類され、仕様によって開きの良さなどが異なります。 本文は通常、もっとも手間がかかり劣化の少ない「糸かがり」で冊子の形にまとめられます。

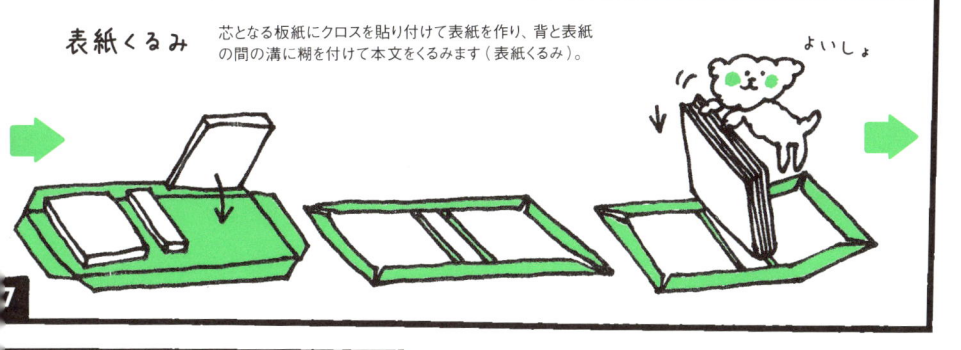

下固め

折丁を上からしっかり押して平らにし（平締め）、背に糊を塗布して固定します（下固め）。

3

仕上げ裁ち

本文と見返しをまとめて、天・地・小口の三方を指定寸法に断裁します。

4

表紙くるみ

芯となる板紙にクロスを貼り付けて表紙を作り、背と表紙の間の溝に糊を付けて本文をくるみます（表紙くるみ）。

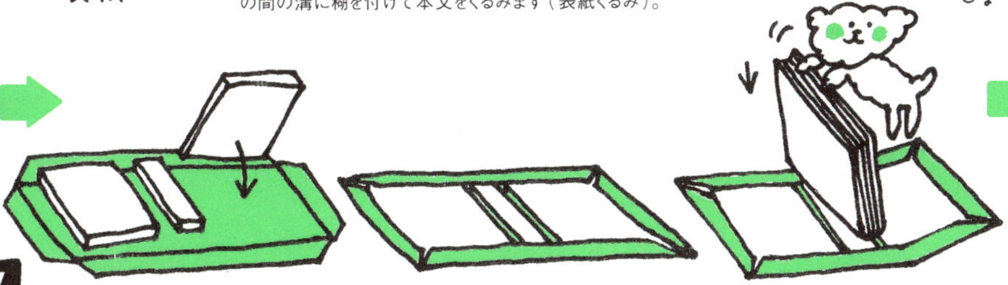

7

完成！

これで丸背の上製本のでき上がりです。

0

上製本ならではの装飾

保存性の高い上製本は、細部までこだわって装飾されたものが多いです。例えば本文背の天地に付ける花布（はなぎれ）は、小さいけれど本全体の表情を左右します。ほか小口の染めや、クロス装の箔押し・空押しもメジャーです。観察して装丁のヒントにしてみましょう。

並製本（ソフトカバー）の工程

本文を綴じたあと表紙でくるみ、背以外の三方を仕上げ裁ちして指定寸法に仕上げる製本方法が並製本。この工程により、表紙と本文の大きさは同じになります。上製本に比べて工程が簡略化されること、自動化が進み丁合・綴じ・表紙付け・仕上げ裁ちまでが一貫して機械化されていることなどから製作費用が抑えられ、文庫本などの書籍のほか雑誌、カタログなどの商業印刷物にも広く使われています。 綴じ方は上製本と同じ「糸かがり」も使えますが、通常は糊で接着する「無線綴じ」か「網代綴じ」、針金で綴じる「平綴じ」か「中綴じ」を用いるのが一般的です。

無線綴じ

本文の背を3mmほど削りとり、さらにキズを付けて（ミーリング）糊のつきを良くし、糊で背を固め表紙と接着します。糸や針金を使わないので手軽ですが耐久性は劣ります。

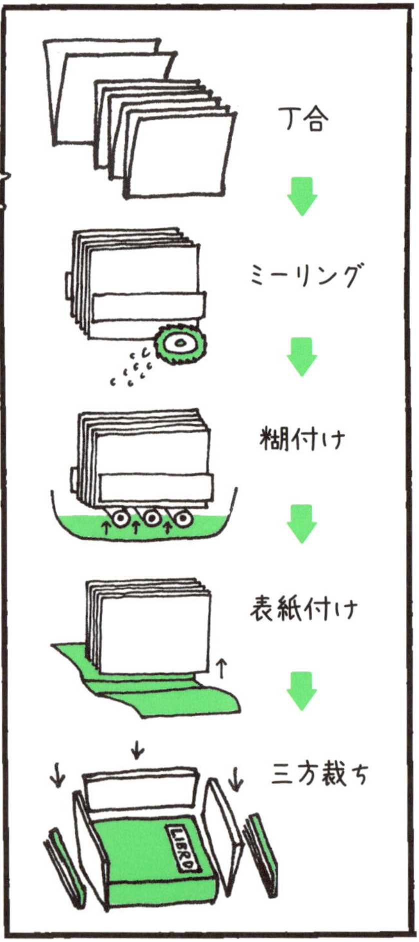

網代綴じ

本文の背にスリット孔を空けることで糊の浸透とつきを良くし、糊で背を固め表紙と接着します。本文の背部分があるので無線綴じより丈夫ですが、費用は少しアップ。

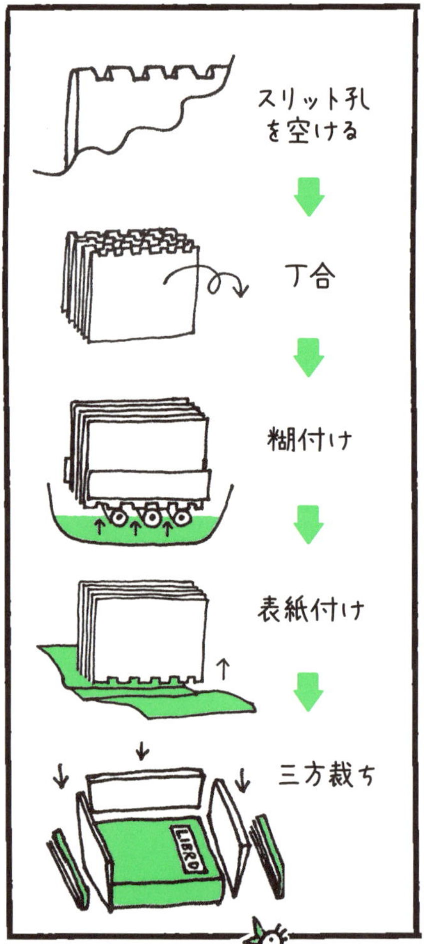

ホットメルト

並製本で本文や表紙の接着に用いられるのは「ホットメルト」という樹脂系の糊。熱を加えると溶け、常温で固化するため、スピーディーな製本を可能にします。

折り丁・丁合
[おりちょう・ちょうあい]

印刷を終えた紙を、実際のページの大きさに折りたたんだものが折り丁で、それを正しいページ順に並べることを丁合といいます。

平綴じ

書類をホチキスで綴じるのと同じように、折丁のノド側を2～3箇所針金で綴じます。丈夫ですが、背から5mm程度は綴じ代となって隠れるのでレイアウトに注意が必要。

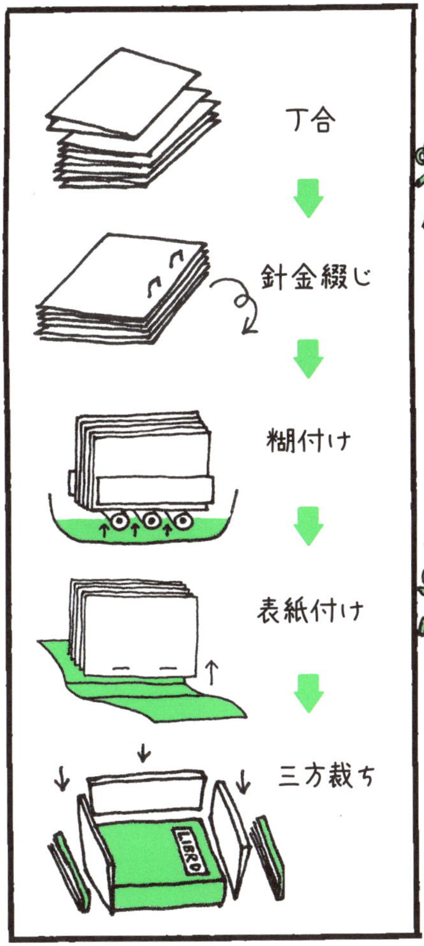

中綴じ

表紙と中身を同時に丁合し、見開き中央を針金で綴じます。綴じられるページ数には限界があり、またページ数が多いと本の内側と外側で本文寸法が変わる点に注意。

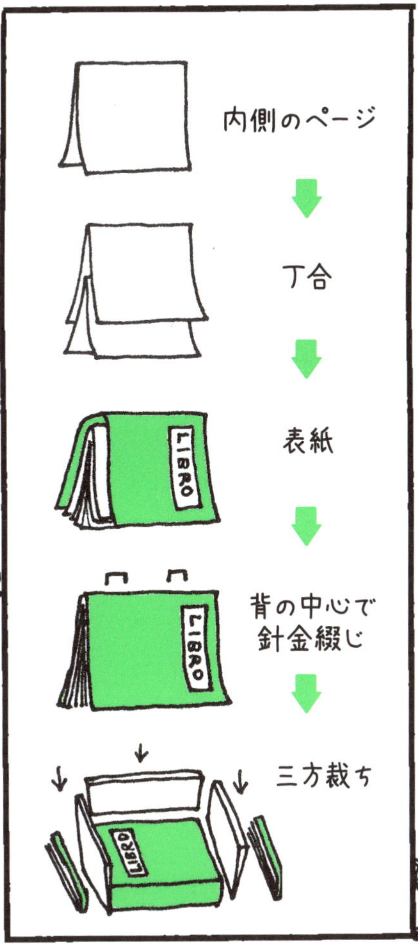

1c×0？ 通し？ よくわからない 印刷見積書の見方を教えて！

印刷費用のコントロールができれば一人前のデザイナー。一般的な、工程別単価×数量方式の印刷見積書の見方を押さえましょう。

A5判(210×148mm)アジロ上製本168頁フルカラー1500部の見積書の例

	仕様	色 / 銘柄	数量	単価	金額
製版	本文 面付	168頁×4c	672	¥100	¥67,200
	カバー	4c	1	¥7,000	¥28,000
	表紙	1c	48	¥6,000	¥6,000
刷版	本文	4c / 4c ×6 (A1)	4	¥2,000	¥96,000
	カバー	4c/ 0c	1	¥2,000	¥8,000
	表紙	1c / 0c	48	¥2,000	¥2,000
印刷	本文(4c) 1500通し	4c / 4c ×6 (A1)	4	¥4,000	¥192,000
	カバー 500通し	4c / 0c	1	¥5,000	¥20,000
	表紙 375通し	1c / 0c	500	¥5,000	¥5,000
加工	カバーグロスPP	A / T全4面		¥16	¥8,000
製本	アジロ上製		1500	¥59.50	¥89,250
	納本				¥10,000

表/裏の印刷色数。4cは4色つまりフルカラー、1cは単色、0cは印刷しないということ。

紙が印刷機を通る数。モノクロなら通し＝印刷枚数、フルカラーなら通し＝印刷枚数×4となる。

印刷に使用する用紙の規格と取り都合。A・B・菊・四六などが用紙の判、T・Yは縦目・横目。

	仕様 / 紙質	版型	流目	連量	数量	単価	金額
用紙	本文 / ホワイトニューVマット	A判	T	70.5	12500	¥10.22	¥127,750
	カバー / コート	A判	T	86.5	1000	¥10.33	¥28,408
	表紙 / アートポスト	菊判	T	167(240μ)	300	¥32.60	¥9,780

税別合計　697,388

紙の厚みを連量で示すとともに、具体的な数値でも示している。μはμm（マイクロメートル）の略で、1000分の1ミリ。

各項目の説明

[製版料金]

DTP以前はスキャナ分解やアミ撮り、集版など多数の製版工程がありました。現在はその多くがDTPソフトで処理されます。面付け料金や、依頼内容によって写真のRGB-CMYK変換、キリヌキ・補正・修正などの費用、色校正代が計上されます。

[刷版料金]

印刷用のプレート（PS版）を作るための費用。CTPが一般化した現在では、おもにRIP料金と出力料金、PS板の料金がここに計上されます。印刷部数が変化してもこの工程にかかる費用は変わらないため、少部数印刷になるほど割高になります。

[印刷料金]

内訳は、見当合わせ・インキ調整・色合わせ・用紙セットなど印刷開始までにかかる固定費用「セット料金」と、印刷する数に応じて変動する「通し単価」。通し数は色数に比例して増えます。特色を使う場合は版替え料金がかかることもあります。

[加工料金]

もっともよく目にするのは、ニスコートやPP貼りなど表面加工の費用。ほか、抜き・孔空けなどのポストプレス加工も、多くの場合ここに計上されます。表面加工の料金は、印刷のように予備分を含まず、仕上がり数に応じて請求される点に留意。

[製本料金]

冊子の綴じ・表紙加工などの料金が計上されるほか、ぺらもの（端物）の断裁・折りも計上されることがあります。冊子の場合、本文用紙が標準から外れて極端に厚い場合や薄い場合、判型が規格サイズでなく変型判の場合は割り増しとなります。

[用紙料金]

部数が増えれば増えるだけ比例して費用がかさみ、数量が5000部を超えるあたりで印刷料金の半分以上を紙代が占めることになります。仕上がりに必要な数量だけでなく、印刷や加工の失敗分（ヤレ）を見込んだ予備数を確保する必要があります。

巻末付録

- 失敗しない入稿
- 失敗しないデータ管理
- 疑問・トラブル Q&A 集
- 拡張子一覧

デザイン制作をトラブルなく
進めるために知って
おきたいことアレコレを
紹介するよー！

失敗しない入稿
もう
こわくない！

用意するものリスト＆入稿チェックポイント

レイアウトしたデータを正しく印刷するためには、デザイナーがトラブルのないデータを作成し、入稿時に印刷会社に適切な指示をしなければなりません。入稿前には必ず必要な項目を確認しておきましょう。

用意するもの1

レイアウトデータ

- □ 全ての修正を終えた最終のデータであるか？
- □ 出力見本とデータは一致しているか？
- □ データに不備はないか？（次頁をチェック）
- □ データ仕様書と記載内容とが一致しているか？

入稿データの種類は主に2種類！

ネイティブデータ

レイアウトデータ

リンク画像

欧文フォント

レイアウトソフトのデータをそのまま印刷会社へ渡すことをネイティブ入稿といいます。この場合は、レイアウトデータと配置した画像、データ内で使用しているフォントが一式で揃っている必要があります。

PDF データ

PDFデータのみ

現在では印刷用に特化したPDF/Xという形式で入稿することが主流です。PDF/X形式はInDesignやIllustratorから書き出すことができ、画像やフォントは全てPDF内に埋め込まれます。

要素別！
レイアウトデータのチェックポイント
ぶらー
もれなくチェックだワン

リンク画像

- [ ] **リンク画像のリンク切れはないか？ 画像の更新はされているか？**
  配置した画像が正しくリンクされているかどうかを、リンクパネルから確認しておきましょう。
- [ ] **画像の解像度は適切か？**
  印刷では一般的に350dpi以上の解像度が必要とされます。解像度の確認はPhotoshopで行います。
- [ ] **画像のファイル形式は印刷用として適切か？**
  PhotoshopやIllustratorのネイティブ形式かTIFF以外は推奨されていませんので注意しましょう。

カラーモード

- [ ] **リンク画像のカラーモードは適切か？**
  レイアウトに貼り込む画像は事前にCMYK変換したものを使用します。
- [ ] **InDesign上のオブジェクトにRGBカラーが使われていないか？**
  InDesign上で作成したオブジェクトにRGBやLabが混在していないか確認しましょう。
- [ ] **Illustratorのカラーモードは CMYK になっているか？**
  Illustratorのドキュメントを作成する際にRGBの設定になっていると仕上がりの色は変換されるので注意しましょう。
- [ ] **印刷の色数とレイアウトソフトや画像のカラーモードは合っているか？**
  CMYK以外の色や印刷会社指定もしくはJapan Color以外のカラースペースを使っていないか確認します。

色

- [ ] **プロセス（CMYK）印刷に特色が使われていないか？**
  InDesignやIllustratorで特色やスポットカラー設定にしたスウォッチを使っていないか確認しましょう。
- [ ] **白ヌキにしたいオブジェクトにオーバープリントが設定されていないか？**
  オブジェクトの塗りや線、段落罫線などに白を設定している場合、オーバープリントにすると印刷されなくなります。
- [ ] **スミノセにしたい部分にオーバープリントが設定されているか？**
  K=100のオブジェクトにオーバープリントが正しく設定されているかをプリント属性パネルなどでチェックします。

フォント

- [ ] **旧フォーマットのフォントが使用されていないか？**
  古い環境で作成したデータを使用する場合は正しく出力できるフォントかどうかフォーマットを確認します。
- [ ] **印刷会社の対応していないフォントが使用されていないか？**
  システムにプリインストールされているフォントの中には印刷できないものも含まれます。これらは使用してはいけません。

用意するもの 2

出力見本

- [ ] 最終のデータをプリントアウトしているか？
- [ ] プリントアウトのページにヌケはないか？
- [ ] トンボはついているか？
- [ ] 透明やオーバープリントは正しいか？

要素別！
出力見本のチェックポイント
入稿はもうすぐだワン
ぴょん

レイアウト

- [ ] オブジェクトがずれていないか？

画像がフレームから外れていたり、レイアウト上のオブジェクトが移動していないか確認します。

- [ ] 塗り足しは足りているか？

裁ち落としで使用するオブジェクトや図版は外トンボまで伸びているか確認します。

テキスト・ノンブル

- [ ] テキストのオーバーフローはないか？

本文やキャプションが全てフレーム内に収まっているかどうか確認しましょう。

- [ ] 文字組みの崩れはないか？

和欧混植や禁則処理の設定で意図しない文字組みが発生していないか確認しましょう。

- [ ] ノンブルのズレ、ヌケ等はないか？

目次から奥付まで全てのノンブルが正しく通っているか全体を確認しましょう。

- [ ] 文字情報は合っているか？

人名表記や問い合わせ先、コピーライトなど、正確な表記になっているかどうか確認しましょう。

開き方向

- [ ] 開き方向は合っているか？

文字組みと綴じが正しい方向になっているか、見開きの位置は間違っていないか確認しましょう。

用意するもの3

印刷仕様書（クライアントや版元が用意する場合も多いです。）

- [ ] 印刷方法は正しく指定しているか？
- [ ] 印刷部数は間違っていないか？
- [ ] 仕上がりサイズは間違っていないか？
- [ ] 納期と納品場所は書かれているか？

用意するもの4

データ仕様書（出力指示書）

- [ ] アプリケーションのバージョンは正しいか？
- [ ] 出力ファイル名は記入しているか？
- [ ] 使用フォントに漏れはないか？
- [ ] ファイル形式は適切かどうか？

プリフライト機能って？

作成したデータに不備があるかどうかは、プリフライト機能でチェックすることができます。InDesignではドキュメントの作成中に自動で行うほか、データをパッケージする際にもプリフライトをします。 また、PDFで書き出したものはAcrobatで準拠する規格を指定して使用するインキやカラー設定が適切かどうかを確認することができます。

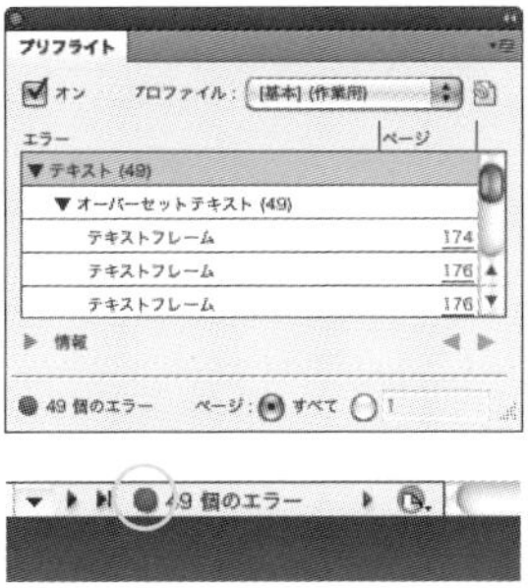

InDesignではドキュメントの作成中に自動でプリフライトが行われます。また、プリフライトパネルからテキストのオーバーフローなどをチェックすることもできます。

失敗しないデータ管理
コレで
あんしん!

4つのポイントでかしこいデータ管理術

レイアウトの作成中や入稿したデータは間違いのないように管理して、再入稿や重版のときに対応できるよう備えておきましょう。また、作業者が変わっても理解できるようにしておくことも必要です。

ポイント1

「保存先は最低 2カ所」

コンピュータのデータは必ずバックアップをしておき、データの破損などに備えておかなければなりません。バックアップとは単にハードディスクやDVDに保存するだけではなく、必ず複数箇所に同じものをコピーしておくことをいいます。1つが壊れたりした場合でも、すぐに復旧できるよう備えておくことが必要です。

便利な機能を利用しよう!

OS XではTime Machineというバックアップ機能が用意されています。これは設定したタイミングで差分ファイルを常に保存し、時系列順に遡ってデータを復旧させることができる機能です。

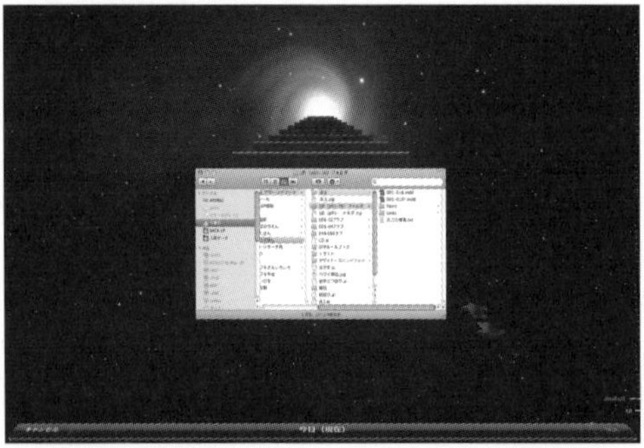

過去のデータに戻れるよ!
ぶいーん

[Time Machine]

Time MachineはMac OS X 10.5から採用された機能で、システム環境設定からバックアップするハードディスクを指定します。

ポイント2

「作業用データと保存用データを作る！」

レイアウトの作成や校正を重ねるときなど、作業の区切りとなる時点で一度ファイル全体の複製を用意しておき、ファイルが破損した場合や誤った作業を進めてしまった場合に戻れるように備えておきましょう。特に校正のときには、ファイル名に校正回数を付けて別名で保存するなどの工夫をしましょう。

ポイント3

「レイヤー分けをする！」

込み入ったレイアウトや複雑な図版を作成する場合は、修正が楽になるように文字や画像、特定のオブジェクトなどを個別のレイヤーで管理するといいでしょう。複数の人数で作業をする場合なども、オブジェクトがレイヤーで管理されていれば、指示や操作のミスを減らして効率的に作業ができます。

ポイント4

「ファイル名は明快に！」

レイアウトデータや使用する画像のファイル名は明確に付けておきます。校正を重ねた場合はファイルの末尾に校正回数の数字を付加したり、差し替え画像であれば差し替えるページ数などを加えておきます。ファイル名の末尾に記号類を加えるだけは混乱のもとになるばかりか、出力トラブルの原因にもなります。

困った！どうしよう！今さら聞けない！

疑問・トラブル Q&A集

データ作成
〜入稿編
意外と知らない
ことってあるよねー

Q1 「アタリ画像」って何？

A レイアウトの指示に使用するための仮のデータです。

写真の内容を確認するための仮データをアタリ画像と言います。アタリ画像は解像度の低いものであることが多く、デザインを進める途中で本画像に差し替えることがあります。入稿前にはアタリ画像が残っていないか確認しましょう。

Q2 「完全データ」って何？

A InDesignのパッケージやPDF/X形式などが相当します。

完全データの明確な定義はありませんが、一般的には過不足なく印刷工程に回せるデータを総称しています。画像やフォントを含んだInDesignのパッケージや、入稿用のPDF/X形式がそれに当たります。

Q3 「カンプをください」っていわれたけどカンプって何？

A デザインの仕上がりを確認するための見本です。

Comprehensive layoutの略で、デザインのアイディアを具体的に見るために作成する見本がカンプです。写真の絵柄や書体、サイズ、位置などをできるだけ完成に近い状態で作成し、仕上がりのイメージを共有します。

Q4 「ソフトのバージョンを下げて保存」ってどうするの？

A バージョンを下げるとトラブルの原因にもなるので推奨しません。

方法としては、Illustratorでは別名保存のダイアログで下位バージョンを指定します。InDesignではファイルメニューの書き出しからidml形式（CS5〜）またはinx形式（CS4以前）の下位互換ファイルを作成します。

Q5 ファイル名に使わないほうがいい文字ってあるの？

A 記号類のうち使ってはいけないものや、推奨しないものもあります。

システムが使用する文字列は使えないようになっていますが、それ以外でもアステリスクや全角の記号類、半角カタカナなどは推奨しません。バックアップ先の仕様によっては英数字のみの方が安全な場合もあります。

Q6 テキストの文字化けを直す方法はある？

A ファイルを開く際にエディタソフトでエンコードを指定します。

OSの環境などによってテキストファイルのエンコーディングが異なると、正しく開けない場合があります。多くのエディタソフトでは、ファイルを開く際にエンコーディングを変更して正しく開けるようにできます。

Q7 RGBの画像は入稿できないの？

A ワークフローが確立していれば可能です。

以前はRGB画像を使うことが禁忌とされてきましたが、編集、デザイン・DTP、印刷の全てで正しくデータのハンドリングを理解していればRGBでもかまいません。ただし、カラーマネジメントや出力の知識が必須です。

当然なことのようにいわれたけど、「私にはわからない!」、立場上「それなんですか?」なんて聞けません。いまさら尋ねることも気が引ける初歩的と思える疑問、トラブルを集めました。

Q8 特色って、データ上は何色にしておけばいいの?

A 特色のスウォッチを使用するか、別レイヤーを用意します。

カラースウォッチから指定の特色インキを選ぶか、色が決まっていない場合は、プロセスカラーと別レイヤーにし、CMYのいずれかの色にしておきます。入稿時に必ず、印刷会社に特色を使用する旨を伝え、特色を指定します。

Q9 「透明効果をラスタライズしてください」と言われたけど…?

A オブジェクトに与えた効果を全てビットマップ画像にすることです。

「ドロップシャドウ」や「ベベルとエンボス」など、一部の効果は透明機能と呼ばれるもので、旧来のワークフローではそのまま出力することができません。Illustratorではオブジェクトメニューの透明部分の分割・統合で実行できます。

Q10 フォントってどこで売っているの?

A 店頭やオンラインで通常に購入することができます。

フォントは通常のアプリケーションと同様に店頭やオンランから購入することができます。多くのフォントベンダーは年間ライセンスという形で、フォントベンダーの用意している全書体を利用できるサービスを用意しています。

Q11 PCの初期フォントだけじゃ仕事はできないの?

A 不可能ではありませんが、現実的ではありません。

デフォルトで用意されているフォントは、印刷で通常に使用できるものもありますが、決して種類が多くないのでデザインの表現は限られたものとなります。仕事で使用するのであれば購入したほうがよいでしょう。

Q12 システムフォントって何?

A OSが画面表示などに使用するためのフォントです。

システムフォントと呼ばれるものは、基本的にOSが画面の表示に使うために用意されているものを指しますが、印刷に使用できるものもあります。フォントフォーマットさえ合っていれば、デザインに使っても問題ありません。

Q13 MacとWindowsは、書体に互換性があるの?

A 互換性のあるものとないものがあります。

フォントフォーマットという意味では、OpenTypeであればMacでもWindowsでも同じように利用可能ですが、一部の文字には形状に違いがあったり、字詰めが変わるものがあります。

Q14 OTFとCIDの違いは?

A 表示可能な文字の種類や字詰めなどが異なります。

OTFとCIDは、おおよそ同じ機能を持っています。相違点はOTFのほうがCIDより多くの文字詰め機能がある点です。また、OTFのほうが採用されている文字数(字形)が多いのも特徴です。

Q15 入稿したら「対応していないフォントがある」と連絡が…

A フォントを変更するかアウトラインにしましょう。

ただ、フォントを変更すると文字組みが変わることがあり、オーバーフローが発生します。またアウトライン化したデータは以降の文字修正ができず、データも重くなり印刷時に予期しないエラーが発生する場合もあります。

今さら聞けないこと、教えます！

Q1 「ブロッキング」って何？

A ブロッキングとは印刷面からインキがはがれる現象をいいます。

印刷した紙は乾燥したものを重ねて保管しますが、インキが完全に乾燥できずくっついてしまい、くっつきをはがす際に印刷面からインキがはがれる現象をいいます。必要以上のインキ量を使わないことが肝要です。

Q2 「モアレ」って何？

A 特定のパターンを印刷すると発生する干渉縞のことです。

印刷は細かい網点というもので絵柄を再現しますが、この網点と写真の絵柄などが干渉すると、一定のパターンが発生する場合があります。写真の角度や貼り込みサイズをごくわずかに変更することで回避できる場合があります。

Q3 地色やオブジェクトの塗りのパーセントが1%や2%でも印刷できるの？

A 一般的には5%単位で設定することをおすすめします。

罫線や級数と同じように印刷できる濃度は印刷機の精度などによって異なります。データを作成するときにはCMYKの濃度は5%単位を最小と考える方が安全ですし、それ以下の濃度は人の目で判別できない場合があります。

Q4 「ドライダウン」って何？

A 印刷後の乾燥による色の変化をドライダウンといいます。

印刷に使用するインキは乾燥までに時間を要する場合があり、その間に色味が若干変わる場合があります。通常は大きく変化しないように管理されていますが、濃度の濃い色や用紙の特性によっては起こる可能性があります。

Q5 印刷立会って何をすればいいの？

A 色味と修正箇所の最終確認をしましょう。

印刷立会は印刷現場に行き、最終的な印刷物の仕上がりを確認することです。基本的には色味を確認したり、修正箇所に漏れがないかを見るもので、修正漏れ以外の新たな変更などはできません。

Q6 「裏移り」「裏抜け」って何？違うもの？

A インキが裏に浸透するのが裏抜け、重ねた面に移るのが裏移りです。

インキが紙に浸透して、裏面にまで表の文字や絵柄が見えてしまう現象を「裏抜け」といいます。「裏移り」は印刷したインキが乾ききらないうちに紙を重ねて、別の紙にインキが移ってしまうことをいいます。

Q7 印刷コストを下げたい！

A 複数の印刷会社に見積もりを頼んだり、紙の選び方などを工夫しましょう。

印刷にかかるコストを下げるためには、使用するインキの数を減らすというのは誰もが考えますが、まずは複数の印刷会社から見積もりをとったり、使用する用紙を同じ質感や風合いで安いものに変えたりしましょう。

Q8 印刷可能な罫線のサイズと文字とは？

A 0.1mm以下の罫や6Q以下の文字は避けましょう。

印刷で出力できる罫線の細さや級数の最小値は、RIPの特性や印刷機の種類などに依存するため一概にはいえませんが、一般的には罫線であれば0.1mm以下、文字であれば6Q以下を使うことは推奨されていません。Illustratorではオブジェクトを縮小するときに線幅も同時に縮小する設定になっているので気づかないことが多々あります。また、線に塗りの設定だけをしていて、そのまま印刷してしまうこともあります。これらはヘアラインといって、本来出力できないものです。PDF/Xデータを作成して、データをチェックするプリフライトを行えば、これらを確認することができますが、InDesignやIllustrator上では線パネルから数値を確認するしかありません。文字も人間の目で読むことのできる限界のサイズは6Qといわれています。仮に印刷できるとしてもこれより小さいサイズを使う意味はありません。オブジェクトを縮小するときには、線や文字を不用意に選択していないか確認するようにしましょう。

Q9 「FMスクリーン」って何？

A 網点の密度で濃度を表す高精細印刷です。

通常の印刷はAMスクリーンと呼ばれるもので、CMYKのそれぞれの濃さを網点の大きさを変えて表現しています。一方のFMスクリーンは周波数変調技術というものを利用して、色の濃淡を網点の密度で表現をしています。FMスクリーンを使用するメリットは、階調を網点の密度で再現できるため、高精細な印刷が可能になるということが挙げられます。そのため金属のリアルな質感を表現できたり、ポートレートなどで人物の肌を滑らかな階調で再現できたり、グラデーションのトーンジャンプもありません。また、AMスクリーンのように網点の角度というものが存在しないため、モアレが発生しないという特徴もあります。印刷では版ズレを確実に避けることは不可能ですが、FMスクリーンでは網点のドット配列ではないため版ズレの影響も極めて受けにくいです。ただし、アナログ刷版が不安定であったり、中間調などの平アミがきれいに表現できないなどの特性が解消できない時期があったため、なかなか普及しませんでした。現在ではこれらを解消する技術も開発されています。

Q10 印刷すると文字色と地色の間に白い線が出た！

A 印刷時の版ズレが原因である可能性があります。

文字にK=100ではなく色味を設定している場合に、地色との境目に白地が発生する原因のひとつに版ズレがあります。InDesignでは黒という名前のついたスウォッチを使用する場合は、自動的にオーバープリントの設定になり版ズレが発生しても文字と地色の間に余白が発生しないようになっていますが、黒以外の色を文字に使うとオーバープリントの設定にはなりません。印刷をする場合には墨版以外はオーバープリントにしないのが普通なので、版ズレが発生すると文字と地色の間に紙白が見えてしまう場合があります。これを回避するためには文字に、オーバープリントを設定することが有効です。ただし、データ上でオーバープリントを設定しても印刷会社でトラブルを防ぐためオーバープリント設定を無効にして印刷する場合があります。オーバープリントを設定する場合は必ず表示メニューのオーバープリントプレビューで出力結果の表示シミュレートを行い、印刷結果を確認した上で、印刷会社にもK=100以外の箇所に意図してオーバープリントを指定しているということを伝えておかなければなりません。

Q11 スミ1色で作ったはずが、4色扱いの請求が…

A CMYKのかけ合わせが使われていることが考えられます。

印刷の費用は使用するインキの数だけコストがかかります。スミ1色のはずが4色扱いになっていたというのは、K=100のデータで作成されていたのではなく、CMYKの全てがかけ合わされたいわゆるリッチブラックが使用されていたと考えられます。リッチブラックは本来、K=100では表現できない深みのある黒を表現するために使用します。InDesignであればデフォルトで用意されている黒というスウォッチを使用していれば何の問題もありません。IllustratorではK=100のスウォッチの他にレジストレーションというCMYK全ての版に100%の色が乗るスウォッチが用意されています。これはトンボに使用するための専用のスウォッチなのでオブジェクトに使用すべきものではありません。このようなトラブルを防ぐためにはInDesignやIllustratorの分版プレビューパネルで、CMYKの各版を個別に表示して、不要な色が使われていないかどうかを確認するようにしましょう。

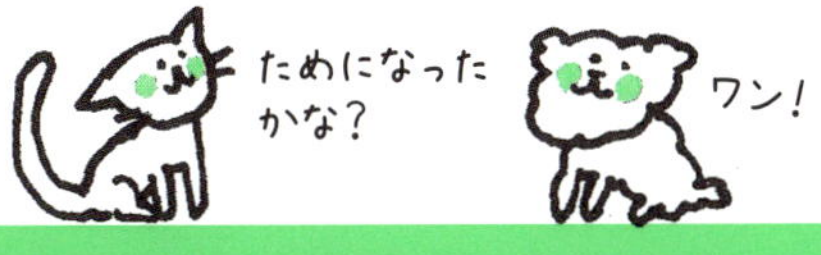

よく使うもの、集めました！

拡張子一覧

デザイナーが扱うファイルはテキストや画像だけとは限りません。ここではよく使われる拡張子を解説します。

テキスト関連の拡張子

拡張子	説明
.txt	テキストファイル
.rtf	リッチテキストファイル
.xls	Excel ファイル
.pdf	Acrobat で作る PDF ファイル
.xml	マークアップ言語 XML を使った タグ付きテキストファイル
.doc	Word ファイル ドキュメント
.ppt	PowerPoint ファイル
.jtd	一太郎ファイル
.csv	カンマ区切りの テキストファイル

フォント関連の拡張子

拡張子	説明
.otf	OpenType フォント
.dfont	Mac OSX 用 TrueType フォント Data Fork Font の略
.ttf	Windows 用 TrueType フォント

画像関連の拡張子

拡張子	説明
.eps	EPS 形式の画像ファイル
.jpg .jpeg	JPEG 形式の画像ファイル
.bmp	Windows 標準である ビットマップ形式の 画像ファイル
.tif .tiff	TIFF 形式の画像ファイル
.pct	PICT 形式の画像ファイル
.png	PNG 形式の画像ファイル

DTP ソフト関連の拡張子

拡張子	説明
.psd	Photoshop ファイル
.qxd	QuarkXPress ファイル
.indd	InDesign ファイル
.indl	InDesign ライブラリファイル
.idml	InDesign マークアップランゲージ
.ai	Illustrator ファイル

web関連の拡張子

拡張子	説明
.htm .html	Webページを記述するためのタグ付きテキストファイル
.js	JavaScriptファイル
.swf	Flashムービーファイル
.css	HTMLファイルの外見を制御するスタイルシートファイル
.fla	Flashネイティブファイル
.cgi	Webサーバー上でCGIを動かすためのスクリプトファイル

圧縮関連の拡張子

拡張子	説明
.sit	圧縮ソフトStuffItで圧縮されたファイル
.sitx	圧縮ソフトStuffItのバージョン7（Mac版）以降で圧縮されたファイル
.zip	ZIP形式の圧縮ファイル
.tar	UNIXで使用される圧縮ファイル
.lzh	LHA形式の圧縮ファイル
.hqx	バイナリファイルをBinHex形式でテキスト化したファイル

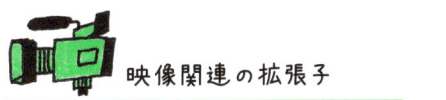

映像関連の拡張子

拡張子	説明
.avi	Windowsでよく使われるビデオファイル
.prproj	Premiereのプロジェクトファイル
.mov	QuickTimeのビデオファイル
.ra	RealPlayerのビデオファイル

windows関連の拡張子

拡張子	説明
.exe	Windowsの実行ファイル
.ini	Windowsで使われるシステム設定ファイル

サウンド関連の拡張子

拡張子	説明
.aif .aiff	Macで使われるサウンドファイル
.wav	Windowsで使われるサウンドファイル
.midi	MIDI規格に準拠したサウンドを制御するための形式
.mp3	MP3のサウンドファイル
.ram	RealAudioで作成するサウンドファイル
.au	UNIXで使われるサウンドファイル

INDEX

作品クジレット

152-153ページ ●UV厚盛印刷「2008年度バンタン映画映像学院 学校案内」CL：バンタン映画映像学院　CD：金松 滋　AD, D：佐藤直子　DF, S：メタモ　編集：榑林 優 ●バーコ印刷「丸紅フットウェア 展示会案内状」CL：丸紅フットウェア　CD, AD, D：中嶋裕治　CD, CW：追川知紀　CW：大久保恭子　D：堀田麻美　CG：畠山裕二　PH：小栗広樹　A：博報堂　DF, SB：博報堂プロダクツ　PD：油石浩史 ●箔押し「TAKEO PAPER SHOW 2008 FINE PAPERS by “SCHOOL OF DESIGN” インビテーション」CL：竹尾　CD：古平正義 / 平林奈緒美 / 水野 学 / 山田英二　AD:水野 学 D, DF, SB:グッドデザインカンパニー ●フロッキー「リクルートHRマーケティング東海 会社案内」CL:リクルートHRマーケティング東海　CD：近藤 亘　AD, D：平井秀和　CW：安田有美香　I：尾崎仁美　PH：浅野彰英　A：リクルートメディアコミュニケーションズ　DF, S：ピース・グラフィックス　印刷：水野重治（コスモクリエイティブ） ●ステレオ印刷「サマーグリーティングカード」CL, DF, S：スクーデリア　AD：前田義生　CW：瀬上昌子　D：服部 綾　印刷：新日本工業 ●縮み印刷「舞台よりすてきな生活 パンフレット」CL：キネティック　AD, S：大島依提亜　I：上杉忠弘 ●疑似エッチング「Under Lounge 一部改装告知DM」CL：GRAND GROUP　DF, S：オペレーションファクトリー　156-157ページ ●発泡インキ「東洋FPP見本帳　発泡印刷」より ●蛍光インキ「LATE 60's Fashion Style」カバー ピエ・ブックス刊 ●金・銀・パールインキ「フリーペーパーの戦略とデザイン」カバー ピエ・ブックス刊 ●LCコート「WATER CYCLING 2008年度カレンダー」CL：パラドックス・クリエイティブ　CD, CW：鈴木猛之　AD：永田武史　PH：中島宏樹　D：新津美香 / 石見美和 / 廣瀬 豊　DF：イー ●型抜き「入会・入学案内グラフィックス」カバー ピエ・ブックス刊 ●エンボス「東京ガス 商品パンフレット」CL：東京ガス　AD, D：川崎恵美　PH：小川重雄　A：アーバン・コミュニケーションズ　DF, S：アンデザイン

参考文献

柳田寛之 編著『DTP 印刷 デザインの基本』玄光社／伊達千代 著『デザイン、現場の作法。』エムディエヌコーポレーション／伊達千代 内藤タカヒコ 山﨑澄子 長井美樹 著『デザイン 知らないと困る現場の新常識 100』エムディエヌコーポレーション／デザインの現場編集部 編『印刷と紙』美術出版社／ファー・インク 編『グラフィックデザイン必携』エムディエヌコーポレーション

※本書でのアプリケーションの説明は、特に断りのない箇所はPhotoshop CS5、Illustrator CS5、InDesign CS4で説明しています。

デザイナーズ ハンドブック

これだけは知っておきたいDTP・印刷の基礎知識

2012年11月15日　初版第1刷発行
2024年 6 月12日　　　第8刷発行

企画・デザイン　公平恵美（PIE GRAPHICS）
執筆　アリカ / オブスキュアインク / 佐々木 剛士 / フレア
イラスト　のだ よしこ
編集　斉藤 香

発行人　三芳寛要
発行元　株式会社 パイ インターナショナル
〒170-0005　東京都豊島区南大塚2-32-4
TEL 03-3944-3981　FAX 03-5395-4830
sales@pie.co.jp

印刷・製本　シナノ印刷株式会社

ISBN978-4-7562-4230-3 C3070
Printed in Japan